ネットいじめの構造と対処・予防

加納寛子 編著
内藤朝雄・西川 純・藤川大祐 著

金子書房

はじめに

　ネットいじめはとても卑怯な行為です。いじめの被害者は侮辱された文言や画像・動画が多くの人にさらされ，死にたいほどに苦しんでいるにもかかわらず，加害者は安全なところでクスクス笑っているわけですから。方法は本書の中で示しましたが，書き込みを削除すると同時に，いつ誰が書き込んだのかを突き止めて，加害者をきちんと教育をしない限り，加害者はターゲットを代えてまたネットいじめを続けることでしょう。

　いじめを完全に起きないようにすることは難しいのですが，被害者の傷が浅いうちに，継続を阻止することは100％可能です。いじめの加害者を注意すると，必ず「Aさんは部活の悪口を言っていた」「Aさんは学校の悪口を言っていた」「いい子ぶるところがうざい」など，いじめの行為を正当化するために何かしら理由づけをしようとします。被害者側に何らかの要因があっていじめられるわけではなく，加害者側は，いじめのターゲットを見つけると，いじめる理由を見つけていじめるわけです。どんな理由があろうともいじめてよい理由など存在しないにもかかわらず，加害者の言い訳を真に受けて，加害者の徹底指導ができない教師がいるのはとても残念なことです。

　大津いじめ事件のときも，加害者生徒はバラバラの学校へ転校したにもかかわらず，転校先で，またいじめを継続していました。いじめの継続を阻止する方法は１つ，加害者にいじめ行為を継続させないようにすることです。言って聞かない場合は，強制的な隔離による指導が必要な場合もあるでしょう。

　では，いじめの加害者は生まれつきいじめの加害者だったのでしょうか。そんな人はどこにもいません。必ず加害者に嗜虐性を目覚めさせた要因がどこかにあります。それは，家庭でのDVやネグレクトであったり，学業不振であったり，過度の期待，厳しすぎるしつけ，失意や憎悪をかき立てる出来事などが，いじめの加害行為の背景にはあるのです。いわば，いじめはいじめ加害者の心の症状であって，原因ではないのです。風邪をひいたときに咳が出るからと口をふさいでも咳は止まりません。原因となるウイルスや細菌を排除したり，炎症を抑えたりすることによって，症状である咳は治まります。いじめ行為は，加害者の症状ですから，原因を突き止めて，その原因を取り除かなければ，い

じめ行為は止められないのです。

　いじめ加害者に，あなたの心の奥に支えているものは何ですか，と問うたところで，本人も自覚をしていないことでしょう。別室登校をし，担任の先生やカウンセラーと一緒に，1対1で勉強をしたり，作文を書いたり，お昼を食べたりしながら，いろいろな会話をしているうちに，加害者の嗜虐性をかき立てている本当の原因が見つかるのです。いじめの根本原因を取り除いてくれるわけですから，二度といじめがぶり返すことはないでしょうから，被害者は安心して学校へ通えますし，加害者も，家庭でのDV等の嗜虐性をかき立てる根本原因を解決してもらえる契機となり，安心して生活を送ることができるようになるでしょう。いじめの加害者と徹底的に向き合ってくれる先生に出会えたら，加害者にとっても被害者にとってもラッキーです。

　しかし，じっくり加害者と向き合って，加害者の心を丁寧にほぐし，原因を見つけてくれる学校の先生はほんのひと握りです。多くの学校は早く解決に持ち込もうとしたり，見て見ぬふりをしたり，通り一遍の対応で済ませようとします。どうしてでしょうか。原因は1つです。学校の先生自身がいじめの根本的な解決方法を知らないからです。

　それでは，自分の子どもがいじめのターゲットにされてしまったら，諦めるほかないのでしょうか。昔のいじめは転校すれば解決した時代もありました。しかし，昨今のいじめでは，リアルないじめとネットいじめは常に連動して起きています。ネット上でのトラブルが原因となり，ネットいじめからリアルないじめに発展することもありますし，逆にリアルでのいじめの延長線上でネットいじめが起きることもあります。あるいはリアルないじめをたまたま見かけた傍観者が，スマートフォンのカメラで撮影してネット上にUPすることもあります。ネットいじめは，地域限定ではありません。ひとたび，いじめの文言や画像・動画がUPされれば，世界中のどこからでも誰でも見ることができます。転校先でその動画が元で，またいじめのターゲットにされることもあるわけです。転校してもネットいじめの解決にはなりません。

　解決の手順は，本書の中で詳細に述べましたが，学校ときちんと向き合って，解決へ導くしかありません。そのとき，重要な点は，短期決戦で挑むことです。長期化させることは，被害者の子どもにとって一番よくない対応です。なぜなら，いじめ解決のために，友だち・親・学校の先生に相談した，それでも解決

しないということは被害者の子どもにとって絶望感を与えるからです。つまり，絶望感の日々，不安定な状態が長期化することは，子どもの首を真綿で締め続けている状態なのです。ロープで締めているわけではないので，すぐに命が絶たれることはありませんが，健全な精神状態であった子どもであっても，少しずつ心が壊れていき，精神状態が不安定になっていきます。不安定な精神状態が長期化すると，ふとしたきっかけで，ビルから飛び降りたり，列車に飛び込んでしまったりするのです。

　短期決戦で挑むいじめ解決に，様子を見るという対処は存在しません。きちんと対処すれば，きちんと解決します。将棋と同じで，コマの進め方は，状況次第でまちまちです。しかし，次から次へと手を打っていかねば時間切れになってしまいます。手の打ち方は100手1000手あります。ゴールを定めたら，ゴールに向けたプランを立て，矢継ぎ早にコマを進め，円満な解決に持ち込むことです。

　被害者のご両親が本書を手にされたならば，短期決戦でいじめを解決する手立てにしてください。リアルないじめもネットいじめと連動することが多くなり，いじめの痕跡がわかりやすくなっているのが昨今のいじめの特徴です。ネットいじめはすべて「いつ，誰が，どこで，どんな書き込みをしたのか」証拠が残るいじめですから，迅速に的確な対処をすれば確実に解決するでしょう。

　加害者のご両親が本書を手にされたなら，お子さんがいじめ行為を行うようになった経緯をきちんと辿り，原因の究明とその解決の手立てにしてください。

　傍観者のご両親が本書を手にされたならば，いじめを見つけたらすぐに仲裁に入る勇気を持つことと，加害者側に何らかの要因となる事柄や原因があるので，客観的な第三者の視点から，加害者が抱えている悩みを発見するよう助言してください。

　教師の方が本書を手にされたならば，いじめが起きたら，即座に加害者のいじめ行為を停止させ，加害者の人生ときちんと向き合い，嗜虐性をかき立てている要因を見つけ解決にあたってください。加害者の24時間監視，あるいは被害者からの隔離は必要不可欠です。被害者には，これまでどおり何も変わらない学校生活を保障することに全力をつくしてください。

加納寛子

『ネットいじめの構造と対処・予防』 目次

はじめに——i

第1部　ネットいじめの構造

いじめ事案における人間関係図——2

第1章　緊急座談会：高校生とその保護者が語る，ネットいじめのリアリティ　4
——ひかりさん×ひかりさんの両親×加納寛子（山形大学）

- インターネットの利用状況 …………………………………… 4
- これまでに起こったトラブルやいじめ ……………………… 4
- 日ごろのいじめに対する指導 ………………………………… 7

ネットいじめの全体像 ………………………………………… 7
- 無視，そしてTwitterでの誹謗中傷 ………………………… 7
- LINEで友人が知らせる ……………………………………… 8
- 続く，ダイレクトメッセージでのいじめ …………………… 10
- Twitterの裏で行われたLINEの会話 ……………………… 13

ネットいじめの発覚直後 ……………………………………… 15
- 当初学校は，内部の行為を否定 ……………………………… 15
- トラブルに対応しないTwitterの日本法人 ………………… 17

ネットいじめから約1か月が経過 …………………………… 17
- 経過報告を求める文書を学校に提出 ………………………… 17
- 被害者側の問題点を指摘 ……………………………………… 18

ネットいじめから約2か月が経過 …………………………… 20
- 再び，文書で調査するよう要請 ……………………………… 20
- 被害者の新体操部でのポジション …………………………… 21

- 顧問のとったひどい行動 …………………………………………… 22
  - 加害者と被害者を3：1で対峙させる ………………………… 22
- 未解決のままで終結宣言 ………………………………………… 23
  - いじめを認めた校長，認めない顧問 ………………………… 23
  - いじめ防止基本方針と言動にズレ …………………………… 26
  - 加害者と学校に対する思い …………………………………… 28
- その後の経過 ……………………………………………………… 29
    ――ひかり（父）

第2章　ネットいじめとは　　　　　　加納寛子（山形大学）　30

第1節　ネットいじめの特徴――リアルのいじめとの比較 …… 30
1．ネットいじめの特異点 ……………………………………… 30
1) リアルな関係を反映している　30
2) KS（既読スルー・既読無視）が発端となる例がある　30
3) 加害者の意図的な匿名性，なりすましがある　31
4) ソーシャルメディア特有の閉鎖性がある　31
5) リゾーム的増殖性がある　31
6) 逃げ場がない　33

2．リアルのいじめとの共通点 ………………………………… 33
1) エンターテインメント性がある　33
2) 長期的で深刻な影響が残る　35
3) 深い孤独が自殺（や他害）にもつながる　36

第2節　データからみるネットいじめ ………………………… 37
1．ネットいじめの舞台とツール ……………………………… 37
1) 日本のソーシャルメディア文化　37
2) ソーシャルメディアのグローバルな影響力　38
3) 国際比較――スマートフォン所有率・普及率　40
4) 国際比較――ソーシャルメディア使用割合　41

5）データにみる日本の現状　43
2. ネットいじめの現在 ………………………………………………… 44
　1）ネットいじめの認知件数　45
　2）ネットいじめによる自殺　45
　3）国際比較――自殺率　46
　4）スマートフォン，ソーシャルメディア，インターネットをどうみるか　48
　5）データから浮き彫りにする，ネットいじめ問題へのアプローチ　50

第3節　ネットいじめにみるKS，即レスとスルー文化 ………… 51
1. KS（既読スルー・既読無視）が引き起こす嗜虐性 ………………… 51
2. KSとスルー文化 ……………………………………………………… 51
3. 即レス症候群 …………………………………………………………… 52
4. マナーとしてのKSと即レス――適切な使用 ……………………… 53
　1）即レスの必要性を考える　53
　2）適切な即レスで，不本意なKSを防ぐ　53
　3）適切なKSで，ソーシャルメディア利用に節度を守る　54
5. KSを発端とする事件を防ぐために …………………………………… 54
　1）スルー文化の定着を防ぐ　54
　2）その他の対応　56

第4節　ネットいじめにかかわる心理的な効果 ……………… 57
1. 被害者・加害者の観点から――被害者・加害者のハードル …… 57
2. 傍観者（潜在的加害者）の観点から ………………………………… 58
　1）ランチョン・テクニック　58
　2）スリーパー効果　61
　3）傍観者効果　65

第3章　ネットいじめの特異性　　　　加納寛子（山形大学）　67

第1節　関係性を破壊するネットいじめ ……………………… 67
1. グループはずしとブロックいじめ（内輪型） ……………………… 67
　1）ソーシャルメディア特有の閉鎖性　67

2）グループの管理者権限——FacebookとLINEの比較　68
　　3）LINEにみられる「グループはずし」　68
　　4）ブロックいじめ　68
　　5）LINEにみられる「なりすまし」の例　69
　　6）グループはずしとブロックいじめの例　69
　2．サイバーストーカーとリベンジポルノ，アイコラ（喧伝型）……70
　　1）サイバーストーカー　70
　　2）リベンジポルノ　70
　　3）リベンジポルノと，ネットいじめとしてのアイコラ　71
　3．娯楽感覚のいじめ動画像視聴・保存や煽り（便乗型）…………71

| 第2節　誹謗中傷とデマ……………………………………………… 72
　1．なくならない誹謗中傷——出口のない悪循環モデル…………72
　　1）誹謗中傷の例　72
　　2）誹謗中傷を行った人の意識　73
　　3）出口のない悪循環モデル　73
　2．根拠のない書き込みと無責任な拡散——デマの拡散モデル……74
　　1）デマの拡散の例　74
　　2）デマの拡散モデル　75
　3．加速する嗜虐性……………………………………………………75
　4．「承認されたい」を学びにつなげる………………………………76

第2部　ネットいじめへの対応と予防

第4章　ネットいじめへの対処　　加納寛子（山形大学）　80

| 第1節　丁寧な聴き取りと早期発見・早期解決が鉄則………80
| 第2節　被害児童生徒の保護者編………………………………81
　1．ネットいじめに有効な対処………………………………………81

1）被害場面の動画像を保存する　81
　　　2）ソーシャルメディアなどへの加害者情報の開示，有害な書き込み等の削除を要請する　82
　2．リアルのいじめにも有効な対処──学校との連携 ……………83
　　　1）学校を敵対視しない──親身な教職員を模索する　83
　　　2）学校へ書状を送る　83
　　　3）書状がうまく機能しない例　84
　　　4）「いじめ防止基本方針」の開示を請求する　84
　　　5）学校に加えて，教育委員会，文部科学省などへ書状を送る　86
　　　6）学校との連携及び書状の効果の例　88
　3．リアルのいじめにも有効な対処──外部機関の利用 …………90
　　　1）外部機関の相談窓口を利用する　90
　　　2）警察へ相談する　90
　4．ネットいじめに対する罰則 ………………………………………91
　　　1）親告罪と非親告罪　91
　　　2）告訴状の作成と処遇　93

第3節　加害児童生徒の保護者編 …………………………………… 95

　1．加害行為は軽い気持ちで行われる ………………………………95
　2．ネット環境の見守りと観察 ………………………………………96
　3．「いじめられる側の問題」は「いじめてよい理由」ではない …96
　4．参考：「加害者論理のつき崩し」 …………………………………98

第4節　教職員編 ……………………………………………………… 98

　1．教職員当人に向けて ………………………………………………98
　　　1）「いじめ防止基本方針」の再確認　98
　　　2）教職員間の連携の模索　99
　　　3）教師に伝えたいこと　99
　2．児童生徒に向けて ……………………………………………… 103
　　　1）ネットいじめの発見　103
　　　2）安易な被害者・加害者の対面を避ける　104

3）被害児童生徒の別室登校を避ける　105
　　4）加害児童生徒のネット環境を制限・監視する　106
　　5）「加害者論理のつき崩し」を行う　107
　　6）加害者教育の重要性　108
　　7）いじめ対策教育プログラム例　109

第5章　ネットいじめの予防　　　加納寛子（山形大学）　110

第1節　情報教育とSNS利用の実際……………………110
　1．モンゴルの場合……………………………………110
　2．エストニアの場合…………………………………111
　3．日本の現状…………………………………………112

第2節　ネットいじめの予防…………………………112
　1．保護者・教職員編…………………………………112
　　1）スマホ，ソーシャルメディアに親しむ　112
　　2）子どもたちのリアルな関係を観察する　113
　　3）ソーシャルメディアを利用した共有体制をとる　114
　　4）いじめアンケート作成にあたって　114
　2．児童生徒編…………………………………………115
　　1）イノキュレーション教育　115
　　2）孤独にとらわれない──「リア充」「ネト充」「ソロ充」を目指す　122
　　3）予防としての「加害者論理のつき崩し」　123
　　4）ジョハリの窓　126

第6章　『学び合い』によるネットいじめの解消　130
　　　　　　　　　　　　　　　　西川純（上越教育大学）

第1節　規範の形成……………………………………130
第2節　行動のきっかけは……………………………131
第3節　周りとは………………………………………133

| 第4節　ネットいじめに対する対策……………………………134
| 第5節　『学び合い』とは…………………………………………135
| 第6節　『学び合い』の基盤………………………………………138
| 第7節　いじめの原因（集団）……………………………………139
| 第8節　具体的な指導例……………………………………………143
| 第9節　地域コミュニティの再生…………………………………145
| 第10節　読書ガイド…………………………………………………147

第3部　ネットいじめ──事例と分析・対策

第7章　対談：ネットいじめ対策の枠組みをどうつくるか？　152
――藤川大祐（千葉大学）×加納寛子（山形大学）

| 既読無視をどう考えるか……………………………………………152
| 過去の失敗の歴史から学ぶ…………………………………………156
| SNS上でのリーダーシップは独裁になりかねない………………162
| 管理された中でSNSを使いながら学ぶ……………………………165
| 刑事罰のあり方について……………………………………………167
| ネット社会における市民をどう育てるか…………………………172

第8章　インターネットを用いたいじめや迫害をめぐる諸問題　174
──「延長された表現形」として増幅させるブースター効果

内藤朝雄（明治大学）

- **第1節**　ネットを論じる際の注意点
  ──俗流ヴァーチャル論と距離をとること……………… 174
- **第2節**　統計データからみる，ネットを用いたいじめの位置 …… 178
- **第3節**　ネットを用いたいじめの考え方 ……………………… 180
- **第4節**　主要メカニズム：閉鎖空間の環境の効果として増殖する
  心理－社会的な，政治的〈パラノイア〉モデルの群生秩序 …… 182
- **第5節**　ネット単独では貧弱な有害作用と，ときに危険なブースター効果 …… 190
- **第6節**　事例検討 ……………………………………………… 193
  1. 事例の要点 …………………………………………… 193
  2. 予備的考察──符合関係 ……………………………… 200
  3. 事例が示す小社会の固有の秩序と現実感覚 ………… 202
  4. 教員たちの縦糸と横糸 ………………………………… 209
  5. ブースター効果 ………………………………………… 210
- **第7節**　おわりに ………………………………………………… 211

第9章　対談：ネットいじめから新しい時代を構想する　213

──内藤朝雄（明治大学）×加納寛子（山形大学）

- メディアと少年事件 ……………………………………………… 213
- 警察と法律を使おう ……………………………………………… 215
- 市民社会の捉え方 ………………………………………………… 218
- 自由な環境が試行錯誤を可能とする …………………………… 220

| 子どもたちを守るための枠組み……………………………222
| 新しい時代に必要な教育………………………………226
| 部活と同調圧力…………………………………………228
| ネットの2つの顔：法的措置の利点……………………230

おわりに──233

索引──235

※本書の本文ならびに注記に表記されているURLは，初版刊行時のものです。

第 **1** 部

ネットいじめの構造

いじめ事案における人間関係図 （高等部1年時点）

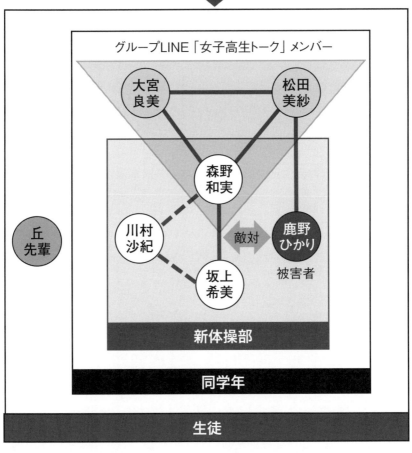

橋爪 校長	首都圏の私立中高一貫校白木学園　校長	教員
小川 主任	白木学園　被害者の学年の学年主任	
吉見 担任	白木学園　被害者鹿野ひかりの高校1年・2年（現在）の担任	
野上 顧問	白木学園　新体操部 県大会の優勝経験は豊富で全国大会の常連校 ※新体操部の監督　高等部の担当	
木村 顧問	白木学園　新体操部 ※新体操部の顧問　中等部の担当 ※2015年4月より1年間休職	
鹿野 ひかり	白木学園　新体操部 中等部時代は関東大会準優勝，全国大会出場メンバー ※2015年2月よりネットいじめがきっかけで休部中	生徒
森野 和実	白木学園　新体操部 中等部時代は関東大会準優勝，全国大会出場メンバー 高等部では団体チームレギュラー（Aチーム）メンバー ※いじめのリーダー格と思われる。大宮良美，松田美紗とのグループLINEメンバー	
坂上 希美	白木学園　新体操部 高等部では団体チーム（Bチーム）メンバー ※いじめの関与が疑われる	
川村 沙紀	白木学園　新体操部 中等部時代は関東大会準優勝，全国大会出場メンバー 高等部では団体チームレギュラー（Aチーム）メンバー補欠	
松田 美紗	白木学園の同級生 森野和実，大宮良美とのグループLINEメンバー ※被害者とは，このネットいじめが起きるまで親密な関係	
大宮 良美	白木学園の同級生 森野和実，松田美紗とのグループLINEメンバー	
丘 先輩	白木学園の1つ先輩 新体操部メンバーとはとくに親しくはない	

※登場する学校名や氏名はすべて仮名です。

第1章

緊急座談会：高校生とその保護者が語る，ネットいじめのリアリティ

——ひかりさん×ひかりさんの両親×加納寛子（山形大学）

※前ページの人間関係図をご覧のうえで，下記をお読みください。なお，登場する人物，学校名，その他の名称はプライバシー保護の観点からすべて仮名となっています。

インターネットの利用状況

加納：今回ネットいじめの被害に遭われたとのことですが，ネットの利用を始めたのはいつからでしょうか？

ひかり：小学校3年生のときに，初めてガラケー（フィーチャーフォン）を持ちました。そのときはEメールの利用がほとんどだったように記憶しています。本格的な利用は，中学校に入学してスマホ（スマートフォン，以下同様）を持ち始めてからです。

加納：ネットいじめに遭われる前は，どの程度の頻度で，どのようなネット使用の仕方をしていましたか？

ひかり：ほぼ毎日，授業以外の時間は頻繁に使っていました。Twitterやインスタグラムを見たり，LINEで連絡を取り合ったり，授業で興味を持ったことをYahoo!でさらに深く調べたりしました。なかでもTwitterを暇つぶしに利用することが多かったです。300人ぐらいはフォローしていました。

これまでに起こったトラブルやいじめ

加納：小学生のときから携帯電話を所有されていたとのことですが，これまでに，ネット，リアルのいずれかで，今回の加害者とのトラブルやいじめはありましたか？

ひかり：ネットでのトラブルやいじめはないと思います。しかし、中等部の1年のときから、新体操部や教室などで定期的に無視されることがありました。それも突然、無視が始まるという出来事がくり返し行われました。

加納：定期的というのは、何かタイミングはあるのでしょうか？ 定期試験の後に起きるとか、部活の試合の前に起きるなど。

ひかり：とくに決まったタイミングはありませんが、なぜか冬が多かったです。

加納：定期的に無視をされたということは、継続的ではないわけですね。無視されなくなるタイミングは、どんなタイミングなのでしょうか？

ひかり：トラブルやいじめが起きるたびに、いじめリーダー格の森野和実の母親と私の母親、そして新体操部の木村顧問（中等部の担当）が仲介して、なんとか仲直りをしていました。

加納：そのときはどんな仲介の仕方だったのでしょうか？

ひかり：母親同士が直接会って、話し合いをして、誤解や勘違いを確認したうえで、それぞれに仲直りするように説得してくれました。

加納：具体的にどんな誤解や勘違いがあったのでしょうか？

ひかり：ある女子生徒（人間関係図には入っていない）が、私といじめリーダー格の森野和実がお互い陰で話していたちょっとした悪口を誇張して伝えたことで大きな問題になったのを覚えています。その誤解を母親同士が話し合ったうえで、解いてくれたことを思い出しました。

加納：双方に悪口を誇張して伝えたという共通の生徒は、今もつながりがありますか？

ひかり：いえ、中等部の2年終了後に、別の学校に行きました。少し虚言癖があるようで、いろいろなところでトラブルを抱えていたようです。

加納：双方に悪口を誇張して伝えた女子生徒は何か問題がありそうですね。ところで、加害者側の親子関係はどうなのでしょう？

ひかり：いじめリーダー格の森野和実の母親は、試合や行事に積極的に参加

第1章 緊急座談会：高校生とその保護者が語る、ネットいじめのリアリティ　　5

しますが，同じく新体操部のもう1人の生徒の坂上希美の親はあまり積極的には参加しません。どうしても参加する必要がある場合だけしぶしぶ来るようです。坂上親子は，喧嘩が絶えないようで，彼女に足の痣を見せてもらったことがあります。

加納：家庭でDV（ドメスティック・バイオレンス）を受けていたりネグレクト（養育放棄）だったりすると，その鬱憤晴らしに，家庭環境が良さそうでおとなしそうな生徒に目をつけていじめをすることがありますので，親子関係がぎくしゃくしている生徒が，日ごろの憂さ晴らしにひかりさんに目をつけていた可能性はありますね。

ひかり：あるのかもしれませんが，よくわかりません。

加納：このトラブルでは，問題のある生徒の悪口の誇張がわかって誤解が解けたということですが，先ほど，定期的に無視があったとお話ししていました。ということは，この生徒以外が原因のトラブルも多数あったわけですね。

ひかり：はい，ありました。いろいろな原因（p.24〜25の表参照）で無視されることがありました。いじめリーダー格の森野和実が同じクラスの友だちに対して，私とはつきあわないほうがよいといって，何度も友だち関係を邪魔されたこともありました。教室の前で，大声で悪口を言われたこともあります。

加納：部活だけでなく，クラス全員から無視されたこともあるのでしょうか？

ひかり：いえ，全員から無視されたことはありません。いじめリーダー格の森野和実は，私が全員から無視されるように仕向けたと思いますが，そうはなりませんでした。多くはありませんが，仲の良いクラスメイトは毎年いましたし，今もいます。

加納：了解しました。教室の前で，大声で悪口を言われたとありますが，それはどんなことを言われたのでしょうか？

ひかり：よくは覚えていないのですが，みんなの前で侮辱されるようなことを言われたとかすかに記憶しています。

日ごろのいじめに対する指導

加納：ところで、道徳の学習指導要領には、情報モラルに関しても指導することが定められていますが、学校では、どのような指導がありましたか？

ひかり：中等部3年間と高等部1年の4年間で5〜6回は指導があったことを覚えています。なりすましや、LINEによる誹謗中傷などの事件が起きるたびに、加害者と同じ学年の生徒全員がホームルームの時間にホールに集められ指導が行われます。とくに個人情報については漏洩をしないように、厳しく言われました。

加納：了解しました。ネットいじめを未然に防ぐという指導に関しては、学校ではどんな授業がされていましたか？

ひかり：よく覚えていません。授業では、とくに指導がなかったと思います。

加納：今回の事件が起きる前に、学校から保護者へ、ネットいじめを未然に防ぐための取り組みや、学校でのルール作りに関する連絡はありましたか？

ひかり（母）：中等部のときに、学年通信（PTA向けの情報誌）で、スマホの使い方を注意喚起する記事を見た気がしますが、それ以外は記憶にありません。

加納：了解しました。では、今回のネットいじめの経緯と学校側の対応など、これまでなさったことをご説明いただけますか？

ネットいじめの全体像

無視、そしてTwitterでの誹謗中傷

ひかり：入試（中等部の入試）休み明け、2015年2月5日（木）の新体操部の練習から、突然、部内の同学年（当時高等部1年）の森野和実、坂上希美、川村沙紀（とくに前の2人）の3人による無視が始まりました。その5日後の2月10日（火）19時半ごろに、今度は「鹿野ひか

り　あるある@_WeHateThisGirl」というアカウントで，私を誹謗中傷するツイートが書き込まれました。「1999年1月15日生まれの鹿野ひかりちゃん。またまた独りぼっちになっちゃった…？？」という個人情報の漏洩をはじめ，「女友だち＜＜＜＜＜＜＜＜＜男」や「口を開けば自慢話」「足が死ぬほど臭い」などといったひどい書き込みが多数ありました。

加納：個人情報が漏洩した状態になっていたのは，どれくらいの期間なのでしょうか？

ひかり：2月12日（木）にはアカウントそのものが消されていたはずなので，2日間ぐらいだと思います。

加納：了解しました。それほど長期間掲載されていたわけではないのですね。

ひかり：父と母が，学校にすぐに連絡して，学校側が新体操部の生徒数人（誰かは不明）にヒアリングをしたので，バレたら大変だと思いアカウントを急いで削除したのだと思います。

加納：（中等部の）入試明けから突然無視されたとのことですが，入試の前後，無視をされる前の会話はどんな内容だったのでしょうか？

ひかり：これまでも何度もトラブルや無視されることがあって，そんなに仲が良いわけではないのであまり話をしませんが，部活動中とか学校の行き帰りに，「部活するの面倒くさいね」といった程度の無駄話をすることはありました。

LINEで友人が知らせる

加納：ところで，Twitterでのネットいじめが起きていることをどうやって知ったのですか？

ひかり：今回のネットいじめの前まではとても親しかった松田美紗が，「ひかりのアカウントみたいなのある」とLINEで教えてくれました。

加納：了解しました。図1-1のLINEの画像ですね。Twitterなどで何か書き込まれているというやりとりがわかる画像です。

ひかり：はい。この連絡を受けて，Twitterで何が書き込まれているのだろうと思い，アプリで検索しました。すると，図1-2のような「鹿野

図1-1　友人の松田美紗がLINEでネットいじめがあることを連絡

図1-2　Twitter上に立ち上げられた
「鹿野ひかり　あるある@_WeHateThisGirl」のキャプチャー画面の一部

※しばらくして「鹿野ひかり　あるある@_WeHateThisGirl」の，「鹿野ひかり」部分がアカウント名から削除された。この画面は削除されてからのもの。

第1章　緊急座談会：高校生とその保護者が語る，ネットいじめのリアリティ

ひかり　あるある@_WeHateThisGirl」というアカウントが立ち上げられ，私を誹謗中傷するツイートがくり返されている画面が出てきました。「いつも仲間はずれにされている」とか，「人を見下している」とか，「性格が悪い」とか，「自分で水原希子に似てるって言っちゃう」とか，あることないこと，いろいろな悪口が書かれていました。私は，とてもショックで思わず自分のTwitterアカウントに「学校やめてもいいですか」とつぶやきました。

続く，ダイレクトメッセージでのいじめ

加納：さらに，その約2時間後に，「早く学校やめちまえばいいのに」「名前を言ってやるから死ねよ」「とりあえず早く白木学園から出てけ」などと書かれた図1-3，図1-4のようなTwitterのダイレクトメッセージが送られてきたわけですね。

ひかり：はい。その日の21時19分から，今度は「あるある@_WeHateThisGirl」によるひどいダイレクトメッセージが届きました。私が「だれ」って聞くと，「白木学園の底辺のくせに命令してんじゃねえよ」とか「教える義務はない」「早く学校をやめちまえばいいのに」と書き込みされました。しつこく私が，「誰なの名前言って」というと，「名前言ってやるから死ねよ」というひどい命令（脅迫）が返ってきました。

　このようなやりとりが1時間ほど続いたのですが，ふと新体操部で無視が続いていたことを思い出し，ひょっとしたらそのなかの誰かではと感じた私は「あした部活に行ってもいいですかねーわたしー」と尋ねてみました。そうしたら案の定，「来ても歓迎されない，頼りにもされない，誰にも口聞いてもらえない，冷たい目で見られる」「来たら来たで邪魔だし，休んだら休んだで部活辞めれば？って話」といった書き込みが返ってきました。ツイートの内容とこの書き込みから，新体操部の同学年の仕業に違いないと思いました。

　次の日，2月11日は休日（建国記念日）で，クラブ活動は朝から行われる予定でしたがショックで休みました。その後，数日は我

図1-3 ダイレクトメッセージの様子①

図1-4 ダイレクトメッセージの様子②

慢してクラブ活動に参加したのですが，無視は相変わらずで，いたたまれなくなり期末試験1週間前でクラブ活動が休みになったのをきっかけにそれ以降は休部中です。今でも少し戻りたいとは思いますが，もはや私が戻る場所はありません。

ひかり（母）：娘が踊るのを見るのが楽しみだったので，とても残念で仕方がありません。

Twitterの裏で行われたLINEの会話

ひかり：ネットいじめからしばらくして，リーダー格と思われる新体操部の森野和実と，同学年の大宮良美，そして以前は親しかった松田美紗の3人で構成されるグループLINE「女子高生トーク」で，私の「学校やめていいですか」のキャプチャー画像を貼り込んだうえで，「ってとこまできた」「まあそうおもっちゃうよね」とか「（学校を）やめたほうがいい」「わお」といったひどい会話が行われていたことが発覚しました。

加納：このグループLINEに入っていながら，松田美紗がひかりさんに，この画像を送ってくれたと聞きましたが……。

ひかり：はい。もともと親しかったからでしょうか。このグループLINEのメンバーの1人である松田美紗がこの画像をしばらくして送ってくれました。

加納：了解しました。図1-5の画像ですね。

ひかり：はい，そうです。

加納：図1-4に示したダイレクトメッセージの様子②を見ると，お弁当を誰と食べているのかなど，非生産的で無礼なやりとりが続いています。部活に関するやりとりからも，部活のメンバーの誰かからのダイレクトメッセージであることは明らかですが，最後まで，正々堂々と自分の名前を明らかにすることはしていません。

　名前を明かすことがないまま，このTwitterのダイレクトメッセージによるやりとりは1時間にも及びます。そして，このダイレクトメッセージの直前にはリーダー格の森野和実らで構成されているLINEのグループ「女子高生トーク」でも図1-5のようなやりとりが

図1-5　Twitterのやりとりの裏で交わされていたグループLINEの様子

※右の画面の一番上に，ひかりさんが「学校やめていいですか」とつぶやいたTwitterの画面が貼り込まれている

なされていたわけですね。「ひかりと同じクラスになったら，そのクラスが崩壊する」などの悪口がやりとりされています。

　図1-2のツイートにショックを受けたひかりさんが，Twitterで「学校やめていいですか」と書き込むと，そのTwitterの画面がすぐさまLINEグループ「女子高生トーク」のトークにも反映され「やめたほうがいい」などと書き込まれていたわけですね。

ひかり：はい，そのとおりです。

加納：このネットいじめの後で部活を休んだとき，顧問の先生に休むという連絡をされたと思いますが，そのとき，顧問の先生はどんなことを言われましたか？

ひかり：木村顧問からは，休んでもよいけど，ネットいじめをやった人がもし本当に新体操部なら休まないほうがよいのではないかと言われました。

加納：確かに，ここで休んでしまうと，加害者側の意図どおりになりますからね。

```
            2月10日のネットいじめの時系列

 1  当時は親しかった「松田美紗」からのLINEでの連絡（図1-1）
                        ↓
 2  ひかりさんに対するTwitterでの誹謗中傷を発見（図1-2）
       ※このツイートは，約３時間にわたってつぶやかれ，最終的には16の誹謗中傷を
        して終わっている。
                        ↓
 3  ショックを受けたひかりさんが「学校やめてもいいですか」のツイート
                        ↓
 4  このツイートを引用したグループLINE「女子高生トーク」での誹謗中傷
    （図1-5）
                        ↓
 5  ひかりさんへのダイレクトメッセージでの誹謗中傷（図1-3・4）
```

ネットいじめの発覚直後

当初学校は，内部の行為を否定

> ひかり（母）：今でもよく覚えていますが，２月10日の夜，私が寝ているところに，「話があるのだけれど」と，切羽詰った感じで娘がやってきました。ふだんはあまり学校のことを話さない娘ですが，この１件については，その時点でわかっているすべての事実を，時間をかけて話してくれました。その日は，遅かったので就寝しましたが，翌朝，すべての書き込みを画像で残すように指示をしました。
>
> ひかり（父）：２月11日（翌朝），まず新体操部の木村顧問に連絡を取り，同時に書き込み画像（図1-2・3・4の一部）を添付したメールを送付しました。
>
> 　　並行して16のツイートとダイレクトメッセージの書き込み（図1-2・3・4）が把握できる資料を作成し，午後に最寄りの警察署を訪問しました。休みだったせいか，警察はいつもより人出が少なかったのですが，生活安全課の女性の警察官が対応してくれました。悪質な誹謗中傷ではあるけれど，事件性はないのでこれ以上エスカ

レートするようならもう一度訪問してほしいとアドバイスを受けました。

　その足で，学校も訪問し，新体操部の野上，木村両顧問と面談しました。学校側からは，（警察ではないので捜査のようなことはできないと何度も前置きされたうえで）新体操部の生徒数人にヒアリングをし，さらにスマホの検査（方法は公開されず）をしましたが加害者は見つかりませんでした，と報告を受けました。また，顧問はTwitterの書き込み文書（図1-2）の「……無神経さに自覚があるのか否かは分からないが……」という部分が大人びていて高校生の文章とは思えないとの理由から外部の犯行を示唆していました。しかしながら書き込みの内容があまりにも学内，そして新体操部内に詳しいことから，外部の犯行はあり得ないと反論したうえで，引き続きしっかりと調査するように依頼しました。

　また，ネットいじめがあった日の週末，２月14日（土）に，こちらからの要請で，橋爪校長，高等部１年（2015年２月当時）の小川学年主任，新体操部の両顧問との面談の場をもちました。新体操部の顧問からは，相変わらず関与否定説が語られましたが，ツイートで語られた水原希子に似ているという発言は，新体操部の坂上希美に「友人から似ているといわれたことがある」と話しただけで，他にはそんな会話をした覚えがないということ。さらに，ダイレクトメッセージでの誹謗中傷の内容には，「白木の底辺のくせに」「白木学園から出てけ」「（部活に）来ても歓迎されない」「（部活に）来たら来たで邪魔」「４年間毎年定期的にぼっち（孤独）」「丘先輩（当時高校２年生）」とあることから，白木学園の生徒で，新体操部に所属，かつ娘と同じ高校１年（中高一貫校の４年目）である可能性が高いと指摘し，しっかりと調査を進めるように改めて要請しました。

　校長は，やはり警察ではないので捜査のようなことはできないと前置きしたうえで，同学年の生徒を集めた指導は行うと，その場で約束しました。

　この後，いじめ解決の専門家である「NPO法人UG」に協力を依

頼し，解決に向けた総合的なアドバイスを受けました。また，NPO法人から紹介を受けた弁護士に依頼して，加害者を見つけるためのTwitterのIPアドレスの開示請求も行っています。しかし，こちらの解決策は費用も高く，Twitterの米国本社との交渉になるため解決への道は険しく時間も相当にかかると知らされました。

トラブルに対応しないTwitterの日本法人

加納：Twitterの日本法人への連絡はされなかったのでしょうか？

ひかり（父）：Twitter社に友人がいる親しい知人に確認をしていただいたのですが，開示請求など，個人情報関連の事案は，各国では一切対応しないので，米国本社に問い合わせをしてくださいと言われたと聞きました。

加納：了解しました。日本法人の社員でも，米国本社と太いパイプのある方であれば連絡を取っていただけたかもしれませんが，そうでなければ，難しいのかもしれませんね。個人で米国本社に連絡をしたとしても，それが本人の申し出との証明は難しいでしょうから，簡単には開示請求には応じていただけないかと思われます。

　残る方法としては，警察の刑事課に名誉毀損罪か侮辱罪として告訴状を提出する方法しかないでしょう。名誉毀損罪も侮辱罪も親告罪なので，告訴状が被害者や被害者遺族から提出されない限り動いてもらえませんから（これについては第3章参照）。

ネットいじめから約1か月が経過

経過報告を求める文書を学校に提出

ひかり（母）：約1か月が経ちましたが，学校からは何の連絡もありませんでした。業を煮やした主人が，3月18日（水）付で経過報告を求める文書に，協力いただいている「NPO法人UG」がプロの目で今回のネットいじめを冷静に分析した意見書を同封し，学年主任の小川主任宛に送付しました。

要点は，1か月間で解決に向けどんな活動を行ったのか。そして今後はどうするつもりなのか，の2点でした。娘から，同学年（当時高等部1年）の生徒を集めた指導は2度ほどあったと聞いていましたが，正式に報告を求める内容としました。その約1週間後，何の連絡もなく不審に思っていた矢先に，学年主任から電話があり，改めてお会いしたいという申し入れがありました。主人が，折り返し電話をして3月27日（金）の19時に学校を再度訪問することに決まりました。学校側に「NPO法人UG」の代表も同行する旨を連絡，許諾を得たうえで私たち2名と「NPO法人UG」の代表の計3人で訪問しました。

加納：学年主任宛に郵送されたとのことですが，それは内容証明郵便で送られたのでしょうか？

ひかり（父）：この文書の発送については，私が独自に判断して行いました。本来的には内容証明郵便が理想だと思っておりましたが，この時点ではとくに重要な文書でもないと判断し普通郵便で送りました。

被害者側の問題点を指摘

ひかり（母）：3月27日は，小川学年主任と新体操部の野上，木村両顧問の計3人に対応いただきました。

春休み前に，同学年の生徒を集めた指導を校長，学年主任からそれぞれ1回，計2回行ったという報告がありました。また，新体操部の野上顧問からは，同学年及び関係の深い生徒複数に個別にヒアリング（どんなヒアリングかは不明）を行いましたが，ネットいじめをしたと疑われる形跡はなかったという報告を受けました。

ここで驚くことに，新体操部の顧問と学年主任から，「ヒアリングした中で被害者である娘の言動に相当な問題がある事実が浮かび上がった。それゆえに多方面から嫌われたり憎まれたりする可能性が高く，それが今回のネットいじめの一因かもしれない」という指摘を受けました。どんな問題行動があったのかと聞いたところ，あちこちでひどい悪口を言っていて，ある保護者からはその相談を受けたことがあるとのことでした。具体的にはどんなことですかと尋

ねましたが，それ以上，詳細な話をうかがうことはできませんでした。詳しい話をしないのは，学校側の保護者に対する気遣いであるように振る舞っていましたが，あまりにも具体性がなかったので，それが真実なのか都合のよい作り話なのか，私には判断できませんでした。

「NPO法人UG」の代表が，いじめの原因を被害者側の問題に置き換えるのはもっともやってはいけない行為，いじめに対する知識不足がはなはだしいと，この発言を断罪し，その場の空気は凍りつきました。

また，娘の新体操部への復帰に向けて，内部の環境整備をしていただけるのかという質問を野上顧問にしたところ，最近，娘のクラブ活動に対する熱意が低下している（愚痴ばかりを言っている）ようで，ゆえに，復帰は本人のやる気の問題であって，環境の問題ではないといった話がありました。仮に熱意が低下しているにせよ，これだけのいじめの問題が起こっていながら，個人の問題として片づけてしまう対応には正直愕然としました。

結局，1時間ほどで面談は終了し，引き続き解決に向けて指導をしていただくこととなりました。新学期（2年生に進級）を迎えてすぐ，PTAと高等部新2年生に対して外部の講師によるいじめ防止を啓蒙する講義（別々に実施）が行われました。同時に，学年主任から2月10日のネットいじめを行ったものは名乗り出るようにと指導がなされましたが，その後も名乗り出る者はありませんでした。

加納：「被害者である娘さんの言動に相当な問題がある事実」が，仮に事実であっても，いじめてもよい理由にはならないわけですが，どのような言動を指摘されたのでしょうか？

ひかり（父）：新体操部なので，ダイエットをする必要があるのですが，同学年の他の生徒と比較してダイエットが進んでいることを娘が自慢した。それで他のメンバーが傷ついたというお話を聞いています。しかし，本人に確認したところ，たまたま姿をチェックするために鏡の前に行ったら，その鏡の前に同学年の生徒がいて，同時に鏡に映っただけで傷つけるような行動はしていないと言っています。顧

問と娘の言い分には随分と差がありますが，学校側の発言にはすべて証拠がまったくないため，どこまでが本当でどこからが誇張なのかまったくわかりません。

加納：たぶんそれは，新体操部の加害者側の生徒にいじめた理由の聞き取りをしたら答えたということでしょう。かわいいね，と言われたことが気に入らないと思う子どももいるわけで，相手がとくに誹謗中傷をしたわけでもない発言が気に入らないからといって，いじめてよい理由にはならないですね。

ネットいじめから約2か月が経過

再び，文書で調査するよう要請

ひかり（父）：しばらく何もないまま時間が経過しました。4月17日に再びペンをとり，しっかりと自白を進めるよう指導をしていただきたいとの文書を送りました。また，学校側のいじめへの態度を確認したく，各学校が保有するはず（市のいじめ担当職員から知らされた）のいじめ防止対策基本方針を提示していただくよう申し入れも行いました。

学校側はこれを受けて，各学級のホームルームで，今，自白すれば罰は軽くしてもよい（どんな言い方をしたかは知らされていない）と条件をつけて自白を促したようですが，やはり名乗り出る者はいなかったようです。

なかなか解決しない現状に業を煮やし，4月28日（火），今度は地元の警察署の刑事課を再度訪問し告訴状を提出したいと訴えました。取調室に通され（場所がここしかないとのこと），法律が書かれた分厚い本を片手に親切に対応してくれました。とくに問題となるのが個人情報の漏洩ということでしたが，約2か月が経過した現時点ではすでに漏洩が確認できない（WEB上から消えている）ということで告訴状は受理されませんでした。他にも誹謗中傷の文章と分厚い本を照らし合わせながら侮辱罪や強要罪の検討もしてくれ

ましたが，なかなか立証が難しいということで，最終的には少年課に対応いただくことになりました。翌週，少年課の刑事が学校を訪問し注意を促したと聞いています。

加納：これまでの経緯を見てきますと，自白がなくても，無視をした生徒は特定されているわけですから，無視といういじめをしたことに対する謝罪を書面で求められましたか？

ひかり（父）：はい，私たちは，ネットに限らず新体操部内でいじめがあった事実を認めてほしいと主張していますが，新体操部の野上顧問はなかなか認めようとはしません。クラブ活動内での無視も，「距離を置いている」という表現でごまかしています。

白木学園の新体操部は全国大会の常連校で，クラブの運営に問題が生じるのを恐れているためと思われます。

被害者の新体操部でのポジション

加納：ひかりさんも中学生のときから新体操を続けられていたわけですから，当然全国大会に出たかったわけですよね。いじめの加害者の生徒はレギュラーだったのでしょうか？ ねたみやひがみから，全国大会に出場させないようにする思惑が加害者側にあった可能性はあるのでしょうか？

ひかり（父）：はい，娘は中学校時代にメンバーとして関東大会を準優勝し，全国大会に出場しています。本人も全国大会にはあこがれていたようです。新体操の団体戦は5人でチームを組みますので，出場のためのレギュラー争いは熾烈だと思われます。高校生の全学年から5人が選ばれるので，加害者の中には，レギュラーの生徒もそうでない生徒もいました。

加納：部員数は，全部で何人ぐらいいるのでしょうか？ そのなかで，全国大会に出場できるのは何人でしょうか？ 中学生のときに全国大会に出場されたとのことですが，高校入学後は，どんなポジションにいたのでしょうか？

ひかり（母）：高等部だけで30人弱はいます。そのなかで5人に選ばれる必要があります。ネットいじめに遭う前は，6人目，補欠の1番手で

　　　　3月21日から22日は中国地方で行われる全国選抜大会に帯同する予定でした。私も楽しみにしていましたが，残念ながら行けなくなりました。

　加納：2月10日のいじめは，すでに，中国地方で行われる全国選抜大会に帯同する予定であることをひがんで，理由をこじつけて引き起こしたいじめとも考えられますね。部活を休み，この全国選抜大会にも行かなかったことは，加害者側の思うつぼだったのでしょう。いわば，加害者側の目的を達成させてしまったわけです。

顧問のとったひどい行動

加害者と被害者を3：1で対峙させる

　ひかり（母）：少し時期が遡りますが，新体操部の野上顧問が，4月13日（月）にとった行動にはとても怒りを覚えます。仲直りさせたいという思いはあったにせよ，ネットいじめのメンバーと思われる同学年の生徒3人と娘を一堂に呼び出して，それぞれに意見を言いなさいと指示したのです。この場は，一斉に娘をひどくバッシングするいじめの場へと様変わりしました。娘は，その後泣きじゃくったようで，心配して野上顧問が自宅まで送ってくれました。専門家に話をうかがったところ，この行為はいじめを再現し増幅する愚行で，この教員の知識不足は甚だしいとのことでした。この事件をきっかけに，娘は新体操部に復帰することはもう諦めたと言っています。

　加納：それはひどいですね。モラル・ハラスメントにあたります。先生公認のいじめの会を開いたようなものです。この会話の再現はつらいでしょうが，会話の内容を教えていただけないでしょうか？

　ひかり：今日は，お互いを責めるのではなくよい方向に進めていきたいのだけれど，思っていることをはっきり言いなさいと，野上顧問に言われました。最初に私がリーダー格ではない（周りの空気を遵守する傾向）と思われる川村沙紀に意見を聞きたいと言いました。川村沙紀は，私が1番目の補欠のメンバーに選ばれているのに，部活動の

愚痴ばかりを言っているので腹が立っていたと発言しました。それに続いて，坂上希美も，部活への不満ばかりを言っている私に嫌悪を感じていたと言いました。そして，トラブルがたびたび起きている森野和実（いじめリーダー格）は，自分は直接被害を受けていないが，周りの仲間から話を聞くたびにまるで自分事のように怒りが込み上げてきたと発言していました。これ以外にもいろいろと言葉の集中砲火を受けましたが，ショックで気が動転したせいか，記憶が飛んでしまってよくは思い出せません。

加納：初めてのいじめや，くり返しが見られないいじめの場合は，加害者と被害者を対面させて，本音を出させることにより，誤解が解消されて解決することもあるかと思いますが，中等部１年のときから何度も起きているわけですから，対面させる方法は，あまり適切とはいえないですね。部活動の愚痴は，他の生徒も言っていたのでしょうか？

ひかり：はい。部活の不満はみんな言っていたのに，なぜ自分ばかりが責められるのか納得がいきませんでした。

加納：他の生徒も同様に言っていたわけですから，そんなことは，いじめてよい理由にはなりませんし，こじつけで理由を言っているようにしか見えません。

未解決のままで終結宣言

いじめを認めた校長，認めない顧問

ひかり（父）：４月27日（月）に学校からお会いしたいという連絡があり，５月２日（土）の18時に学園を訪問しました。そこで，手を尽くしたがこれ以上学校側は対応できないと一方的に宣言されました。しばらくいじめの認定をめぐって押し問答が続きました。橋爪校長は，「（被害者が）これはいじめですよと言われれば，（中略）決していじめは無いというふうには思っておりませんし……」と実質的にいじめを認める発言をしましたが，ここでも新体操部の野上顧問は，

「同学年の他の生徒が距離を置いている」という表現や「こじれた人間関係」という言葉を使ってクラブ活動内部のいじめを認めようとしませんでした。新体操部の不祥事が発覚するのがよほど怖いのではないかと思われました。

加納：新体操部の野上顧問がクラブ活動内部のいじめを認めようとしないことに不信感を抱きますね。中学生のときから高校生になった現在も継続した顧問のわけですから、中等部1年時から、定期的に行われたいじめのことも把握しているわけですよね。今回のネットいじめは、明らかに、中等部1年のときからの定期的に継続されたいじめの続きであると考えられます。つまり、途中で何度か解消されたとはいえ、4年間の継続したいじめになります。4年間の経緯を表にまとめていただくことはできますか？

被害者の白木学園新体操部での4年間

2011年（中等部1年）
・被害者の鹿野ひかりは、5月に新体操部に入部。 ・同学年で8人の生徒が入部。 ・秋ごろまでは、仲良く活動が行われていた。 ・冬ごろ、問題の多かったある生徒（今回の人間関係図には入っていない）が、陰で悪口を言っていると双方に伝えたことがきっかけで、森野和実と鹿野ひかりの関係が冷え込む。一時、ほとんど会話はなされなかった。中間で情報操作したこの生徒は、軽い虚言癖があったようで、あちこちで問題の種になっていた。中等部2年終了時に転校。 ・保護者と連絡を取りつつ、新体操部の木村顧問（中等部を主に担当）が仲介役となって、いったんは関係が改善された。
2012年（中等部2年）
・2年に進学して間もなく、鹿野ひかりのクラスメイトに対して、森野和実が鹿野ひかりの悪口を言って孤立させる。※森野和実と鹿野ひかりは別のクラス。 ・試合のシーズンが始まったことで、いったん関係が改善する。 ・個別指導の学習塾に、鹿野ひかりが森野和実の紹介で入塾。数か月後（冬ごろ）に、森野和実が塾の内部で他校の生徒と関係悪化。他校の生徒数名がグループLINE（森野和実、鹿野ひかりも含まれる）で森野和実の悪口を言い始める。鹿野ひかりは、その時点でも他校の生徒とは良好な関係が続いていた。 ・母親同士が協議して解決する。

- しかし，今度は塾での出来事に腹を立てたためか，森野和実が新体操部内部で鹿野ひかりを無視。他の同学年の生徒も巻き込んでのコミュニケーション操作系のいじめが行われる。他の生徒に鹿野ひかりと話すのをやめるよう促していた。
- 鹿野ひかりが学習塾でグループLINEに入っていた事実を基に，森野和実は森野和実の保護者に鹿野ひかりの非人道性（ひどい子！）を主張しており，クラブ内部でのコミュニケーション操作系のいじめを内面で正当化していたと思われる。
- しばらくこの状態が続いたが，またもや母親同士が話し合い，無視が解消された。

2013年（中等部3年）

- 7月，新体操部の坂上希美の自宅近くで，坂上希美，森野和実，鹿野ひかりが子猫（野良猫）をそれぞれ1匹ずつ引き取る。
- 鹿野ひかりは，その子猫を家に連れてくるも，家族の反対を受け里親探しを推進している動物病院に譲り渡す（その後，家族で協議して，再び子猫を引き取っている）。
- その行動を森野和実と坂上希美が批判して，新たに立ち上げたグループLINEに参加できないようにブロックする。
- 森野和実，坂上希美と鹿野ひかりの関係はしばらく冷え込むが，新体操部の木村顧問（中等部を主に担当）が仲介役となって関係が改善傾向に向かう。
  ※再三の関係悪化と改善のくり返しに，鹿野ひかりは，必要最低限の会話はするが，とくにそれ以上の関係を，新体操部内部の生徒とは求めない傾向が強くなる。
- このような，ぎくしゃくした関係の中でも，夏に，新体操部（中等部）は関東大会に準優勝して，全国大会に出場する。鹿野ひかり，森野和実はレギュラーメンバー5人のうちの2人。

2014年（高等部1年）

- 浅い関係の中で，クラブ活動は淡々と行われていた。あまり良くない人間関係も影響してか，鹿野ひかりのクラブ活動への参加意欲はどうしても低下する傾向。時折，愚痴をこぼしているが，1年生は試合に出られないなどの理由から，同学年には全体的に停滞感があった。
- 高等部1年の終わり，2月5日に無視が再び始まり，今回のネットいじめが発覚。以降，鹿野ひかりは，クラブ活動を休部中。

補足

→Twitter（図1-2）には，「4年間定期的にぼっちになって」という書き込みが行われている。これは，上記に示した，森野和実が定期的に行ったコミュニケーション操作による被害者鹿野ひかりの孤立のくり返しを指していると考えられる。見事に発言と実態が符合する。

いじめ防止基本方針と言動にズレ

加納：文部科学省から各学校に対し，いじめ防止対策推進法第11条に基づき，いじめの防止等（いじめの防止，いじめの早期発見及びいじめへの対処）のための対策を総合的かつ効果的に推進するための基本的な指針が通達されています（http://www.mext.go.jp/a_menu/shotou/seitoshidou/1340770.htm）。

　これを受けて，各学校でいじめに対する基本方針が策定されたかと思いますが，通われている学校の基本方針はご覧になりましたか？

ひかり（父）：はい，最後の面談の５月２日に書面でいただきました。白木学園の平成27年いじめ防止基本方針の最初の部分（前文）に「個々の行為がいじめに当たるか否かの判断は，表面的・形式的にするのではなく，いじめられた生徒の立場に立つことが必要である」と書かれていますが，新体操部の野上顧問に関しては，先ほども申したように「同学年の他の生徒が距離を置いている」という加害者側の立場からの表現でいじめを否定しており，この方針がまったく遵守されていないのが残念でなりません。

加納：いじめ防止基本方針に書かれている「いじめの防止」「早期発見」「いじめの対処」「保護者との連携」などは，文科省が示している指針とほぼ同じですが，通われている学校では，具体的にどのようなことがなされていましたか？

ひかり（父）：「いじめの防止」に対しては，定期的に指導や外部講師による講演等も行われており，ほぼ方針どおりに実施されていると思われます。ただし，「早期発見」「いじめの対処」「保護者との連携」については，あまり行動には現れていません。いじめ発生から約３か月間は保護者側がすべて主体的に行動し，それに対応する形で学校が追従していただけです。

加納：今回の経緯を見ると，ネットいじめの加害者は特定できないと言いつつも，加害者と被害者を同時に対面させるという対応をしているわけですから，加害者は特定できていると見なしたほうが妥当と思

われます。文科省の指針では、「いじめた児童生徒への指導にあたっては、いじめは人格を傷つけ、生命、身体又は財産を脅かす行為であることを理解させ、自らの行為の責任を自覚させる。なお、いじめた児童生徒が抱える問題など、いじめの背景にも目を向け、当該児童生徒の安心・安全、健全な人格の発達に配慮する。児童生徒の個人情報の取扱い等、プライバシーには十分に留意して以後の対応を行っていく。いじめの状況に応じて、心理的な孤立感・疎外感を与えないよう一定の教育的配慮の下、特別の指導計画による指導のほか、さらに出席停止や警察との連携による措置も含め、毅然とした対応をする。教育上必要があると認めるときは、学校教育法第11条の規定に基づき、適切に、児童生徒に対して懲戒を加えることも考えられる」(※)と示されています。

懲戒とは、「学校教育法施行規則に定める退学(公立義務教育諸学校に在籍する学齢児童生徒を除く)、停学(義務教育諸学校に在籍する学齢児童生徒を除く)、訓告のほか、児童生徒に肉体的苦痛を与えるものでない限り、通常、懲戒権の範囲内と判断されると考えられる行為として、注意、叱責、居残り、別室指導、起立、宿題、清掃、学校当番の割当て、文書指導などがある」(※)とされています。

この文部科学省の指針によれば、特定された加害者に対して、学校側は、何らかの対処が必要かと思われますが、停学などの措置は取られましたか？

※http://www.mext.go.jp/a_menu/shotou/seitoshidou/1340769.htm

ひかり(父)：そもそもいじめがあった実態を学校側は正式には認めていませんし、ネットいじめの加害者が特定できていないという理由で一切の措置は取られていない状況です。

加納：それでは、十分な対応とはいえないですね。学校には捜査権がないので、捜査はできませんが、加害者がわかれば、きちんと指導することが学校の役割です。最後に、ひかりさん及びご両親が、加害者並びに学校へ伝えたいこと、またどんな対処を求められていますか？

加害者と学校に対する思い

ひかり（父）：加害者には，しっかりと反省して謝罪をしてほしいと思います。また，学校に対しては，まずは，いじめがあった事実を真摯に受け止め，再発防止を徹底してほしいと思っています。今のような対応では，もっと大きないじめ事件が発生する可能性があります。加害者側は，娘を新体操部から排除することに成功したと考えることができますが，今後は，白木学園からの追放を目的にいじめが再発する可能性もあると思われます。学校側は今回のいじめをある意味放置したままですからね。随分と無責任な話です。娘も，加害者に自白してもらいたいと言っています。

加納：せっかく中学1年生からずっと新体操を続けられていたわけですが，この学園以外に，新体操部があり，そこで新体操を続けられるならば，続けたいと思いますか？

ひかり：今さら，新体操を続けたいとは思いません。クラブ活動そのものをやりたいとも今は思いません。

加納：そうですか。いじめが原因で，クラブ活動そのものが嫌いになってしまったわけですね。とても残念なことだと思います。今後，リアルでのいじめ，ネットいじめを防止するためには，どんな条件が整うとよいと思いますか？

ひかり（母）：まず，学校側がいじめに対してもっと厳しい対応をすべきと考えます。今回も結局は，いじめの事実を否定したままになっています。社会的にも，ネットいじめの悪質性をもっと発信していく必要があるのではないでしょうか。

加納：同感です。いじめ防止対策推進法が制定されたとはいえ，ネットいじめに対する記述は1項目のみに留まっていますし，罰則規定がまったくありません。教育上処罰という行為が望ましいとは思いませんが，罰則規定がまったくないということは，抑止力としての効果もあまり期待できず，いじめ防止対策推進法の改定と，いじめに対する教育のあり方の徹底した方針の策定が望まれますね。

その後の経過
——ひかり（父）

　その後，学校側は当該事案が大手週刊誌に取り上げられたのをきっかけに第三者委員会を立ち上げました。しかし，学校側はここでも数々の疑問の残る不誠実な対応をしました。

　第三者委員につき，私どもは，被害者サイドから少なくとも１名の委員擁立を要望しました。しかしながら学校側は理由もなくこれを無視しました。県の私学振興課や第三者委員経験者に確認したところ，いじめ防止対策推進法の示す被害者擁護の考え方に基づき被害者側から委員が推薦される事例は過去にも多いとのこと。この事例をもとに何度も学校側に嘆願しましたが，まったく聞き入れようとはしませんでした。却下の説明を求めましたが，回答はありませんでした。また，学校側が擁立した委員の中立性を証明するよう求めましたが，これに対しても何の回答も得られませんでした。

　さまざまな専門家に相談したところ，この進め方には大きな疑問が残る，中立性が担保されておらず，何のための第三者委員会を立ち上げたのか真意が理解できないとのことでした。第三者委員会の制度を学校側が悪用したのではないかとの疑念すら抱くとてもひどい進め方でした（2016年３月で審議終了。ネットいじめがあったことは認められるも，必ずしも学内の仕業とは限らないと結論づけられる）。

　現在も娘はこの学校に通っていますが，学校を信頼することができずにとても困っているところです。この学校は，いじめに真摯に向き合い，解決しようとする姿勢が著しく欠如しているように思われます。とても残念でなりませんが，隠蔽したいというのが本音のようです。もはや，この学校には何も期待できません。いじめが再発しないこと。そして，このいじめが，娘のこれからの人生に悪い影響を与えないことを心より祈るばかりです。

第2章 ネットいじめとは

加納寛子（山形大学）

第1節　ネットいじめの特徴──リアルのいじめとの比較

1. ネットいじめの特異点

　第1章の事例では，リアルだけのいじめと異なり，リアルとネットが連動することにより，昼間，学校や部活などの空間にとどまることなく，深夜の自宅にまでいじめ空間が拡張されている。ネットだけの関係であれば，容易に断ち切ることができるが，リアルと連動しているために，無視しきることができない。本来ならばリラックスできるはずの深夜の自宅であっても，いじめの呪縛から解放されることはないのである。

1）リアルな関係を反映している

　ネットいじめがネットの中だけで完結していれば，自殺する人はいない。だが，第1章の事例にあるように，リアルな部活でのいじめの関係がネット上でも展開されたり，リアルでは逆らえず無理をしてつきあっている反動でネット上では嗜虐性を見せたりする場合もある。

2）KS（既読スルー・既読無視）が発端となる例がある

　ソーシャルメディア（SNS[1]ともいう）の多くには，グループトークのメンバーがメッセージを確認したかどうかを知ることのできる機能が備えられている。既読マークがつく場合，未読マークが消えない場合など，表示の仕方はさまざまである。

　このマークにより，相手が読んだかどうか，書き込んだ側は容易に把握する

ことができる。そのため，読んだのに返事をしないことをKS（既読スルー・既読無視）と呼び，怒りをかき立てる場合もある。

3) 加害者の意図的な匿名性，なりすましがある

ネット上では，キャラクター名やあだ名など，友だち同士にしかわからないアカウントを使用していたとしても，本人同士にはわかるものである。

4) ソーシャルメディア特有の閉鎖性がある

公開Twitterであっても，第三者にはわからないアカウントを使用していると，ネットいじめが起きていても，なかなかサイバーパトロールでは見つけられない。ましてや特定のメンバーだけでやりとりしているLINEのグループトーク内は外からいくら観察しても見つけられない。

5) リゾーム的増殖性がある

a. リゾームモデルとツリーモデル

ネットいじめの特徴の1つは，リゾーム的増殖性である。リゾーム（rhizome）とは地下茎，根茎と訳されることもあるが，ドゥルーズとガタリによる『千のプラトー』では，ツリーモデルの対照として中心も始まりも終わりもなく多方に錯綜しつつ広がるノマド的なモデルとしてリゾームモデルを提唱した[2]。リアルないじめをツリーモデルにたとえるならば，ネットいじめは

---

1 ソーシャル・ネットワーキング・サービスの略。人とのコミュニケーションやグループによるネットワーク機能に長けたLINEやFacebook，Twitter，Mixiのほか，ゲーム機能が豊富なモバゲー，自己紹介機能に特化した前略プロフィールなどのプロフィールサイト（プロフ），画像共有機能に特化したフリッカーやタンブラー，集団での議論や情報共有の機能に特化したグーグル・グループやサイボウズLiveなどがある。若干利用目的は異なるものの，インターネット上でコミュニケーションを円滑に取ることを支援するサービスである。それらすべての総称として，本書では「ソーシャルメディア」と呼ぶことにする。

2 Rhizomeの音写語であり，「地下茎」の一種で「根茎（こんけい）」と訳す。哲学者ジル・ドゥルーズ及び精神科医フェリックス・ガタリの共著『千のプラトー』に登場する比喩的用語である。彼らは，伝統的な西洋の形而上学はある絶対的な1つのものから展開していくツリーのモデルをとってきたと解釈し，それに対抗して，中心も始まりも終わりもなく，多方に錯綜するノマド（Nomad，遊牧民）的なリゾームのモデルを提唱した。リゾームモデルによって，体系をつくり上げ，それに組み込まれないものを排除してきた西洋哲学を批判し，リゾーム（地下茎，根茎）をモデルに発想の転換を図った。リゾームモデルでは，どの点からも根を張ることができると同時に，厳密な意味での根や起源はなく，1つの中心の代わりにたくさんの中心，むしろ，それはもはや中心というより，節と結合がある構造体系である。

　　ジル・ドゥルーズ (Gilles Deleuze)，フェリックス ガタリ (F'elix Guattari)，宇野 邦一・田中 敏彦・小沢 秋広 (訳) 1994 千のプラトー 資本主義と分裂症 (原題mille plateaux) 河出書房新社

リゾームモデルがあてはまる。

b. リゾーム的増殖性

同じ学校の人しか知り得ない写真や秘密がソーシャルメディア上のグループなどに上がると，複数のグループにシェアされ，ブログやメールなどで次々多くの人へ転送され，それはリゾーム的な広がりを見せることになる。

c. リアルのいじめのツリーモデル

それに対して，リアルないじめは，いじめのリーダーがいてヒエラルキー構造である場合が多い。リーダーの指示に従う周囲の実行者たちによって，特定の人を仲間はずれにしたり，悪口を言ったり，上靴や鉛筆などを隠したり盗んだり，ときには暴力を振るったりする。内気だからうざいとか，自分勝手だとか，いい子ぶりっこだとか，身につけているものが目立つとか，偽善者だとか，弱虫だとか，何とでも，いじめる理由はでっち上げることができる。

リーダーが気に入らないと思った理由を適当にでっち上げて，いじめることを仲間内だけで正当化させていじめるのである。単純にストレスのはけ口にしている場合もある。根源となっているボスが入れ替わったり，仲間はずれにす

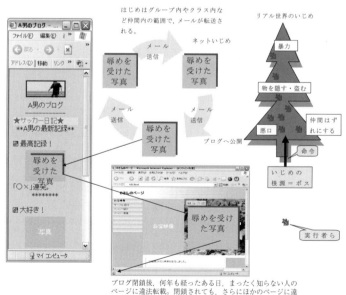

図2-1　リアル世界のいじめとネットいじめの違い

るメンバーが増えたり，いじめの実行犯が入れ替わったりするが，少なくとも閉鎖的な集団内の出来事である。そのようないじめの場合は，ボスがいなくなれば，たいていいじめは収拾し再発する危険はほとんどない。リアル世界のいじめとネットいじめの違いは図2-1に示した。

6) 逃げ場がない

　そのほかのネットいじめの特徴は，逃げ場がない点である。かつてのリアルのみのいじめは，転校したり，フリースクールや相談室へ通ったりすることにより，いじめから緊急避難することができた。しかし，最近はいじめのレパートリーの１つにネットいじめが起きる場合が多い。言葉や身体的暴力から一時避難させると，被害者本人が教室などの加害者の目の届く範疇からいなくなる。そうなれば，加害者のネットいじめ天国である。

　加害者はネットいじめをしているところを見つかりたくはないので，被害者が教室にいるうちは，ネットいじめを控えている。しかし，被害者が相談室登校などになれば，四六時中ネットいじめを行っても，被害者にばれる心配はなくなる。つまり，ネットいじめに関しては，被害者を転校させたり，フリースクールに通わせたりしても効果は得られない。むしろ加害者を増長させ，ネットいじめを悪化させる危険さえある。

2．リアルのいじめとの共通点

1) エンターテインメント性がある

a．インターネットの双方向性

　かつて，インターネットが現在ほど普及していなかったころ，多くの人にとって，メディアへのかかわり方は，見る，聞く，読むといった受動的なものでしかなかった。能動的なかかわり方といえば，たとえば，バンドの演奏を多くの人に聞いてもらおうと思えば，駅前などの路上で演奏し，通りかかる不特定多数の人に聞かせるなど，直接的な方法しか選択肢がなかった。

　しかし，インターネットの普及によって，誰もが発信者になることができるようになった。演奏の様子を録画し，それを動画サイトにUPすれば，世界中からアクセスできるようになり，インディーズにもかかわらず，何万人というファンを集めるバンドも出現する時代になった。

b. ネットいじめのエンターテインメント性

　第1章のように，加害者は同じ部活のグループの誰かだということはわかっても，それが誰なのかを突き止めるのは，捜査権のない一個人や学校の力では不可能である。プロバイダーに連絡し，判明しているSNSやサイトから画像や書き込みを消したとしても，しばらく経つと，別のサイトに消したはずの書き込みや写真がUPされてくることがある。被害者との面識の有無にかかわらず，興味深い写真を見つけると自分のパソコンに保存し，「楽しい写真見つけた」などのコメントと共にSNSなどに書き込みをする第三者がいたりするからだ。

　たとえ子ども同士の悪ふざけで，言い合いをしていたブログであっても，そこへ，まったく見ず知らずの第三者が介入し炎上が起きることもある。きっかけは部活のメンバーの誰かであったとしても，次から次へと転送された先での炎上には主根・副根の区別がなく，主根を絶ったつもりでも，どこかの誰かが元のデータを保存していれば，そこからまたリゾーム的に増殖し続ける可能性は防げない。

c. リアルのいじめのエンターテインメント性との違い

　森田・清水（1986）[3]によれば，いじめの陰湿さや手口は観衆と傍観者の反応によって決まってくるという。そして「いわば教室全体が劇場であり，いじめは舞台と観客との反応によって進行する状況的ドラマである（p.30）」と，いじめが観客となる観衆と傍観者を楽しませるドラマとして演じられる構図が指摘されている。

　かつてのいじめは，いじめ加害者と周囲にいるわずかな観衆と傍観者だけの見世物であった。それがネット上に動画や写真を置くことにより，不特定多数の観客と共有され，エンターテインメント化されたのである。しかもそれは参加型のエンターテインメントである。どこの誰かわからないいじめ動画であっても，それに対して無責任な発言をしたり，増長する書き込みをしたり，「いいね」のボタンを押すことができる。また，ソーシャルメディアには，アンケート作成機能が備わっている場合もある。その機能を利用し，いじめ被害者が将来どうなるかなどを，嘲笑を込めて予測したアンケートを作成することでネットいじめを増幅させることにもなる。

3　森田洋司・清水賢二　1986　いじめ——教室の病い——　金子書房　pp.30-31.

2) 長期的で深刻な影響が残る

　イギリスのウォーリック大学のレイヤーらによって2015年に報告された研究によれば，子どものときに同級生から受けたいじめは，大人から受けた虐待よりも深刻な精神的影響を与えるという[4]。この研究は，イギリスの縦断研究（ALSPAC）とアメリカの縦断研究（GSMS）双方の結果を踏まえて結論づけている。

　前者では，生後8週の時点と6〜8歳の時の虐待を，親のアンケートから調べて，さらに8，10，13歳時点のいじめを子どものインタビューにより調査した。また，後者では，9〜16歳と19〜21歳，24〜26歳の時点で，いじめまたは虐待に関して毎年子どもとその両親1420名に対してインタビュー調査が行われた。研究では，このうちALSPACの4026名とGSMSの1420名のデータを分析している。

　その結果，ALSPACとGSMS双方の調査対象者において，同級生からのいじめを経験し，成人から虐待を受けてはいない児童は，虐待を受けたがいじめには遭っていない児童よりも青年期に精神的な問題を発症する傾向にあったと報告されている。その度合いはALSPACの調査対象者ではオッズ比で1.6倍，GSMSのグループではオッズ比で3.8倍だったという。さらに，GSMSの調査対象者では，精神障害がオッズ比4.9倍，ALSPACの調査対象者ではうつ病がオッズ比1.7倍，自傷がオッズ比1.7倍であった。これらの結果より，いじめは虐待よりも深刻な精神的影響を与えると結論づけたのである。

　この結果を目にしたとき，正直なところ意外であった。保護されるべき大人から虐待を受けるのは相当ショックなことであり，生涯にわたっていじめよりも大きな影響を及ぼすと考えていたからだ。西中ら（2014）による，虐待を受けたトラウマが反社会性に影響を与えるという報告もある[5]。黒崎ら（2013）によって，虐待を受けた子どもは精神症状として，境界域知能・多動・衝動性・言語社会性の遅れなどがみられ，認知機能は偏りが大きく，とくに習得度が低くなるという影響も報告されている[6]。この他にも子どものころに受けた虐待

4　Lereya, S.T., Copeland, W.E., Costello,E.J., & Wolke, D. 2015 Adult mental health consequences of peer bullying and maltreatment in childhood: two cohorts in two countries. *The Lancet Psychiatry*.
　http://www.thelancet.com/journals/lanpsy/article/PIIS2215-0366%2815%2900165-0/abstract

5　西中　宏吏・吉川　和男・福井　裕輝　2014　被虐待体験によるトラウマが反社会性に与える影響について：情緒・行動および脳機能評価に基づくメカニズムの検討　犯罪学雑誌 80(1), pp.3-14.

6　黒崎　碧・田中恭子・江原佳奈・清水俊明　2013　被虐待児における認知，行動，情緒機能の特徴についての検討　順天堂醫事雑誌, 59(6), pp.490-495.

によるトラウマは，生涯にわたってさまざまな影響を与えることは，すでに多数報告されている。

　子どものころに受けたいじめの被害経験が，青年期にどのような影響を及ぼすかに関して調べたものは，レイヤーらによる5000人以上を調査対象とした研究が初めてであろう。この結果から考えられるのは，子どもは大人とよりも同級生と仲良くしたい，楽しく過ごしたいという思いがあり，その相手からいじめを受け傷つけられる経験は，何の期待もしていない大人から受ける虐待よりも，後々まで影響を及ぼすということである。

　虐待によるトラウマが生涯にわたってさまざまな影響を与えるという既存研究の結果をあわせて考えると，いじめ被害は虐待よりも強い影響を青年期に及ぼすため，生涯にわたってさまざまな影響を与えることが推察される。このことは，研究調査に留まらせるべきことではなく，いじめにかかわる教職員やカウンセラーなどが十分認識したうえで，いじめ加害者本人を含めたすべての児童生徒，保護者にもきちんと認識させる教育が必要であろう。

　いじめ加害者もいじめはいけないことだという言葉は知っている。しかし，相手に生涯にわたって傷を負わせることになるという認識はない。いじめをなくすためには，加害者教育が何より重要である。言葉を知っているだけでは不十分であり，なぜいけないのか，ことの重大さをきちんと理解させることが必要不可欠であろう。

3）　深い孤独が自殺（や他害）にもつながる

　東北大学工学部の学生が，「ぼっちになったのは教授たちのせい」といって刃物を持って講義中に乱入する事件が2014年10月に起きた。山形県天童市のいじめ事件で中学1年生の女子生徒が自殺したのは3学期の初日，東北大学工学部の学生がこの事件を起こしたのは，後期の授業が始まって間もない10月のはじめである。新しい学期が始まるときに，深く孤独を感じるのだろう。

　深く傷を負うネットいじめにも，リアルと必ず接点がある。リアルで窮地に陥りネットいじめになった場合も，ネットいじめからリアルもぎくしゃくしてきたときも，自殺をしたら加害者に勝利をさせることになってしまう。

　「ぼっち」になってしまったとしても，「ソロ充」「ネト充」（p.122～123参照）のような，熱中・充実できることを見つける生き方がある。そのことを忘れず，

取り返しのつかない行動を思いとどまってほしい。

第2節　データからみるネットいじめ

1．ネットいじめの舞台とツール

　ネットいじめは，インターネットが登場すると同時に起き始めた。まだ，Windowsのパソコンやマウスなどが存在せず，家庭用パソコンが現代のように普及していない時代にも，ニュースグループやパソコン通信のグループ内でネットいじめは存在していた。当時パソコンを利用していたのは，大人たちだけであった。大人だけの世代でネットいじめが起きても，ほとんど社会問題として認識されることはなかったし，ネットいじめによる自殺がニュースになることもなかった。

　しかし，現在では，高校生の8割以上，中学生の5割程度が，スマートフォンを利用している[7]。子どもたちがスマートフォンを利用する内容としては，ネット検索の他はLINE，Twitter，FacebookなどのSNSの利用が大半である。そして，同調査によれば，高校生のSNSの利用率は，51.3％（平成25年），36.0％（平成24年）である。高校生のチャットの利用率は46.6％（平成25年），24.5％（平成24年）である。高校生に限っては，比較的高い利用率であるが，小学生や高齢者までを含めた利用率は，日本は飛び抜けて低い。高校生以外の利用率の低さが，ネットいじめを防止する指導の遅れを引き起こしている可能性がある。詳細は，「国際比較——ソーシャルメディア使用割合」（p.41参照），「国際比較——スマートフォン所有率・普及率」（p.40参照）を見てほしい。

1）　日本のソーシャルメディア文化

　昨今の中学生〜大学生の間でSNSの一種であるLINEは，彼らの身体的一部であるかのように浸透している。それ以前までは中学生〜大学生の間で流行っていたSNSはMixiやモバゲーであった。栄枯盛衰の言葉のごとく，流行するソーシャルメディアの種類は移り変わっていくが，ソーシャルメディア文化は，

---

[7]　内閣府　2014　平成25年度 青少年のインターネット利用環境実態調査調査結果（速報），平成26年2月 http://www8.cao.go.jp/youth/youth-harm/chousa/h25/net-jittai/pdf/index.html

すでに若者の間で定着しており，今後もしばらくは定着し続けるであろう。

2) ソーシャルメディアのグローバルな影響力
　a．ソーシャルメディアによるコミュニケーションの変容
　ソーシャルメディアの普及は，人と人のコミュニケーションのあり方を大きく変えた。ソーシャルメディアが普及する以前は，相手の近況が知りたいと思えば，手紙を出す，電話をする，メールを送るなど，相手に何らかの連絡を取ることによって，相手の近況を把握していた。しかし，最近ではソーシャルメディアを開くと，友だちが今どこで何をしているのか，元気でいるのか，相手に連絡を取ることなく相手の近況を知ることができる。

　しかしここで，元気にしているようだからと，画面を閉じることはタブーである。近況を伝えたことに対し，「いいね！」ボタンを押すなど，何らかの承認を求められるのである。つながっている相手が，20人，30人のときは，全員の近況を見て「いいね！」ボタンを押す交流は快適かもしれない。しかし，200人，300人とつながる人数が増えてくると，みんなの近況を毎日チェックし，すぐに返信するには，日々の日課としては多大な時間と労力を要することになる。

　b．ソーシャルメディア疲れ
　gooリサーチの調査[8]によれば，ソーシャルメディア疲れになっていると思うことのランキングは，下記のとおりである。

第1位　毎日Twitterにベッタリ張りつきで見ている
第2位　各SNSとTwitterを連携している
第3位　毎日フォロワー数をチェックしている
第4位　「いいね！」をつけてほしくて投稿ばかりしている
第5位　ソーシャルゲームのお誘いが頻繁にくる
第6位　ネガティブツイートばかり目に入る
第7位　自分の友だちの数が可視化される
第8位　他人がTwitterで爆弾発言をして叩かれているのが目に入る
第9位　会社のつきあいで嫌々友だちリクエストを承認している

8　2012年01月19日　http://ranking.goo.ne.jp/ranking/092/social_fatigue_cause/

第10位　ネガティブツイートばかりしている

初めのうちは，みんながどうしているのか興味があり，食事中も，通勤途中も，仕事や勉強中でさえソーシャルメディアをチェックしていた人も，年中そうしていることに疲れてくるというのが，第1位〜第5位にも指摘されている要因なのであろう。

c. 民主化のツールとしてのソーシャルメディア

すでにソーシャルメディア疲れも指摘されるソーシャルメディアであるが，これの普及は，世界中の多くの人々にとって自由と民主化を手にするための重要な要因の1つであった。マハタとアガロール（2014）[9]は，2010年ごろから起き始めたアラブの春，2011年に起きたロンドンの暴動事件などを例に挙げ，ソーシャルメディアの誕生は，情報の共有方法とコミュニケーションのあり方に大きなパラダイムシフトを起こしたと指摘している。確かにアラブ世界では，2010年あたりから，一斉にスマートフォンとソーシャルメディアが普及し，自由と民主化を求める人々の声に共感が起き，個々人の声は何千何万という人々の間でシェアされ，民主化を求める大規模な反政府デモの結集などを可能とした。

2011年に起きたロンドンの暴動事件でも，アラブの春と同様に，ソーシャルメディアによって，これまでメディアでの発言権を持たなかった人々を結集させ，その結集は負の方向へ働き暴動へ発展した。これを取り締まるロンドン警視庁もソーシャルメディアを活用し，フリッカー（Flickr）上に暴徒の写真を掲載したり，一般市民らによってタンブラー（Tumblr）に匿名で「Catch A Looter（暴徒を捕まえろ）」というサイトが立ち上げられたりして，写真や情報を共有・シェアした。グーグル・グループ（Google Group）に立ち上げられた「London Riots Facial Recognition（ロンドン暴動・顔認識）」グループでは，ネット上に公開された写真に写った暴徒の顔から，顔認識機能によって身元の特定も進んでいる。暴動を起こす側も取り締まる側もソーシャルメディアを活用する時代になっているのだ。

パリやボルチモアなど各地で起きている暴動においてもソーシャルメディアは欠かせないツールになっている。国家権力が，公共メディアを牛耳ってきた

9　Mahata, D., & Agarwal, N.　2014　Identifying Event-Specific Sources from Social Media　In Kawash, Jatal (Ed.), *Online Social Media Analysis and Visualization* (Lecture Notes in Social Networks), pp.1-25. Springer.

国々では，人々は大規模につながり結集を呼びかけるすべもなかったが，ソーシャルメディアは，原則としてはすべての人々に発信する機会を与え，大きく情報コミュニケーションのあり方を民主化へ導く方向へ進化させたのである。

3） 国際比較――スマートフォン所有率・普及率

a．日本の学生における所有率

内閣府（2015）による「平成26年度青少年のインターネット利用環境実態調査」[10]によれば，高校生の8割以上，中学生の5割程度，小学生の1割程度がスマートフォンを所有していると報告されている。高校生の所有率は，世界的に見ても低いわけではないが，高校生以外の世代の所有率はかなり低い。

b．各国における普及率

図2-2に日本を含めた主要17か国のスマートフォン普及率を示した。日本における全年齢のスマートフォン普及率は24.7%に留まっている。アラブ首長国

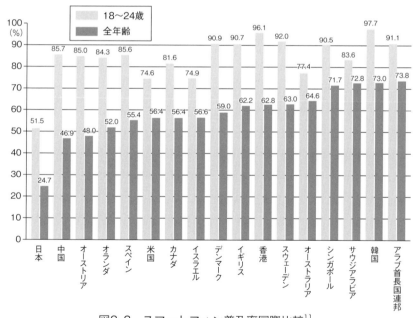

図2-2　スマートフォン普及率国際比較[11]

10　http://www8.cao.go.jp/youth/youth-harm/chousa/h26/net-jittai/gaiyo.html
11　https://think.withgoogle.com/mobileplanet/ja/ のデータ（2013年）を基に筆者が作成

連邦，韓国，サウジアラビア，シンガポールは7割を少し超えたところで留まっている。ただし，全年齢ということは，0歳児や1歳児，99歳や100歳の人々も含んでの数値である。いかにスマートフォンが普及した社会になろうとも，3歳未満の子どもがスマートフォンを所有することはないと考えると，アラブ首長国連邦などは文字の読み書きのできる年齢に達した国民すべてがスマートフォンを所有しているほどの割合であり，7割普及が最大値と思われる。18歳〜24歳の20歳前後の世代を見ると，韓国の97.7％，香港の96.1％はほぼ100％の普及率であるのに対し，日本は51.5％と，韓国，香港の半数程度に留まっている。

4) 国際比較——ソーシャルメディア使用割合

また，図2-3はパソコンでのソーシャルメディアの使用割合である。アラブ首長国連邦やサウジアラビア，イスラエルなどでは，全年齢の7割以上が使用している。18〜24歳の20歳前後の世代を見ると，スペインの80.9％が最高の使

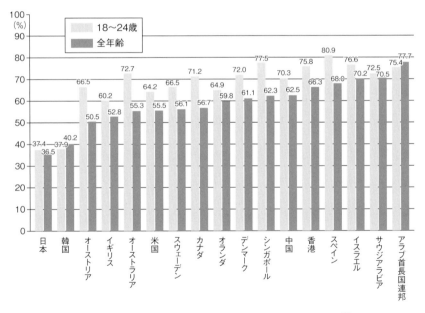

図2-3 パソコンでのソーシャルメディアの使用割合[12]

---

12 https://think.withgoogle.com/mobileplanet/ja/ のデータ（2013年）を基に筆者が作成

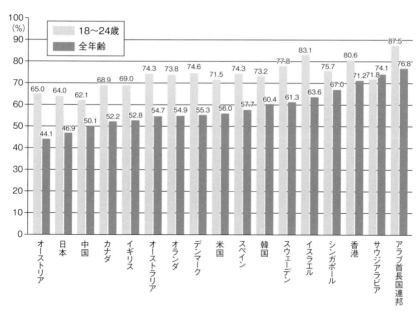

図2-4　スマートフォンでのソーシャルメディアの使用割合[12]

用割合であり、アラブ首長国連邦やシンガポールなどがそれに続く。一方、我が国は、全年齢も20歳前後の世代も3割台に留まる。

　図2-4はスマートフォンでのソーシャルメディアの使用割合である。パソコンでの利用と同じく、アラブ首長国連邦やサウジアラビアがトップを占め、香港やシンガポールなどがそれに続き、日本は下位に留まる構図はさほど変わらない。

　図2-5は55歳以上のソーシャルメディアの使用割合（毎日）について性差を加え、男性の使用割合でソート（並べ替え）して示したグラフである。アラブ首長国連邦やサウジアラビアがトップを占め、イスラエルや香港などがそれに続き、日本は下位に留まる構図はさほど変わらないが、性差に若干特徴がある。

　イギリスの55歳以上の男性は2割未満の使用割合であり最下位であるが、イギリスの女性は男性の倍近く使用している。カナダ、オーストラリア、シンガポール、米国、スウェーデン、スペイン、アラブ首長国連邦など多くの国ではイギリスと同じく男性より女性のほうが多く使用している。ソーシャルメディアは、日常生活のおしゃべりに近いので、これらの国では男性より女性のほう

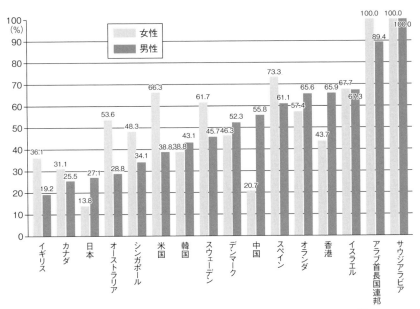

図2-5　55歳以上のソーシャルメディアの使用割合（毎日）[12]

がおしゃべり好きなのだろうと予測される。

　それに対し，日本の女性は男性の半分程度，中国の女性は男性の3分の1程度に留まっているという結果である。日本や中国の女性は，男性より単におしゃべり嫌いというわけではないだろう。おそらく社会的背景があると考えられる。

　一方，図2-6は，55歳以上でソーシャルメディアを一度も使用したことがない人の割合である。アラブ首長国連邦やサウジアラビアでは，一切使用したことがない人は0％であるのに対し，日本の男性及び女性，イギリスの男性は半数以上が一度も使用したことがない状態である。

5）データにみる日本の現状

　我が国の全年齢におけるスマートフォンやソーシャルメディア使用割合の低さ，及び男女とも55歳以上のソーシャルメディアを一切使用したことがない人の割合の高さは，家庭での学びがほとんど期待できないことを意味している。アラブ首長国連邦やサウジアラビアでは，55歳以上であってもソーシャルメディアを一切使用したことのない人が0％であることは，小学生の子どもがネッ

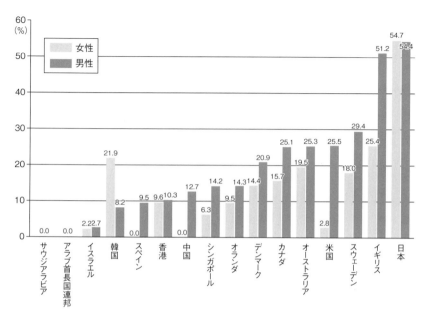

図2-6　55歳以上でソーシャルメディアを1度も使用したことがない人の割合[12]

いじめに遭った場合に，両親はもちろん，祖父母であっても孫にソーシャルメディア上におけるトラブルの対処法を指導できる環境にあることを示している。

　ネット上・リアルを問わずいじめは，未然に防ぐことがかなわなかった場合には，早期発見・早期解決が最も重要である。ネットいじめは1時間の間に大きく拡散することもあるため，迅速な対応が必要である。

　しかし，一度もソーシャルメディアを使用したことのない祖父母に，孫が相談したとしても，適切な判断と対処は期待できない。大人の使用割合の低さは，家庭での教育基盤の弱さに直結している。ネットいじめに大人が迅速に対応するためには，大人がソーシャルメディアを日ごろから使用し，適切な判断ができる環境を整えておくことが重要である。

2．ネットいじめの現在

　ここまでスマートフォン，ソーシャルメディアの現状を見てきた。スマートフォンやソーシャルメディアについては，高校生以外の世代の使用割合が極端に低いのが日本の特徴であり，それが，ネットいじめの発覚を遅らせたり，指

導に手間取ったりする要因になっている可能性が高い。このような背景の下で、ネットいじめはどのような現状にあるのだろうか。以下に解説する。

1） ネットいじめの認知件数

日本においては、「いじめ追跡調査 2010－2012」[13]によれば、9割の子どもはいじめ被害・加害を経験している。また、2013年に行われた文部科学省による調査によれば「パソコンや携帯電話等で、誹謗中傷や嫌なことをされる」というネットいじめに関する項目において、小学校で1711件、中学校で4835件、高校で2176件の報告があり、これは小・中・高・特別支援学校でのいじめの認知件数が18万5860件であることから、5％程度に留まっている[14]。このことから、日本の子どもたちは、ネットいじめの被害・加害経験をするのは稀であることがわかる。

2） ネットいじめによる自殺

だが、奈良県橿原(かしはら)市立中学1年の女子生徒がLINEに「うざい」などと書き込まれるネットいじめを受け自殺した事件や、熊本県の公立高校1年の女子生徒が、寮での雑務に不満を漏らしたことが原因でLINEに身体的な特徴を揶揄する書き込みや脅迫めいた書き込みをされ自殺した事件、長崎県新上五島町の町立中学3年の男子生徒がいじめを受け、LINEでロープの画像とともに「一番楽な自殺の仕方わかる？」などと、自殺を促すような書き込みをされた後に、LINEで促された首つりの方法で自殺をした事件や、愛知県小牧市の高校3年の男子生徒がアルバイト先の派遣社員から恐喝を含むメッセージを複数LINEで受け取り自殺した事件など、ソーシャルメディア上でのいじめや脅迫が自殺に直結している。

自殺に至らないまでも、千葉県我孫子市の市立中学1年の女子生徒がLINEでのいじめなどを苦に2度にわたり自殺未遂をくり返した事件や、熊本市立中学3年の男子生徒が「ざまあみろ」などとLINEでネットいじめを受け自殺未

---

13 文部科学省国立教育政策研究所生徒指導・進路指導研究センター 2013 いじめ追跡調査2010-2012 https://www.nier.go.jp/shido/centerhp/2507sien/ijime_research-2010-2012.pdf
14 文部科学省 2014 2013年度「児童生徒の問題行動等生徒指導上の諸問題に関する調査」について http://www.mext.go.jp/b_menu/houdou/26/10/__icsFiles/afieldfile/2014/10/16/1351936_01_1.pdf

遂を図った事件，同級生に無理やり脱がされる様子を撮影した動画や画像をLINEで拡散された事件，LINEの既読無視・未読無視に腹を立て監禁・暴行を働くなどいじめの域を超えた犯罪に至る事件など，ソーシャルメディアを発端とした嗜虐性によって引き起こされた事件は枚挙に遑(いとま)がない。

　ちなみに，イギリスも日本と並ぶいじめ大国である。日本についてはp.45を参照してほしい。イギリス政府の調査によれば，子どもを持つ親の87％が，過去12か月の間に自分の子どもがいじめられたと回答している。そして69％の子どもがいじめられたことがあり，85％の子どもがいじめを目撃したと答えている[15]。また，2013年に14歳の少女がAsk.fmというソーシャルメディア上でネットいじめに遭い自殺をしたという日本と類似した事件が起きている。

　一方で，スマートフォンの所有率・普及率やソーシャルメディアの利用割合の高いサウジアラビアやアラブ首長国連邦では，ネットいじめが原因となる子どもの自殺事件は報告されていない。

3）　国際比較——自殺率

　上記で示したように，日本では，ネットいじめによる自殺がこれまで何件も起きてきたが，元々自殺者が多いという国民性・文化があることも否定できない。ネットいじめによる自殺が1件も報告されたことがないサウジアラビアなどは，元来自殺という文化がないことも考えられる。図2-7にWHO（2014）による自殺率の国際比較のグラフ[16]を示した。これを見ると，サウジアラビアは172か国中最下位で最も自殺率は低い。アラブ首長国連邦も143位で比較的自殺率は低い。

　一方，自殺率は北朝鮮がトップであるが，日本は9位で世界的に見ても比較的高い。アメリカ41位，ドイツ45位，イギリス95位，イタリア101位といったように欧米の国とくらべてもかなり高い。日本人は，自尊心が踏みにじられたり，失望したり，心の傷を負うと自殺という選択肢を選んでしまう国民性があるのかもしれない。

　気軽に利用したソーシャルメディアでネットいじめに遭い，自殺をしたので

15　http://www.bedford.gov.uk/idoc.ashx?docid=778bf562-d923-4287-94e8-d92b7c623968&version=-1
16　World Health Organization　2014　Global Health Organization (GHO) data.　http://www.who.int/gho/database/en/

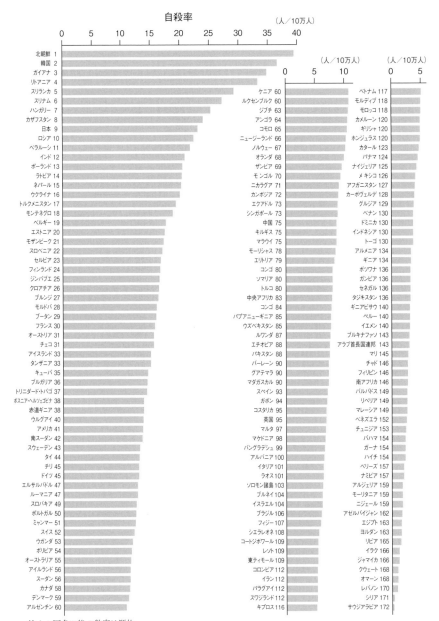

注1：国名の後の数字は順位。
注2：年齢標準化前の値（「社会実情データ図録」より　http://www2.ttcn.ne.jp/honkawa/2770.html）。

図2-7　自殺率国際比較[16]

は，取り返しがつかない。加害者は，殺意を持ってネットいじめをはじめることは少ないだろう。軽い気持ちでからかったり，ブロックいじめをしたり，グループはずしをしたために，相手は自殺を選んでしまうかもしれないという，ネットいじめ行為の波及する事態の重大さへの認識が必要である。

4) スマートフォン，ソーシャルメディア，インターネットをどうみるか
a. インターネットへの依存

　日本の場合，高校生以外の世代のソーシャルメディアやスマートフォンの所有率・利用率が極端に低いことが，ネットいじめに対する発覚や指導を遅らせる1つの要因になっていることは先述したが，なぜ世界では，高校生以外の世代のソーシャルメディアやスマートフォンの普及が広がったのか，広がった経緯にも着目して紹介することにする。国によっては，高校生の世代にとって，ソーシャルメディアは興味関心の薄いツールであり，むしろ50歳代以上の世代のほうが積極的にソーシャルメディアを利用している場合もある。

　ソーシャルメディアが遊びの道具ではなく，政治参加の重要な手段として発達したアラブ諸国などでは，すべての人が発信者になることは，発信の自由を手にすると同時に，かつては想定し得なかった脅威を人々にもたらした。サンフランシスコのシンクタンク「コモン・センス・メディア」の創設者ステイヤー（2012）[17]は，ソーシャルメディアが，教育などの分野で大きな可能性を秘めていることを認めつつも，社会性，感情，認知能力といった発達の過程においては，悪影響をもたらすこともあるとした。ステイヤーの主張する3つの危険（RAP）とは人間関係（Relationships），注意力と依存（Attention and Addiction），プライバシー（Privacy）である。

　つまり，容易に個人情報の漏洩やプライバシーの侵害がされやすく，人間関係を築くために利用できる反面破壊力もあり，勉強や仕事をしていてもソーシャルメディアが気になるなど注意力が散漫になったり，依存を引き起こしたりするというのである。

　しかし，一度日常生活に入り込んだソーシャルメディアを排除することは難しいが，ソーシャルメディアやインターネットは，麻薬などの薬物と異なり，

17　Steyer, J. P.　2012　Talking Back to Facebook: The Common Sense Guide to Raising Kids in the Digital Age Paperback. Scribner.

電気などに類するインフラにすぎない。私たちは日々，電気に依存した生活をしている。日中は湯を沸かしたりパソコンを操作したりするために電気を使い，日が暮れたら照明をつけ，蒸し暑い深夜にはクーラーをかけるために一晩中電気に依存していることもある。電気依存は資源の枯渇につながると懸念する声はあるものの，電気依存が何ら身体的ダメージを与えることはないのと同様に，インターネットもインフラの1つなので，24時間インターネットに依存して生活をしていても，それ自体，何ら問題はない。日々の睡眠の深さを調べたり，血圧・脈拍など，定期的に自動でデータを記録・蓄積したりするためには，24時間インターネットに依存して健康管理をする必要がある。24時間ソーシャルメディアに依存することは問題であるが，毎日1回留守番電話のメッセージを確認するように，毎日1回ソーシャルメディアを確認する習慣を持つことは何ら問題ではない。

 b. スマートフォン，ソーシャルメディアとネットいじめによる自殺や事件

 スマートフォンやソーシャルメディアを発端としたネットいじめによる自殺や深刻な事件が多発するために，それらを禁止しようという動きは現在見られなくなったものの，我が国の教育関係者の中には，スマートフォン・SNSの利用頻度が高い，あるいは使用するからこのような事件が起きると考えている人たちがいる。日本のスマートフォン・ソーシャルメディア所有率が低いことはp.40, 41や加納（2014）[18]などにおいても指摘してきたとおりであるが，所有率の低さを認識していない教師や保護者や学生らに今でもよく出会う。さらに，スマートフォンやソーシャルメディアの使用頻度の高さがネットいじめを引き起こしているという仮説を漠然と持ち続け，根拠のない確信に満ちている教育関係者にも時々出会う。

 c. スマートフォンやソーシャルメディアはネットいじめを引き起こすか

 しかし，p.46で指摘したとおり，スマートフォンの普及率やソーシャルメディアの使用割合の高いサウジアラビアやアラブ首長国連邦では，ネットいじめが原因となる子どもの自殺事件は報告されていない。もちろんスマートフォンやソーシャルメディアの高い国でネットいじめによる子どもの自殺が起きていないからといって，我が国でもネットいじめ対策として，55歳以上の人々にス

---

18 加納寛子 2014 いじめサインの見抜き方 金剛出版

マートフォンやソーシャルメディアの使用を奨励することがネットいじめ自殺の撲滅に直結するとは断言できないが，スマートフォンやソーシャルメディアの使用割合の高さがネットいじめを引き起こしているという仮説は成立しないことは証明している。

5) データから浮き彫りにする，ネットいじめ問題へのアプローチ

成熟した社会では，いじめが社会問題として浮上しがちであり，日本と同様イギリスはいじめ及びいじめ研究に歴史を持ち，調査研究も豊富である。いじめ大国の研究の成果に加えて，ネットいじめによる自殺のない国のソーシャルメディアに親しむ姿からもネットいじめへのアプローチを紹介する。ファリントン（1993）が行ったロンドンの少年の24年間の追跡調査（インタビューと検査）及びコワルスキーら（2013）において，世代間でいじめが継続することが立証さているほか，いじめと成績の関係などについても調査が行われている[19]。

イギリスがいじめ研究の先進国であることは，図書館の配置からもうかがえる。ケンブリッジ大学教育学部の図書館では，教育心理学，教育社会学などの分類と並んで「いじめ」という領域も独立して設置してある。いじめ領域の中の「ネットいじめ（Cyber Bullying）」分野として集められた書籍だけでも大きな書棚1台分ほど並んでいた（2012年7月，英国ケンブリッジ大学教育学部図書館訪問時）。一方，アラブ首長国連邦の図書館や書店では「いじめ」という分類項目そのものが存在しなかった（2013年3月，アラブ首長国連邦ドバイ訪問時）。

ネットいじめ研究先進国の研究成果から学ぶことも大切であるが，スマートフォンやソーシャルメディアの普及率や使用割合が高いにもかかわらずネット

---

19 Farrington, D. 1993 Understanding and preventing bullying. In M. Tonry (Ed.), *Crime and Justice: A review of research*, 17, 381-458. Chicago:University of Chicago Press.
　Kowalski, M. R., & Limber, S. P. 2013 Psychological, Physical, and Academic Correlates of Cyberbullying and Traditional Bullying, The Relationship Between Youth Involvement in Bullying and Suicide, *Journal of Adolescent Health* 53(1), pp.13-20.
　Farrington（1993）によれば，ロンドンの少年の24年間の追跡調査（インタビューと検査）において，世代内でいじめが継続することが立証さている。この調査では，411人の男性に対する長期にわたる追跡調査で，1961～62年に当時8歳であった，労働者階級で，ブリテュッシュ生まれの白人の少年にインタビューをすることから開始された。その後，14歳時点（1967～68年），32歳の時点（1985～86年）のときにもインタビュー調査を行ったところ，8歳及び14歳のときにいじめの加害者であった少年は，18歳，32歳に成長してもいじめの加害者側である傾向があるという調査である。
　一方で，Kowalski, M. R., & Limber, S. P. (2013)によれば，442名のうち，少なくとも1度はいじめへ関与し，被害経験のみの者は14.6%であり，加害経験のみの者は17.3%，被害・加害両方経験した者は19.2%という調査結果もある。

いじめ問題の起きていないアラブ首長国連邦のような国を参考にするのも1つの試みとして有効ではないかと考えている。

図2-6に示したサウジアラビアやアラブ首長国連邦の55歳以上の人々全員がソーシャルメディアを使ったことがあるように，日本の55歳以上の世代の人々も全員が使用できるようにし，子どもたちを取り巻く周辺の大人の情報リテラシー（Literacy：読んだり書いたりする能力のこと）から，環境を変えていくことによるアプローチも一度試す価値はあるだろう。

第3節　ネットいじめにみるKS，即レスとスルー文化

1．KS（既読スルー・既読無視）が引き起こす嗜虐性

　本章の冒頭で，ネットいじめはKSが発端となる例があることに触れた。なかにはいじめを通り越して，人間の行為とは思えない残忍かつ重篤な犯罪に発展したという事件も起きている。

　それは，KSが原因で起きた生徒の足首を縛り，川に落とし火あぶりにした事件である。2013年9月広島県山県郡で，通信制高校に通う19歳の男子生徒に殴る蹴るの暴行を働き，ぐったりした被害者の両足を縛り川に突き落とし，それでも被害者が川からはい上がってきたため，足をライターの火であぶってやけどを負わせたという事件があった。加害者は友人の少年4人（16～17歳）。男子生徒は全身に打撲痕があるほか，やけどは皮膚移植が必要なほどの重傷であった。

　この拷問・殺人未遂のきっかけは，少年4人のうち1人が，LINEでの呼びかけを被害者に無視されたことだった。加害少年4人はKSされたために被害少年に対し嗜虐性を募らせ，江戸時代の拷問よりもひどい仕打ちをしたのである。

　さらに，2013年6月には京都市南区の市立中学3年生の15歳の少女がKSをしたため，14歳～17歳の少女4名によって西九条の公園で殴る蹴るの暴行を受けた事件も起きている。

2．KSとスルー文化

　なぜこれほどまでKSが嗜虐性をかき立てるのか。例えば，「○△というイベ

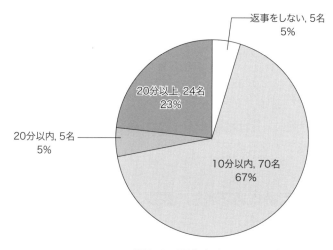

図2-8　返事をするまでの時間

ントを開催します。皆さん参加しませんか？」というイベント告知がグループトーク内で書き込まれる。参加する人は，「参加する」と書き込むが，参加しない場合は，ほとんどレスポンスしない文化があるようだ。イベントに限らず，友だちが意に反することを書いた場合も，「スルー（反応しない）」するのである。この「スルー文化」がアタリマエになっている空間において，相手が返事をしないのは，自分の書いたことに対して反対なのだと悪意をかき立てるのである。

3．即レス症候群

　読んだにもかかわらず即座に返事をしないと，「KSいじめ」「既読無視いじめ」の被害者になり得るため，友だちからメールが来たらすぐに返事をしなければと焦燥感に駆られ，即レス症候群[20]に陥る子どもたちが増えている。
　2015年4月某大学1年生104名に，友だちに「遊びに行きませんか？」というメッセージを送ったにもかかわらず返事が来なかった（KSされた）とき，

---

[20] メールが来たらすぐに返事をしなければいけないという強迫観念に駆られ，ケータイを片時も放せない状態。必ずしも利用頻度だけでは判断できない。利用頻度が低くても，物事に集中できず，ケータイが気になって片時も放せない場合は，「即レス症候群」を疑うとよい（加納寛子　2009　即レス症候群の子どもたち　日本標準）。

腹が立つか否か尋ねたところ，91名（88.3%）が「腹は立たない」と回答していたが，7名（6.8%）は「腹が立つ」と回答していた。残りの5名（4.9%）は，「ケースバイケースだ」という回答だった。KSをされたときに腹が立つ理由として，「嫌われていると思う」などが挙げられた。

また，「遊びに行きませんか？」というメッセージを友だちから受け取ったが，用事があって断るとき，「何分ぐらいで返事をしますか？」という回答の結果は，図2-8に示した。10分以内に返事をする学生が約7割で，ほとんどが10分以内に返事をしていることがわかる。わずかであるが断るときには返事をしない（KSする）者も5%いた。

KSをしたときの気分については，「なんとも思わない」「面倒」「どうでもいい」などが挙げられた。

4．マナーとしてのKSと即レス──適切な使用

1）即レスの必要性を考える

即レスの必要性は，学生の7割が10分以内に返事をする習慣が身についていることからも明らかである。四六時中メッセージが気になって仕方がない状態は正常とは言えないが，読んだら10分以内に返事をする習慣は，情報化が進む現代人にとって不適切な行動ではない。じっくり考えて返事をしなければいけない重い内容の場合は，読んでからよく文章を練って返事をする必要もあるが，スケジュールがすでに埋まっているため断る場合は，考えるほどのことではない。

常に気にしていて10分以内に返事をするという意味ではなく，例えば，朝と夕方など，メールやメッセージをチェックする時間を決めておき，そのときに読んだら順次返事をしていくことを習慣にするとよいだろう。

2）適切な即レスで，不本意なKSを防ぐ

読んだら10分以内に返事をする行動が最も適切と考えるのは，次から次と新しいメッセージやメールを受け取る現代では，読んだらすぐに返事をしておかないと，どのメッセージに返事をしていなかったのかわからなくなってしまうからだ。それがKSの行動につながるのである。

もちろんKSをされても大半の者が気にしないと回答してはいるが，常識的

に考えれば，スケジュールが空いているか否かはっきりした返事ができるような内容に，さっと返事をしないことは，誘いかけた者に対して失礼に当たる行為である。「用事があって行けない」とたった10文字入力するだけのことなので，一度は必ず迅速に返事をし，KSはしないとよい。

3） 適切なKSで，ソーシャルメディア利用に節度を守る

KSは，場合によっては礼儀を欠く行為である。ただし節度のないメッセージに対してはKSの対応が適切な場合もある。

また，ダラダラと返信し合うことは時間のロスである。一度きちんとしたら，その後はKSをしてOKである。中学生・高校生らのソーシャルメディアでのトラブルを聞くと，多くの場合，節度のある利用ができていない様子がうかがえる。現代の情報社会では，ソーシャルメディアも鉛筆や消しゴムと同様に，情報を伝達するために使用する道具である。小学校へ入学すると，鉛筆の持ち方から習うように，ソーシャルメディアもきちんとした返事の仕方や節度のある伝達の仕方を教えることが急務の課題と言えるだろう。

5．KSを発端とする事件を防ぐために

1） スルー文化の定着を防ぐ

他者からの連絡に，ほとんど罪悪感なく返信をしないスルー文化が若者を中心に浸透しつつある。

インターネットや携帯電話のない時代には，手紙を送って返事がこない，電話をかけて留守にしていた場合に折り返し電話がかかってこないことはほとんどなかった。ある程度の教養を備えた人や教養ある家庭の子どもであれば，手紙に返事を書き，電話があったと伝言があればかけ直していた。手紙を送るためには，便せんと封筒を用意し，切手を貼って出す必要があり，それなりに手間暇がかかる。それにくらべれば，メールの返信はとても容易であるにもかかわらず，有名国立大学や有名私立大学の学生ですら，「大学教授がレポート未提出者にメールで連絡をしても，すぐに返信をしない学生がいる」「大学に登録してある携帯電話に電話をかけ，留守番電話に伝言を残しておいても，折り返し連絡をしてこない学生がいる」という話を何度か聞いたことがある。レポートに関して連絡する側の状況は，おそらく成績の締め切りとの兼ね合いで緊

急性があって連絡をしているはずである．それにもかかわらず，連絡しない若者が増えているようだ．

　筆者は，課題提出に関して個人に連絡することにストレスを感じたことがかつてあったため，授業中に締め切りを明言し，授業用ソーシャルメディアにも明記し，提出状況は授業の中で確認するにとどめ，とくに催促しないことにしている．何度も催促を受けるより，未提出として不可の評価で処理したほうが，今日的感覚として学生には受け入れられやすいようだ．

　しかし，こうした対応は社会に出てからは通用しない．就職面接などの連絡には，すぐに折り返して返信をしていた若者が，ひとたび会社に入ると，上司からの連絡にも即座に返信をせず，業務に支障が出るケースも耳にする．緊急を要する連絡をしても，「就業時間外だから」「休暇中だから」と対応しないのである．中高年の勤務医の場合，夜勤明けに自宅に帰って眠ろうとした途端，緊急の患者が搬送されたため病院に戻ってほしいと連絡があり病院にとんぼ返りし，24時間以上連続で働くことも少なくないようだ．過労死などの問題はあるが，休日や時間外であっても習慣的に働いてしまう世代が定年を迎えると，救急車を呼んでも当番の人が出払っていたら，他の職員は「休暇中だから」と救急車が出動してくれない，医者が診察してくれない，そのために命を落とすといった事態も起きかねない．

　もちろん上記は極端な例であるが，スルー文化が浸透している世代では，きちんと返事をしないことによって，仕事や学業上でかかわる相手に迷惑をかけているという認識が薄いようである．その一方で，友だちからの「年長から見れば」たわいもないメッセージには，即レスせずにいられない若者もいる．「おやすみ」と書いた後にも，1時間ぐらいメッセージのやりとりが続くのがいい例である．筆者など「おやすみ」と書いたら，返事をしなければいいと思うのだが，上司からのメールには「就業時間外だから」と返信をしない一方で，友だちにはいそいそと返事をしているのである．

　スルー文化の背後には，自己都合主義が見え隠れする．それゆえ，KSをされた側に，相手を殺害したいと思うほど怒りをかり立てるものがあるのだろう．

　このスルー文化が定着しないようにするためには，スルー文化ができる前に，ソーシャルメディアにおいて何を書き込むべきか，どう返事をしたらよいのか，どう受け止めたらよいのかを学ぶ必要がある．

2） その他の対応

 スルー文化を形成させないこと以外に，p.51のようなKSを発端とする事件が起きないようにするためには，どのようなことが必要なのか，2014年の筆者のネットいじめに関する講演参加者505名に記述式で回答を求めた結果をKH Coder[21]を用いて共起ネットワークモデル[22]で表示したものが図2-9である。

 図2-9のKSを起因とする事件を防ぐための共起ネットワークモデルから，主に下記8点がKSを起因とする事件を防ぐために必要なこととして保護者や教師らによって認識されていることがわかった。

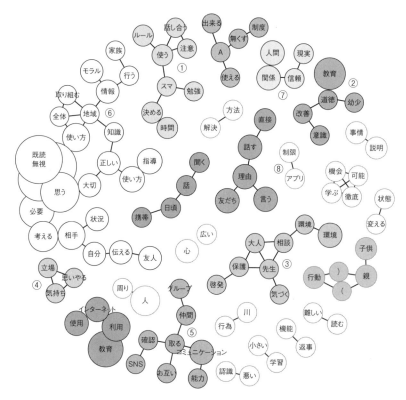

図2-9 既読無視を起因とする事件を防ぐための共起ネットワークモデル

---

21 KH Coder: Copyright© 1989, 1991 Free Software Foundation, Inc.675 Mass Ave, Cambridge, MA02139, USA
22 共起ネットワークモデルとは，文脈の中の単語の潜在的な意味を考慮して分類する手法の1つである。（参考）http://must.c.u-tokyo.ac.jp/sigam/sigam04/sigam0405.pdf

①話し合いによるルールづくり
②教育による意識改善
③家庭環境・相談しやすさ・保護者や先生ら大人への啓発
④思いやる気持ち
⑤コミュニケーション
⑥正しい使い方や知識の指導・地域や学校での情報モラルの取り組み
⑦人間関係や信頼
⑧アプリの制限

第4節　ネットいじめにかかわる心理的な効果

1．被害者・加害者の観点から──被害者・加害者のハードル

　ネットいじめの当事者たちには，どのような心理的な効果が及んでいるのか，被害者，加害者，傍観者の観点から紹介する。
　ブロックいじめを例にすると，ブロックされた被害者はメッセージを送っても無視され続けるというとてもつらい思いをしていても，ブロックした加害者側は一旦相手をブロックするとブロックした相手がどんなメッセージを送っていてもそれに気がつかないため，ブロックしていたことすら忘れてしまう。このように，被害者側は，死にたいと思うほど孤独感に苦しんでいても，加害者側は，いじめているという認識すら風化してしまうこともあるのだ。
　つまり，ネット上での被害・加害の関係のハードルの高さは，被害者側と加害者側で大きく異なるのである。例えば，直接言えないようなことも，メールならば伝えやすいことがある。このことは，関係性向上につながる場合も，その逆もある。前者の例としては，喧嘩別れをした友だちに，直接謝る勇気はなくても，「さっきは言いすぎた，ごめんね」などのメールで，関係が修復されることもある。一方で，直接面と向かって「学校に来るな，死ね」などの罵詈雑言を浴びせる度胸はなくても，匿名のメールアドレスからであれば，簡単に「学校に来るな，死ね」というメッセージを送信できる場合がある。匿名の掲示板などへの書き込みも同様だ。直接言うのはハードルが高くても，間接的に

メールを送る行為はハードルが低い。つまり，加害者の加害行為を行うハードル関係は，下記のようになる[23]。

加害行為を行うハードル

直接　（高い）　　　＞　　　間接　（低い）

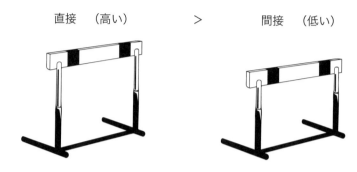

　一方，被害者の側は，直接言われれば弁解する余地もあるだろうし，言い返すこともできるが，匿名でネットに公開されれば，世界中の人に知られてしまい，誤解であっても弁解する余地はなく，被害者が被る心の傷は深く，傷つく度合いは大きい。つまり，被害者の傷つく度合いの関係は，下記のようになる。

被害者の傷つく度合い

直接　（低い）　　　＜　　　間接　（高い）

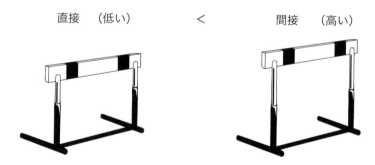

２．傍観者（潜在的加害者）の観点から

１）ランチョン・テクニック

　健康食品やダイエット商品などの商品頒布会では，来店者に椅子を勧め，温

---

[23] 加納寛子　2008　情報リテラシー教育の課題――ネットいじめ・闇サイトに関するアンケート調査より――　日本科学教育学会第32回年会論文集　pp.105-108.

表2-1　コーラ・ピーナツの有無による説得効果（ジャニスら，1965）

テーマ		コーラ・ピーナツ有り(%)	コーラ・ピーナツ無し(%)
ガン治療	説得方向に変化した人	87.4	74.6
	変化しなかった人	6.3	12.7
	逆方向に変化した人	6.3	12.7
空軍の規模縮小	説得方向に変化した人	67.2	47.6
	変化しなかった人	32.8	47.6
	逆方向に変化した人	0.0	4.8
月旅行	説得方向に変化した人	67.2	50.8
	変化しなかった人	20.3	28.6
	逆方向に変化した人	12.5	20.6
立体映画	説得方向に変化した人	76.6	71.5
	変化しなかった人	14.0	17.4
	逆方向に変化した人	9.4	11.1

かいお茶やジュースやお菓子などでもてなし，ゆったりとした音楽が流れていることがある。このような雰囲気づくりはラズラン（1938，1940）[24]によりランチョン・テクニック（luncheon technique）と呼ばれており，根拠なく行われているのではなく，人はリラックスし，気分のよいときには話を受け入れやすいことが心理実験でも明らかにされている。

　ジャニスら（1965）[25]は，ガン治療や空軍の規模縮小，月旅行，立体映画などについて説得する文章を読んで，その話を受け入れるか否かの実験を行った。コーラとピーナツが振る舞われた参加者は，そのようなサービスのない参加者にくらべ，説得的方向に向かった（読んだ文章の論調の方向に受け入れた）という結果であった（表2-1）。いずれのテーマにおいても，コーラ・ピーナツありのほうが，説得方向に変化した割合が高い結果となっている。

24　Razran,G.H.S. 1938 Conditioning away social bias by the luncheon technique. *Psychological Bulletin*, 35, 693.
　　Razran,G.H.S. 1940 Conditioned response changes in rating and appraising socio-political slogans. *Psychological Bulletin*, 37, 481.
25　Janis, I. L., Kaye, D., & Kirschner, P. 1965 Facilitating Effects of 'Eating-While-Reading' on Responsiveness to Persuasive Communications. *Journal of Personality and Social Psychology*, 1(2), pp.181-186.

健康食品やダイエット商品などの商品頒布会の他にも，高級クラブで商談を進めたり，高級料亭で政治家らが話し合いの場を設けたりするのも，実際うまく商談がまとまったりするために行われているのであろう。

　飲酒運転はやめようとか，誹謗中傷の書き込みをやめようとか，社会のルールやモラルを守ることに向かうメッセージであれば，この方法は，人をよい方向に導くために有効である。だがそうでないメッセージにも有効に働いてしまう点が問題である。

　例えばネット上の書き込みとして，「将来殺人犯になりそうなやつランキング第1位〇男，将来自殺してそうなやつランキング第1位〇男，何考えているのかわからない人ランキング第1位〇男」などが，学校裏サイトの「クラス内何でもランキング」で行われることがある。子どもたちがこういった書き込みを見るのは，たいていリラックスしているときである。好きな音楽を聴きながらであったり，ジュースやお菓子をつまみながらであったり，ランチョン・テクニックの説得効果が上がる環境であることが多い。批判的に見るよりも，半信半疑ながらも書かれていることをそのまま受け入れやすい心理状態なのである。

　明確な敵意を持って，相手を傷つける書き込みをするというよりも，恐ろしいことに，暇つぶしに書き込んだことや，面白半分で始めたランキングなどをきっかけに，場の雰囲気に流されて，傍観者から観衆となり，"気軽に"加害者になっていくのである。

　はじめは気軽に行われたであろうランキングが，某中学校で卒業文集に載せられたことがあった。「心の狭い人」「離婚しそうな人」「ゴキブリ並みの人」「ストーカーになりそうな人」などのランキングが掲載・配布され，保護者からの抗議により発覚し回収されたのである。表計算ソフトで集計しグラフを作成することは容易であるし，たとえ表計算ソフトが使えなくてもネット上で簡単にアンケートを作成すると，自動集計されて表示される。中学校では技術家庭科の中で，グラフ作成の操作を実習として学ぶ場合もあるが，情報リテラシーとして学んでいるわけではない。表現された情報をどう読むか，表現してよいこととよくないことの判断を学ぶような情報リテラシーを学ぶことなく，操作だけ習得している教育に問題がある。ソーシャルメディアなどの無料のアンケート作成機能を使用したアンケートを見ると，人を不快にさせる要素を含んだア

ンケート結果が多数散見される。

> ランチョン・テクニックを利用した現代版の実験について次の論文がある。
> Kanoh, H. 2018 Why do people believe in fake news over the Internet? An understanding from the perspective of existence of the habit of eating and drinking, *Procedia Computer Science*, 126. pp.1704-1709.

2) スリーパー効果

さらに，はじめは嘘だと思っていたことが，時間が経つと本当かもしれないと思えてくることがある。例えば，次の2つの事柄を比較してみよう。

　㋐ 「Aさんは病気のため学校を休んでいる」と担任の先生から聞いた。
　㋑ 「Aさんは家出中のため学校を休んでいる」とネット上に書いてあった。

Aさんがふだんから真面目で家出をするような生徒に見えないと考えている人は2つのことを知った直後，㋐は信頼性が高く，㋑はデマだろうと考える。デマと考えていた㋑に関して「Aさんは神待ちサイト（家出少女などが一晩泊めてくれる相手を募集しているサイト）で知り合った人のところに泊まり込んでいるらしい」「薬漬けになっていて，帰るところもわからなくなっているらしい」などとデマに尾ひれがついた書き込みを目にする。そして4週間ぐらい立つと，知った直後には密接に関連づけられていた「情報の内容」と「発信源」（「病気のため」と「担任の先生」，「家出中のため」と「ネット上の書き込み」）の関連が希薄になってくる（図2-10）。

これは，ホブランドら（1951）[26]によりスリーパー効果（sleeper effect）と命名されている。話を見たり聞いたりした直後は，信頼性の高いところからの情報であるか否かが強く影響され，情報源の信頼性と内容が密接に結びついている。しかし，しばらくすると，その影響力はかなり減少し，どこから得た情報であるか否かの差がほとんどなくなるか，逆転することもあるという。なぜ逆転するのかといえば，情報を得た直後は，信頼性の低い情報源だという意識が，内容を信頼しようという意識を抑制している。ところが，時間が経つにつれ，信頼性の高低の記憶と内容が分離され，はじめに抑制されていた反動で，強く信用するようになるのである。

冒頭の例でいえば，病気のためという先生の説明を信頼していても，4週間

26　Hovland, C.I., & Weiss, W.　1951　The Influence of Source Credibility on Communication Effectiveness, *Public Opinion Quarterly*, 15(4). pp. 635–650.

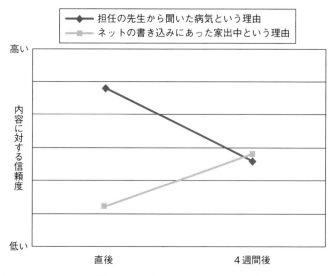

図2-10　スリーパー効果（ホブランドら，1951を基に筆者が作成）

ぐらい経つと，ひょっとしたら家出をしてしまって行方不明になっているのではないかなどと，信頼度が下がってくるのである。一方，ネットに書き込まれていることは，はじめはデマだと思っていても，4週間ぐらい経つと，本当のことのように思えてくる。

　このようなスリーパー効果も手伝って，「U゙⊇干ュ∞（じこチュ～，自己中心的という意）」という掲示板のいたずらによる書き込みが，はじめは自己中心的とは思っていなかったクラスメイトに対しても，本当に自己中心的だと思うようになり，いじめられて当然という意識をつくってしまうこともある。筆者は，「いじめられるほうの子どもも自己中心的だから」と真顔で答える教員に実際に出会ったこともあるほどだ。

　また，スリーパー効果は，ダイエット食品や健康食品の売り込みのときにもよく使われる手口である。

　手口はこうである。「○月×日○×会場にて，先着50名様に○○麹を使った食パンを1人1斤差し上げます」といった広告を出す。○月×日○×会場に出向くと，すぐにはパンを配布せず，用意された椅子に「まずは腰をかけてください」と，着席を勧められる。パンをいただいてすぐに退散しようと思ってい

た人も,「せっかく来たのだから,ちょっと座って,話につきあってみるか」と思い椅子に座る。

次に,「まったく信じなくて結構です。少し私の話を聞いてください」とダイエット食品や健康食品の説明が始まる。その後パンが配布される。説明を聞いて,その場で直販品を買って帰る人もいるが,多くは,どんな商品かちらっと見るだけで,そそくさと帰っていく。その後4週間後ぐらいして,そのダイエット食品の即売会を開催する,あるいは,テレフォンショッピングやネットショッピングの案内を配布すると,結構販売が伸びるのである。

ホブランドらによるスリーパー効果の分離仮説により,最初はうさんくさいと思っていた情報源の記憶と,話の内容が分離されてしまうからである。不信感を抱きつつも,話を聞かせることにより,記憶の片隅に話の内容がインパクトを持って刻まれれば十分なのである。インパクトを持たせるために,声の抑揚を変えたりビデオを見せたり,いろいろな工夫がなされる。話を聞いた際に,食パンが無料配布されるなど少し得をしたと思う出来事も同時に生起することにより,余分な時間を取られたと思う不快さも相殺され,エピソード記憶[27]としても不快な出来事としては記憶されない。

とくに食パンは,スーパーやコンビニ,パン屋などでいろいろなパッケージのものを利用しているため,配布された食パンの印象は徐々に薄れていく。ダイエット食品の話だけが,遠い昔の記憶のように,断片的に記憶されていることになる。聞いた直後はダイエット効果があると説明されても,まったく信じていなかった人が,4週間ぐらい経つと,信じてみようかなと思えてきてしまうのである。

スリーパー効果が表れるための条件は,以下の2点である[28]。

①情報を得た直後の情報源の信頼性が低いこと

情報を得た直後は,情報源の信頼性が,その情報の信頼性の判断に最も影響を与えており,情報源が信頼できないとわかると,情報源の信頼性の抑制効果

---

27 心理学者タルヴィングが1972年に提唱した概念で,意味記憶と対をなす対立的な概念である。意味記憶は反復練習などをして記憶するが,エピソード記憶は,幼いころの記憶のように,とくに覚えておこうと意識しなくても,自然に覚えられるのが特徴である。
　　Tulving, E. 1972 Episodic and semantic memory. In E. Tulving.,& W. Donaldson (Ed.), *Organization of memory*, pp.381-403. New York: Academic Press.
28 Gillig, P.M.,& Greenwald, A.G. 1974 "Is it Time to Lay the Sleeper Effect to Rest?", *Journal of Personality and Social Psychology*, Vol.29, No.1, pp.132-139.

が働き，その主張を信じなくなる。「食パンを配るなどの手を使って人を集めて話を聞かせるのは，怪しげなダイエット食品に間違いない」とまったく主張を信じていない。しかし，時間が経過すると，情報源についての記憶が薄れていき，それまで抑制されていた説得効果が表れてくるというメカニズムなのである。「まったく信じなくて結構です」などと前置きをしているのも，ジワジワと後から効果を表させる重石として意味があるフレーズである。

②最初のインパクトが大きいこと

インパクトが薄ければ，人の意識に長期留まることはできない。早く話が終わらないかなとぼんやり聞いているときに，「80％の人に効果があったのです」などと突然声が大きくなったり，ビデオを見せられたりして，インパクトがあると，「……ダイエット食品……80％効果……」などとインパクトがあった断片的な話の内容を記憶の底に留めておく効果につながる。

　この２つの条件が揃っている状況は，ネット空間では非常に生起しやすい。むしろ，ネット上で飛び交う情報の８割方が１つめの条件を満たしている。ブログ，SNS，動画サイト，どれをとっても嘘臭く信頼性の乏しい情報源であり，それを誰もが知っている。スタート時点で情報源に信頼性のない情報は，それ以上に信頼性が下がることはなく，はじめはまったく信じていなくても，「ひょっとしたら，あの話は本当だったのではないか」などと説得効果が増す。

　一方，情報源の信頼性が高い話は，聞いた直後が最も説得効果が高い。東日本大震災時にも，原子炉から汚染水が漏れていることが報じられた直後は政府の発表を信用していた人々も，ブログやSNSでさまざまな情報が飛び交うと，一転して政府の情報は信頼しなくなり，情報を隠していると考える人々が急増し，政府発表の説得効果は激減した。もちろん内容によっては，激減しない場合もあるだろうが，情報源の信頼性が高い話は，聞いた直後の説得効果を上限として，下がることはあっても上がることはないのである。

　「不細工」などの容姿に対する書き込みも，悪口がささやかれたり，ネットに書き込まれたりすることにより，他にも不細工な人はたくさんいると思っても，嘲笑の対象となってしまうのである。「○○さんは万引きしているらしいよ」というデマの書き込みを誰かがすると，根も葉もないデマであっても，時間が経つと本当かもしれないと思う人が出てきてしまうのも同様である。

各種ネット上の書き込みスペースを見る限り，子どもよりも問題のある大人の書き込みが散見される。根拠の有無を問わず，他人に対する悪口や誹謗中傷・負の印象を広めるようなことは，絶対にネット上に書いてはいけないことを，すべての人に理解させる必要がある。

　3）　傍観者効果
　あなたは，池のそばを通りかかりました。もし目の前に溺れかかっている人がいたとしたら何をしますか？　ポケットの中にはスマートフォンがあります。

　図2-11のような行動など絶対とらないと答える人も，大勢いる場では図のような行動をとりがちである。似たようなことは，秋葉原の無差別殺人事件や東日本大震災の津波被害のときにも起きている。個人のケータイカメラによって，人が濁流に呑み込まれ流されていく様子などがYouTubeやニコニコ動画

イラスト：岡田真理子

図2-11　目の前に溺れかかっている人を見たら，あなたならどうしますか？

などにUPされたのを見たことのある人もいるだろう。

　これは，傍観者効果（bystander effect）[29]と呼ばれている。自分以外に傍観者がいるときに率先して行動を起こさない心理であり，心理学者ラタネとダーリーの実験によって，下記3点の要因から，1人でいる場合と大勢いる場合では異なる行動をとりがちであることが知られている。

- 多元的無知…他者が積極的に行動しないことによって，事態は緊急性を要さないと考える
- 責任分散…他者と同調することで責任や非難が分散されると考える
- 評価懸念…行動を起こしたとき，その結果に対して周囲からのネガティブな評価を恐れる

　ラタネとダーリーの実験が行われる前には，「キティ・ジェノヴィーズ事件」と名づけられたおぞましい事件が起きている。これは，深夜に自宅アパート前でキティ・ジェノヴィーズが暴漢に襲われた際，彼女の叫び声で付近の住民38人が事件に気づき目撃していたにもかかわらず，誰一人警察に通報せず助けにも入らなかったという事件である。

　なぜこれほど多くの人が，彼女の叫び声に気づいていたのに，誰も行動を起こさなかったのか。ラタネとダーリーは「多くの人が気づいたからこそ，誰も行動を起こさなかった」と仮説を立てたのである。実験の概要は，まず2人のグループと6人のグループを用意する。1人が発作を起こす。2名のグループでは最終的に全員が相手を助ける行動を起こしたのに対し，6名のグループでは38%の人が行動を起こさなかったという結果であった。つまり，仮説どおりであったわけである。

　ネット上には，「キティ・ジェノヴィーズ事件」以上に大勢の傍観者と観客がいる。こうした大勢の「現代的傍観者」が，ネットいじめを容認し，拡大させている側面がある。「みんながやっているから」「ルールだから」「慣習だから」ではなく，他者の痛みを理解し，自らの頭で考え，正しい判断のできる人間を育てるべきである。ルールが状況に見合っていなければ，ルールを破ってでも正義を貫く必要がある。

29　Darley, M.J., & Latane, B.　1968　Bystander Intervention in Emergencies : Diffusion of responsibility. *Journal of Personality and Social Psychology* 8 (4, Pt.1), pp. 377–383.

第3章
ネットいじめの特異性

加納寛子（山形大学）

　この章では、まず、ネットいじめにはどのような種類があるのかについて、次の3つに大別して説明する。1つめは、特定の人物を対象に、ある集団の成員同士の間で行われる内輪型、2つめは、特定の人物について集団の内外を問わず悪評を広めることを目的に行われる喧伝型、3つめは、被害者との面識の有無を問わず、娯楽感覚で行われる便乗型である。
　さらに、誹謗中傷とデマについて、その発生と維持・拡散のしくみを、モデルを用いて説明する。

第1節　関係性を破壊するネットいじめ

1．グループはずしとブロックいじめ（内輪型）

1）ソーシャルメディア特有の閉鎖性

　ソーシャルメディアでは、特定のメンバーだけで閉じたコミュニティ（グループ）をつくり、コミュニケーションをとることのできる機能が備えられている。知らない人はもちろんのこと友だち全員にも見せたくないが、一部の人とだけ共有したい話題について議論をしたりファイルを共有したりするときなどに便利である。
　この機能は、友だちづきあいだけでなく、会社で仕事の打ち合わせのためにも使ったり、学校の授業の中で利用したりすることもある。筆者はサイボウズLive[30]を利用し、授業ごとにグループをつくり、情報をシェアしたり、伝達事項を伝えたり、反応を求めたり、提出ファイルの回収などにも利用している。

---

[30] https://cybozulive.com/

2） グループの管理者権限——FacebookとLINEの比較

（ソーシャルメディアの機能は不定期に更新されている。2015年執筆時点での機能の比較としてご覧いただきたい）

a. Facebookにおけるグループの管理者権限

ソーシャルメディアのグループにもいろいろあり，Facebookの場合は，管理者がグループのメンバーを管理することができる。管理者の許可がないと新しいメンバーを登録できないように設定するか，誰でも登録できるように設定するか，グループの特性に応じて管理者が決められる仕様になっている。暴言を吐くメンバーがいた場合，管理者が暴言を吐く者をグループから排除する権限を持っているが，管理者が管理するという設定にしてある場合，管理者以外は，自身がグループから抜けることはできても，他人をはずすことはできない。

b. LINEにおけるグループの管理者権限

一方，LINEのグループは，メンバーなら誰でも登録したり，はずしたりする（強制退会させる）ことができる。ある意味では平等な立場である。Aさんが立ち上げたグループであっても，Aさんが暴言を吐いた場合など，グループの構成員として適切でないと判断すれば，他のメンバーは誰でもAさんをグループから追放することができるのである。秩序あるメンバーが多数であればよいが，Aさんがネットいじめをする加害者に対して毅然とした態度で接した場合でも，加害者側には，Aさんをグループからはずしてしまう権限があることになる。

3） LINEにみられる「グループはずし」

要するに，LINEのグループでは，気に入らないと思った人を誰でもグループからはずす（強制退会させる）ことができる。それがいじめにもつながっており，このネットいじめの形態を筆者は「グループはずし」と命名している。

4） ブロックいじめ

ブロックとは，Bさんがメッセージを送っても届かないよう，Aさんが受信拒否をしている状態を指す。本来は不審者対策の機能であるが，ちょっと気に入らない相手を簡単にブロックしたり，特定の生徒を遊び仲間全員でブロックしたりするネットいじめがある。筆者はこれを「ブロックいじめ」と命名している。

5） LINEにみられる「なりすまし」の例

　最近では，AさんがBさんを退会させた場合，グループのトーク画面に「AがBを退会させました」と表示される機能が備わった（LINE, 2012）[31]。しかし，LINEでは容易になりすましができるため，状況は以前とあまり変わっていない。

　例えば，特定の条件下では，あるグループでAさんがBさんを退会させようとするとき，AさんはCさんになりすまして退会させることができてしまう。Aさんはなりすましをするときだけ，自分の名前（ニックネーム，表示名）をCさんの名前に変更する。退会させた後に元の名前に戻しても，グループのトーク画面には「CがBを退会させました」の文言しか残らない。Bさんは，本当にCさんから退会させられたのか否かをトーク画面上で知る手立てはない。

　また，気づかれることなくなりすましができることを利用して，AさんとBさんの仲の良さを嫉妬したCさんは，Bさんになりすまして，Aさんの悪口をDさんに送り，Dさんからそのことを聞いたAさんはBさんが自分の陰口を言っているのだと誤解させ，仲違いさせるなどの嫌がらせに利用されることもある。

6） グループはずしとブロックいじめの例

　グループはずしとブロックいじめは連動して行われることが多く，複数のグループに入っている場合には，それらが伝播し，一斉に複数のグループから閉め出されてしまうこともある。多い生徒の場合だと，20か30以上のグループに所属している場合もある。伝播の構図は図3-1に示した。

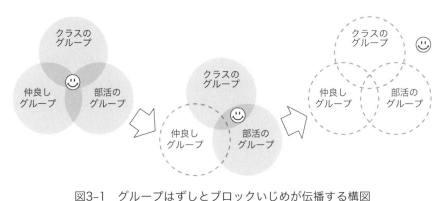

図3-1　グループはずしとブロックいじめが伝播する構図

31　LINE公式ブログ　2012　http://official-blog.line.me/ja/archives/18812431.html

はじめは，クラスのグループ，部活のグループ，仲良しグループの3つのLINEグループに属していたAさん☺が，仲良しグループの中でKSをしたため，仲良しグループからブロックされる。仲良しグループのメンバーの一部は，クラスのグループや部活のグループとの接点があり，Aさんの悪口を伝える。するとAさんは，クラスのグループや部活のグループからもブロックされてしまうのである。

2．サイバーストーカーとリベンジポルノ，アイコラ（喧伝型）

1) サイバーストーカー

a. サイバーストーカーとは

サイバーストーカー（Cyberstalker）とは，インターネットを利用して特定の人物にしつこくつきまとうストーカーの総称である。ストーキング対象者に関連したブログや電子掲示板，ソーシャルメディアなどに誹謗中傷などを書き込んだり，掲示板の住人（ほとんど常に閲覧しているユーザー）に嫌がらせを実施したりするように仕向けたりする。あるいは電子掲示板などで，ストーキング対象者を心配して居場所を探しているような親族のふりをして，住所や職場などを探し当てることもある。

また，サイバーストーカーがストーキング対象者になりすまし，ウェブサイトに第三者の反感を買うような発言を書くこともある。さらに，ストーキング対象者のパソコンを覗いたり，運営しているホームページの改ざんなどの嫌がらせ（クラッキング）をしたりする。

ネットいじめがエスカレートして，このようなサイバーストーキング行為に発展することもある。

b. サイバーストーキングに対する罰則

サイバーストーキングは，「ストーカー行為等の規制等に関する法律（通称ストーカー規制法）」の範疇であり，6か月以下の懲役または50万円以下の罰金となる。親告罪であるため被害者の申し出に応じて，「国家公安委員会規則」に基づく援助，すなわち身の安全の確保がなされる場合もある。

2) リベンジポルノ

a. リベンジポルノとは

リベンジポルノ（Revenge Porn）とは，復讐ポルノあるいは私事性的画像記録（物）とも呼ばれ，離婚した元配偶者や別れた元恋人が，相手の裸の写真・動画などを承諾を得ずにインターネット上に流出させられる行為のことである。

　b．リベンジポルノに対する罰則

　私事性的画像記録（物）を不特定または多数の者に提供したり，公然と陳列した場合には公表罪に該当し，3年以下の懲役または50万円以下の罰金となる。また，公表させる目的で，私事性的画像記録を提供した者は，公表目的提供罪となり，1年以下の懲役又は30万円以下の罰金となる犯罪である。

3）　リベンジポルノと，ネットいじめとしてのアイコラ

　これらはすでに犯罪でありネットいじめではないが，リベンジポルノと勘違いされるネットいじめ事件も某県内の高校で起きている。被害者は，たばこを吸っていないと言いつつも，たばこのにおいをさせてトイレから出てくることもあった，ふだんから素行があまりよくない女子生徒である。その女子生徒の裸の写真が，あるとき，ネット上にばらまかれた。担任の先生も生徒指導の先生も，校長先生も皆リベンジポルノと決めてかかった。当の本人は，裸の写真など撮影した覚えがないと主張したが，聞き入れてもらえなかった。

　その後，数年してから，裸の写真の表情は，修学旅行時のグループ写真の顔で，裸の部分はどこかのアダルトサイトから取ってきた画像であることが判明した。つまり，本人の顔写真と別人の裸の写真を合成して作成されたアイコラ（アイドルコラージュの略で，異なる人物の顔と胴体を合成した写真）だったのである。

　このように画像を勝手に合成して不快な写真を作成し，それをばらまくといったネットいじめも起きている。裸の写真が公表されたからといって，リベンジポルノと決めつけて片づけるのは軽率である。アイコラなどによるネットいじめの可能性もあるため，慎重な判断が重要である。

3．娯楽感覚のいじめ動画像視聴・保存や煽り（便乗型）

　2012年カナダで15歳の少女がネットいじめを苦に自殺をした事件がある。オンライン上でショーをやることを求められ，ショーをやらなかった場合は，公開されたくない写真をばらまくぞと脅されたのである。そしてショーをやらな

かったために，彼女の周囲の人々へ写真がばらまかれ，自殺に至ったのである。この例のように，被害者にとっては死に値する耐えがたい苦痛を与えるネットいじめであるにもかかわらず，加害者にとっては単に快楽を満たすための行為として行われることがある。

　この事件が起きたブリティッシュコロンビア州の首相であるクリスティー・クラークは，ネットいじめを犯罪化するべきだと提案している。ショーをやらなければ写真をばらまくぞと脅迫しているわけであるから，日本の法律に当てはめれば脅迫罪が成立する。しかしながら，類似した事件が立件された例はない。冤罪は避けねばならないが，確実な証拠がある場合は立件すべきであろう。小さな立件の積み重ねが，抑止力にもつながる。法律はあっても，簡単には立件されないとわかると，自らの快楽を満たすために，ネットいじめをする人は後を絶たないだろう[32]。

第2節　誹謗中傷とデマ

1．なくならない誹謗中傷——出口のない悪循環モデル

1)　誹謗中傷の例

　p.38に示したランキングの第6位に示されている「ネガティブツイートばかり目に入る」は，単に自分のことを悲観し，悲嘆に暮れるものばかりではない。特定の人の悪口や誹謗中傷につながる発言も見られる。深く吟味をすることなく，フォロワーらが誹謗中傷のコメントに「いいね！」をつけ，拡散し始めると，根も葉もないことであったり，誇張した表現であったりしても，あっという間にそれが真実であるかのように拡散される。

　人が誹謗中傷をする主な目的は，2つだけだ。1つは，相手を陥れたいとき，もう1つは，自分をよく見せたいとき。2013年8月に，ネット掲示板「2ちゃんねる」から3万件以上の会員情報が漏洩するという事件が明らかとなった。その漏洩で，誰が誹謗中傷を書き込んだのかも明らかになった。例えば，30代のライトノベル小説家が，ライバルの小説家のことを「虚言癖

32　http://www.afpbb.com/articles/-/2907905

がある」と攻撃し，別のライバル小説家に関する出版社が行ったアンケートに対し，「打ち切り確定なのに資源の無駄」などと批判していた。その一方で，自分のことを「作家買いをする例外中の例外」と，自画自賛していた。ライバルの作家のことを陥れ，自分のことを褒めちぎった書き込みをしたことに対してどう考えているのかという新聞社のインタビューでは，「相手を見下したい，おとしめたいという漠然とした悪意があった。相手の欠点とみた部分を，一方的に罵倒する書き込みは快感だった」と振り返ったという[33]。

　2012年には，USJ（ユニバーサル・スタジオ・ジャパン）のアトラクションで骨折したなどと，嘘の書き込みをTwitter上でくり返し行い，威力業務妨害などの容疑で神戸大学の男子学生3人が書類送検される刑事事件があった。骨折したX線写真まで添付するという手の込みようだった。

2) 誹謗中傷を行った人の意識

　このライトノベル小説家の一連の事件を見て，最も救われないと感じたことは，出版社の判断で行われたと思われる謝罪とは裏腹に，本人への直接インタビューで，「快感だった」と答えている点である。

　おそらく，意識の5割は会員情報の漏洩に対する怒り，4割ほどが自分の書き込みが世間に知られてしまったことに対する不満，残りの1割は快感と思う自分がいたのではないだろうか。自画自賛をしたことへの羞恥心，ライバルの小説家らを陥れる書き込みをしたことに対する罪の意識はほとんど皆無と思われる。

　神戸の大学生らも，USJを不満に思う何かがあったのかもしれない。それでも一見何の変化もなく運営されていることに不満を持ち，怒りへ変わり，幾度となくデマ情報の書き込みをくり返すという出口のない悪循環に陥ったのではないかと思われる。もし，正当な不満であれば，直接USJへ申し入れをして，改善を促せばよいことである。

3) 出口のない悪循環モデル

　世の中に，完璧な人間などいない。誰しも失敗することはある。しかし，人

---

[33] 朝日新聞，2013年12月23日付朝刊39ページ

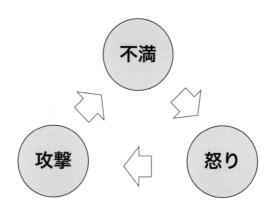

図3-2　出口のない悪循環モデル

は，何か失敗をしたときにこそ真価が問われる。失敗を真摯に受け止め自戒できる人は成長する。再び同じ過ちをくり返すことはないであろう。しかし，失敗をしたときに，その責任を時代や環境や他人に押しつけると，「貧しいために受験に失敗した」「先生の教え方が悪いから自分はわからないのだ」といった不満ばかりがこみ上げてくる。不満は怒りを呼び，誰かを攻撃するという悪循環に陥る。

　ネット上の誹謗中傷がなくならないのは，出口のない悪循環（図3-2）が起きているためであろう。この悪循環を断ち切る方法はただ1つ。本人がそれをやめるだけのことである。やめることができればすぐに悪循環は断ち切られる。

　自分の行動を振り返り，自戒できる人であれば，自分の力で悪循環を断ち切ることができるが，そうでなければ，教育が必要不可欠である。

2．根拠のない書き込みと無責任な拡散――デマの拡散モデル

1）　デマの拡散の例

　また，2013年7月には「渋谷駅で銃発砲」のデマ情報が世間を騒がせた。東急田園都市線の渋谷駅で「銃を発砲して暴れた男が完全防備の警官隊に捕まる事件発生」との情報がネット上で拡散し始め，それに関するまとめサイトに約1時間半で1万2000件ものアクセスが殺到したという[34]。「渋谷駅銃を持った

34　http://www.huffingtonpost.jp/2013/07/08/shibuyastation_n_3560191.html

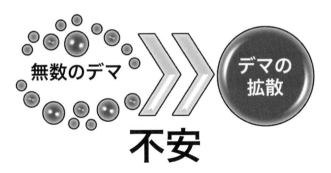

図3-3 デマの拡散モデル

男が暴れる」「渋谷で乱射魔逮捕」など，それぞれが，自分の表現に変えて，デマを書き込んだ。

2) デマの拡散モデル

　実際には，銃を模したライターを手にした男がおり，警察官に保護されたにすぎない出来事が，なぜここまで拡散されたのか。デマが拡散される構図は，デマの拡散モデル（図3-3）に示した。1人の人間が書き込んだ文言が飛び交っているだけならば，チェーンメールと見なされて，大騒ぎにはならなかったであろう。しかし不特定多数の人間が，不確かな情報を，自分の言葉に言い換えて拡散したため，乱射魔が実際にいるという恐怖と不安から，ますます不安を呼び起こし，騒ぎになった。これを止めるためには，人からの噂，聞いただけの情報は鵜呑みにせず，実際に自分の目で確かめてから，リツイート（転送）すべきである。

3．加速する嗜虐性

　口論と異なり，ネット上の文言は，幾度も見返すことができる。感謝の言葉など何度見ても好印象を持つ文言は，口頭より活字に残すほうが相手へ強く印象づけられるだろう。同様に，売り言葉に買い言葉であっても，相手を批判しののしる文言は，口頭よりも活字に残すほうが相手に強く印象づけられる。

LINEのコミュニケーションは「これから行く」「わかった」など，ほぼ会話に近いやりとりがなされている。単語に近い一言ずつのコミュニケーションであり，会話と変わらない感覚で，活字のやりとりをする。軽い気持ちで，LINEで悪口を書いたとしても，それを受け取った側は，何度もその文字を繰り返し見ることになり，相手への嗜虐性を加速させ，残忍な殺害事件へ発展することもある。

　例えば，2013年6月には，広島県呉市で，LINEに悪口を書かれたことを根に持った16歳の少女が，被害者少女を別の友だち経由で呼び出し，16歳の男女6名と21歳の男とともに，残忍な方法で殺害した事件が起きた。報道された供述によれば，被害少女に知人の車の中で根性焼きをし，殴る蹴るの暴行を働き，灰ヶ峰の山中でもリンチを続けたところ動かなくなったので，最後に首の骨を折って殺した。そして事件からわずか十数日後に被害者が発見されたときには，DNA及び歯型の鑑定によらなければ本人の特定が難しいほど損傷が激しかったそうだ。なぜ，LINEでの悪口が，ここまで嗜虐性をかき立てたのか。

　LINEでの悪口，陰口，いじめが起きたときに，重大事件が起きたという認識に欠ける教師や保護者がいるのも事実だ。口頭での悪口と異なり，あっという間に嗜虐性を募らせ殺人に至ることもあるため，深刻に受け止め，早急な対処が望まれる。

4．「承認されたい」を学びにつなげる

　ネットいじめに限らず，なぜ，ソーシャルメディアで「書いたり読んだりする行為」で問題を起こすのだろうか？

　彼らにとって，ソーシャルメディアは心の拠り所であり遊び場であり，自己承認，自己表現の場であり，不平不満を聞いてくれる相手なのである。ソーシャルメディアのゲームにのめり込んでいる学生に，「そんなにおもしろいの？」と尋ねると，「暇つぶし」という答えが返ってくる[35]。ソーシャルメディアは彼ら自身，何ら熱中する場でなく便利に利用するだけの場なのである。

　裏を返せば，ソーシャルメディアを便利に使うことによって，教育変革をも

35　加納寛子　2013　ソーシャルメディアを漂流する子どもたち　教育　No.815, pp.73-80．教育科学研究会　かもがわ出版

たらすことができる可能性を秘めている。

　誹謗中傷を書いてはいけない，ウイルスを作成してまき散らしてはいけない，デマ情報を鵜呑みにしてはいけないことなど，小学生でも頭ではわかっている。わかっていることを何度論しても何も変わらない。

　彼らは，周囲に「いいね！」ボタンを押して承認される投稿をしたいのである。しかしながら，未熟さゆえに，不満や思ったことを書き連ねるか，違法であっても注目を集める画像のUPしか思いつかないのである。

　しかし，「いいね！」ボタンの動機づけを利用し，皆を納得させる地域ごとの差が端的に表現できる図表を表したり，歴史的背景をよく理解できるアニメーションを作成したりするなど，学びに変えていくことにより，問題ツールであったソーシャルメディアが，生徒を学習に熱中させるツールに変わるのである。ソーシャルメディアのさまざまな有益な使い方を教え，学びを深める道具に変えていくことにより，新しい時代のニーズに合った情報リテラシーを身につける新しい教育が可能になるであろう。

> 承認欲求に関連して次の論文がある。
> 加納寛子　2019　承認欲求とソーシャルメディア使用傾向の関連性　情報教育　1　pp.18-23

第 **2** 部

ネットいじめへの対応と予防

第4章 ネットいじめへの対処

加納寛子（山形大学）

本章では，被害児童生徒の保護者，加害児童生徒の保護者，教職員の立場に向けて，具体的対処を紹介する。

第1節　丁寧な聴き取りと早期発見・早期解決が鉄則

　保護者や教職員が児童生徒から聴き取りを行う場合でも，教職員と保護者間で連絡・協議する場合でも，丁寧に聴き取りを行うことで，無用の手間と労力を省き，対処をより迅速かつ円滑かつ的確に行うことできる。

　例えば前章で触れた，リベンジポルノとアイコラの錯誤による指導の間違いを引き起こさないために必要なことは，丁寧な聴き取りを行うことである。ふだんから嘘を吐く生徒だからまた嘘だろうと決めつけず，何度嘘を吐いても，まず背景や周辺的出来事も含めて聴き取り，正確な判断に努めることが必要だ。

　加害者と目された生徒が，被害者であることもある。たとえ，嘘を吐いていたとしても，突き詰めて事実や証拠と照らしていけば，矛盾が生じてくる。冤罪によって，事実と異なる生徒を罰してしまう危険は，絶対に避けなければならない。

　いじめは早期発見・早期解決が鉄則である。いじめが発覚したら，見守る期間は不要。即時解決のみである。長期化すれば，周りは対処しているつもりでも，子どもにとって真綿で首を締められている状態が継続することになる。

第2節　被害児童生徒の保護者編

1．ネットいじめに有効な対処
 1）　被害場面の動画像を保存する
  a．資料としての有用性
　また，聴き取りと同時に，証拠の保全にも努めなければならない。たとえ被害者がスマートフォンを所持していなくても，加害者がゲーム機やネット接続機器を所持していたならば，被害者をいじめる計画を立てていたり，被害者の悪口・陰口を書き込んでいたりする記録が残っているかもしれない。
　加害者のネットを介したコミュニケーションを保存することにより，いじめの全貌が見えてくることもある。とくに，いじめによる自殺の場合，被害者が遺書に加害者の名前を書いていたならば，加害者のネットを介したコミュニケーションの記録は重要である。人は決死の覚悟で，でたらめを書くことはしない。ただし，証拠がないのに，遺書に書いてあったからといって，加害者を罰することは法に触れる行為であり，適切ではない。遺書に基づいて，迅速で確実に証拠を保全することが必要不可欠である。
  b．裁判における証拠の重要性を示す例
　証拠が十分ではなかったために，弁護士に相談しても期待した結果が出ず，あきらめたり泣き寝入りしたりする場合もある。例えば2006年に山形県高畠町で起きた事件の場合，携帯電話に「いじめられたため自殺をする」といった内容の遺書が残されていた。加害者の名前も遺書に記載されていた。ネットいじめの可能性もあったため，筆者はログをとる必要性があることを事件直後に被害者遺族に忠告をしたが，弁護士に任せてあるという回答であった。
　その後の学校長の会見では，遺書の根拠が不明という内容であった。いじめを受けたために自殺をしたという遺書に基づくアンケートが執り行われた。誰がいつ書いたかといった記載はなかったが，アンケートの結果，被害者生徒が「くさい」「きもい」と言われていたという具体的ないじめの事実が判明した。
　しかしながら，遺書に記されたようないじめの事実は確認されなかった，いつ誰が言ったのかが不明である，という判断が学校長及び裁判官の下した判決である。裁判に8年近くの歳月がかかったうえ，「全面棄却」「裁判費用は遺族

側が負担すること」という胸が凍りつくような被害者遺族の全面敗訴という結果で幕が下りた。

　c．無罪の推定，疑わしきは罰せず

　司法の世界の言葉に「無罪の推定（presumption of innocence）」や「疑わしきは罰せず」という言葉がある。立証するための証拠がない限り永久にグレーゾーンであり，グレーゾーンの場合は罰しないのである。確かな証拠もないのに，罰することをしては，冤罪を生むことになりかねないからだ。冤罪により無実の罪で裁かれないためには，必要不可欠な概念である。p.45で述べた熊本のネットいじめ事件のように，自殺を誘発するネット上の書き込みがあった場合は，未必の故意による殺人教唆が適用される場合もある。そのためには，確実な証拠が必要となる。

　d．加害者による証拠隠滅の画策とその困難さ

　自宅にパソコンがない，スマートフォンを持っていないために，画面の記録がとれなかった，ネットカフェなどから書き込んでいるため，加害者のパソコンにも証拠がないといった場合も，警察の捜査権があれば，ネットカフェの防犯カメラや受付記録等から書き込みに利用されたパソコンを特定し，たとえデータが表面的に消されていても，復元させることはできる。

　確実に証拠隠滅を図りたい場合は，利用したパソコンやスマートフォンの記憶装置に穴を開けるなどして，確実に破壊する必要がある。自宅のパソコンを利用していれば破壊することも可能であるが，ネットカフェなどのパソコンを利用した場合は，そのパソコンを盗み出すところからはじめる必要があり，盗み出したところで捕まればそれまでである。

　もちろん工具屋に行けば，金属に穴を開ける道具は販売しており，誰でも購入することもできるが，購入した時点で購入履歴が残るうえ，中学生，高校生でそこまでする生徒は少ない。素人が証拠隠滅を図ろうと表面上のデータを消したとしても，プロの手にかかればデータの復元は可能である。とくに自殺の要因が殺人教唆に該当するかどうかなどの判断のためには，徹底してネットの書き込みも捜査する必要がある。

2）ソーシャルメディアなどへの加害者情報の開示，有害な書き込み等の削除を要請する

　ネットいじめの場合は，相談したり，間に人を介しているうちにも，次から

次へと誹謗中傷が拡散（リゾーム的増殖）し，加害者特定に至る情報は次々と消されていく。日数が経てば経つほど，データの復元は手間がかかるようになる。

　したがって，証拠を保存したらすぐに削除を要請する必要がある。加害者情報の開示を求める場合にも，迅速に依頼することが肝要といえる。

2．リアルのいじめにも有効な対処――学校との連携

1）　学校を敵対視しない――親身な教職員を模索する

　いじめの被害に遭ったとき，「学校へ相談しても無駄だ」「学校と戦う」……そんな意識が一部で広がっているが，それは得策ではない。学校はモンスターでも何でもない，流動性のあるさまざまな個性と独自の考えを持った教師の集団である。A先生はネットいじめに無関心であっても，B先生は親身に対応してくれるかもしれない。ただ，誰に相談するとよいかは，容易にはわからない。

　十把一絡げで見るのではなく，1人ひとりの教師の考えを聞き，きちんと話せば，道理のわからない人ばかりではない。たとえ，学校長が学校内の個々の生徒の問題には無関心で，教頭の人格も未熟な場合であっても，教師の中には話のわかる人もいる。話がわかり，正しい判断のできる教師と相談し，対応にあたるとよいだろう。やみくもにアグレッシブな行動をとり，真っ先に教育委員会に連絡し喧嘩を売るような態度をとってしまうと，学校も人の子の集団であるから，モンスターペアレンツ案件として扱われ，かえって事態をこじらせることになりかねない。

　学校を敵対視するのではなく，学校の職員室にいじめ対策本部を設置して，部活やクラス担当，授業を受けている先生以外の先生も巻き込んで，被害者生徒及び保護者と教職員全員が一丸となって対策を考えることができれば，一番解決が早い。

　ひとまずは，部活内でのいじめであれば部活の顧問の先生，教室内であれば担任の先生へ相談するしかない。把握していることと，期待する要望を伝え，結果報告の内容や期日について，希望を伝えるのが先決である。

2）　学校へ書状を送る

　指定した期日までに報告がない場合や，学校全体での環境改善を望む場合などは，学校長へも相談することが望ましい。学校長がすぐに会えなかったり，

経緯の説明が長くなりそうなとき、あるいは、学校を信頼せよと言われても、疑心暗鬼に陥っているときや、面と向かうとけんか腰になってしまうと思われる場合は、はじめは手紙でやりとりする方法を選択するとよいだろう。きちんと文書で書いて伝えたほうが伝わりやすいこともある。まずは、学校長・教頭・担任、あるいは、学校長・教頭・部活顧問といった具合に、3名に同じ文面を送り、そのことをきちんと明記しておくとよい。経緯と要求を明確に伝えることが必要だ。

　次ページに学校への手紙文例を示しておく。①に関しては学校への連絡と同時に、「法務省インターネット人権相談受付窓口」（http://www.moj.go.jp/JINKEN/jinken113.html）へ削除依頼するとよい。

3) 書状がうまく機能しない例

a. 加害児童生徒の謝罪が表面上にとどまる場合

　注意が必要なのは、学校へ相談し、右記手紙の①〜⑤への回答を得たら終わりではなく、ここが新たなスタート地点になることもあることだ。加害者がわかっていれば、学校は加害者らに謝罪をさせる。加害者は、その場を繕うために、いくらでも謝罪の言葉は述べるであろうが、その後の観察が欠かせないし、その後の出方が重要である。

b. 学校において教職員間の連携がとりづらい場合

　また、未熟な大人の社会ではいじめも起きる。とくに上に立つ者が、道理のわからない身勝手で未熟な人格の場合、その組織では幼稚ないじめが起きがちである。学校長や教頭が未熟な人格であり、話のわかる正しい判断のできる教師1人の判断で動くと、その教師が窮地に立たされてしまう場合もある。そのような場合には、教育委員会など学校外の機関と連携しながら対応を進める必要がある。

4) 「いじめ防止基本方針」の開示を請求する

　そこで、学校へのいじめ対応をより具体的にネゴシエーションするために、学校がどのような方針をとっており、どのような対応が可能なのか知る必要があるので、「いじめ防止基本法」を見せてもらう。そのうえで、p.87で示すように、外部機関も宛先に含めた書状（緊急対応を求める手紙）を作成する。

学校への最初の手紙文例

〇〇学校長・〇〇教頭・部活動顧問〇〇先生へ

　私の息子／娘は〇年〇組の生徒です。部活動では顧問〇〇先生にご指導いただいています。今回，貴校における生徒たちを取り巻く環境を危惧しているため，筆を執らせていただきました。この危惧を回避するべく速やかなご対応を心から願っております。

　先日から，どこか息子／娘の様子がおかしいことに気がつきました。以前はスマートフォンを片時も離さず楽しそうに時々メールなどをチェックしていました。しかし，最近は，着信があるとイライラする様子で，親が見ているところではメールの返事もしません。そして，食事中にスマートフォンを手にしなくなりマナーがよくなったと喜んだのはつかの間，食事もままならないほどひどく落ち込んでいる様子が心配になりました。

　あれこれ聞いてみると，部活動で仲間はずれになりネットいじめを受けていることがわかりました。LINEでも部活を辞めたほうがみんなのためだ，等のメッセージを受け取っているようです。そして匿名で作られたサイトに，関係者が見ればうちの息子／娘のことだとわかる書き方で，誹謗中傷が書き込まれています。

　匿名の書き込みになっていますが，内容から判断し，部活動内でのことが事細かに書き込まれていますので，この書き込みをした可能性があるのはAとBとCの3名です。こちらからの要望は，以下の5点です。

　①早急なサイトへの書き込みの削除
　②AとBとCの3名が，これ以上書き込みを続けないことの約束
　③部活動での仲間はずれやネットいじめの解消
　④AとBとCの3名からの謝罪
　⑤以上の4点について〇月〇日までに結果の報告

　息子／娘の親としての一番の関心は，学校が，安心して勉学や部活動に励むことのできる場所となり，健やかな成長を遂げるためにふさわしい環境であることです。それが脅かされている状態に対し，貴校が速やかに対処してくれる学校であるかどうかも知っておく必要があると考えています。

　貴校が私たちの不安を取り除き，息子／娘が安心して学校へ通うことができるよう迅速にご対応いただけると信じております。そして，私たちが安心できるよう，どのように対処していただけたのか，ご報告をお待ちしております。

　どうぞよろしくお願いします。

周知のとおり，学校には捜査権がない。それにもかかわらず，今から30年くらい昔の学校では，勝手に持ち物を調べるなど強引な方法がとられ，問題になった時代もあった。今では，通常の学校は法律に則った手続きをとり，捜査が必要と判断された場合には，法務局や警察と連携することになっている。警察での書類作成にはある程度のリテラシーと大人の署名が必要になるが，中学生以上であれば被害生徒本人でも書類作成は可能である。保護者が何らかの理由で署名ができない場合であっても，学校が問題解決のために警察と連携するので，学校の職員が保護者の代わりに書類へ署名をしてくれるはずだ。

5）学校に加えて，教育委員会，文部科学省などへ書状を送る

　第二手は，緊急対応を求める手紙である。今度は，学校長と教育委員会双方へ送ることが望ましい。緊急の度合いによっては，この二者に加えて文部科学省や大臣官房に設置された「子ども安全対策支援室」も追加したほうがよい。あとから，「知らなかった」「連絡を受けていなかった」とは言わせないための方策である。

　内容証明郵便を利用する方法もある。学校や教育委員会，文部科学省，大臣官房が保護者等から法律の緊急な施行を要請されていたにもかかわらず，法律の施行を行わず放置したために生徒が自殺したとなれば大事である。文部科学省，大臣官房にとっても大失態となる。

　いじめ加害者を停学や退学などさせても本質的な解決にならないという意見もある。確かにそうかもしれないが，本気で謝罪をする気持ちがさらさらない

36　いじめ防止対策推進法（インターネットを通じて行われるいじめに対する対策の推進）
　　第19条　学校の設置者及びその設置する学校は，当該学校に在籍する児童等及びその保護者が，発信された情報の高度の流通性，発信者の匿名性その他のインターネットを通じて送信される情報の特性を踏まえて，インターネットを通じて行われるいじめを防止し，及び効果的に対処することができるよう，これらの者に対し，必要な啓発活動を行うものとする。
　　2　国及び地方公共団体は，児童等がインターネットを通じて行われるいじめに巻き込まれていないかどうかを監視する関係機関又は関係団体の取り組みを支援するとともに，インターネットを通じて行われるいじめに関する事案に対処する体制の整備に努めるものとする。
　　3　インターネットを通じていじめが行われた場合において，当該いじめを受けた児童等又はその保護者は，当該いじめに係る情報の削除を求め，又は発信者情報（特定電気通信役務提供者の損害賠償責任の制限及び発信者情報の開示に関する法律（平成13年法律第137号）第4条第1項に規定する発信者情報をいう）の開示を請求しようとするときは，必要に応じ，法務局又は地方法務局の協力を求めることができる。
37　学校教育法
　　第11条　校長及び教員は，教育上必要があると認めるときは，文部科学大臣の定めるところにより，児童，生徒及び学生に懲戒を加えることができる。ただし，体罰を加えることはできない。

緊急対応を求める手紙文例

○○学校長　殿　　○○教育委員会　御中
文部科学省　初等中等教育局児童生徒課生徒指導室　御中
大臣官房子ども安全対策支援室　御中

　私の息子／娘は○○都道府県○○高校○年○組の生徒です。今回、○○高校における生徒たちを取り巻く環境において一刻の猶予もならぬ事態が発生しておりますため、筆を執らせていただきました。この事態を回避するべく緊急なるご対応を心から願っております。
　先日から、………（これまでの経緯を詳細に述べる）

　上記の経緯を経て、学校の調査によりいじめが明らかとなり、○月○日に、加害者生徒及びそのご両親から私の息子／娘は謝罪を受けました。しかし、謝罪後もまだこのようにネットいじめが続いています（ネットいじめの場合であれば、日付のわかる画面の画像が確保できていると望ましい）。ネットいじめをしているのは、先日謝罪をした5人の生徒のうちの誰かだということはわかっていますが、5人全員がネットいじめをしているのか、一部の生徒がやっているのか明確ではありません。昨今ネットいじめが要因となる生徒の自殺が相次いでおり、一刻の猶予もございません。この書面が到着し次第、法律に則った緊急対応を要請します。

　いじめ防止対策推進法第4条において「児童等は、いじめを行ってはならない」と定められており、私の息子／娘をいじめている生徒は、この法律を違反しております。まずは、謝罪後にどの生徒がネットいじめを続けているのか明確にしたいため、同法19条第3項[36]に基づき、発信者情報の開示を求めます。
　そして、学校教育法施行規則第26条第3項4号に「学校の秩序を乱し、その他学生又は生徒としての本分に反した者」が、懲戒処分の対象になると明記されております。
　被害生徒である私の息子／娘の命を守るために、学校教育法第11条[37]及び学校教育法施行規則第26条第3項4号に従い、加害者の懲戒処分による緊急対応を要請いたします。
　以上の事柄について○月○日までに具体的経緯と結果の報告をお願いします。

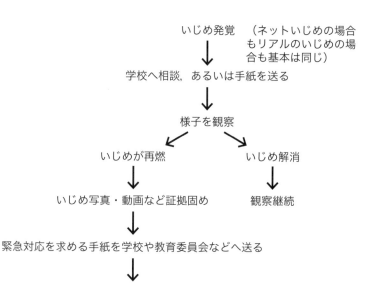

図4-1　いじめ対応のフローチャート

　加害者を，いつまでもこれまでどおり学校に登校させ，形ばかりの反省文を書かせたりしているより，停学や退学など厳格な処分を下すほうが，長い目で見れば加害者のためにもなる。
　ともかく，法律に基づき，被害者の人権を守る対応を最優先すべきである。被害者が萎縮することなく安心して学校へ通うことのできる環境の整備を第一とし，その後，加害者の生徒をどう処分・指導するのか対策を考える流れが順当である。ここまでの流れを図4-1に示した。

6) 学校との連携及び書状の効果の例

a. 全国のいじめ対応の例

　2014年8月に起きた千葉県我孫子市の市立中学校の女子生徒が部活動の同級生からいじめを受け，2度自殺を図った事件では，校長ら教員と1年の女子部員8人が女子生徒と両親に謝罪した。この表面上の謝罪がネットいじめ開始の合図となった。その後，LINE上で「（女子生徒を）突き落とそうぜ」「地獄行きだな」という書き込みがなされたのである。それでも，学校及び市教委は「双方の言い分が食い違っているので，現時点ではいじめと断定できない」として

平行線状態である。

　2014年7月に熊本県熊本市の市立中学校3年生の男子生徒が，スマートフォンに遺書を残し自殺未遂をした事件では，保護者が学校へいじめを相談し，学校が調査委員会を設けたところ，いじめが明らかとなり，加害者生徒が被害者生徒へ謝罪をした後もいじめが続いているという。

　2014年7月に青森県八戸市の県立高校2年生の女子生徒の遺体が八戸沖で発見された事件では，自殺を図る半年前に女子生徒の母親が人間関係に悩んでいることを学校に相談している。

　2014年2月に広島県三原市の県立高校1年生の男子生徒が，自宅で首つり自殺した事件では，持病のため野球部の練習を時々休んだところ，LINEで「本当の理由は何か」「サボっているのではないか」と追及されたり部室のロッカーが荒らされたりするなどのいじめを受け，部活を辞めたいと相談していた。

　2014年1月7日に山形県天童市の市立中学校1年生の女子生徒が，山形新幹線に飛び込み自殺した事件では，ちょうど7か月前にあたる6月6日に部活動でのいじめを女子生徒の母親が学校に相談している。9月の調査でも女子生徒は人間関係に対する不安を訴えていたが，いじめは解消されなかった。

　b．なぜ対応がうまく機能しないのか

　上記の例があるからといって学校へ手紙を送り，加害者から謝罪をさせるプロセスに意味がないかというとそうではない。加害者教育が徹底して行われる学校であれば，左のフローチャートに沿って，学校へ相談して加害者が被害者に謝罪をすればいじめは終了するが，そうでない場合には次なる手（証拠固めや緊急対応を求める手紙）を打たねばならないのである。

　2通目（緊急対応を求める）の手紙を送ったにもかかわらず，生徒がいじめを苦に自殺したという事例はこれまでに1件も起きていない。ただし，オオカミ少年の逸話のごとく，緊急時以外にもこの手紙を送りすぎると効力がなくなることも附記しておく。

　上記のような事例が絶えない理由の1つは，加害者教育の不徹底にあると考える。そこで，加害者教育の方法として「加害者論理のつき崩し」を後述する。また，適切な加害者教育が望めない場合には，第二手（緊急対応を求める手紙）あるいは次に示すような外部機関の利用を推奨する。

第2節　被害児童生徒の保護者編

3．リアルのいじめにも有効な対処——外部機関の利用

1）外部機関の相談窓口を利用する

　学校に起因したネットいじめであれば，まずは学校に相談するのが順当な手立てであるが，それと同時に法務省や法務局の人権相談窓口に相談しても構わない。

　あるいは，法務省の人権擁護局（http://www.moj.go.jp/JINKEN/jinken113.html）に相談すると，人権擁護委員を紹介してもらえるし，法務省のインターネット人権相談受付窓口は，ネットいじめ以外にも，ネット上で人権が脅かされた場合などの相談を受け付けている。思い悩んで死にたいほどつらい時は，「心の健康相談統一ダイヤル（0570-064-556）」という窓口がある。全国どこからでもこの番号に電話すれば，電話をかけた所在地の公的な相談機関に接続される。日本全国一律の期待はできないが，要は1か所がダメだからとあきらめる必要はないのである。

2）警察へ相談する

a．警察への相談の必要性

　ネットいじめは，部活動の仲間やクラスの生徒による書き込みだと明らかにわかる場合もあるが，部活動での試合などで知り合った他校の生徒と考えられる場合もある。学校外の出来事に起因する学校外の生徒によるネットいじめの場合，学校内対応では限界がある。また，原因は学校内の出来事であっても，学外の大勢を巻き込んで拡散していたり，学内の誰かが特定できないネットいじめの場合も，捜査権のない学校内対応には限界があるため警察へ捜査を依頼する必要がある。相手がわかっている場合であっても警察へ相談したほうが解決が早い場合もある。

b．有効な相談が困難となる例

　ただ，「ネットいじめに遭いましたので相談したいです」などと，漠然と警察に行くと，多くの場合，生活安全部の生活安全総務課へ通される。そして調書を取るため，名前や住所などひと通り聞かれる。そして，相談したい内容を話すと，「LINEでのいじめがメインですか。グループだけでやりとりしているわけですから事件性はないですね。警察は民事不介入なので，現時点では何も

できません。相手がわかっているならば，弁護士をつけて民事で損害賠償を請求するなりなんなりされてはどうですか」などと言われて帰ってくることになる場合もある。このような回答を得るために，わざわざ時間をつくって警察へ赴くわけではないであろう。

c. ネットいじめに対する警察の組織構成の現状

ただし，警察の生活安全部には，少年捜査課やサイバー犯罪対策課もあるので，生活安全部がネットいじめの捜査に最も適した部署であることに変わりはない。生活安全総務課で聴き取りを行ったら，少年捜査課やサイバー犯罪対策課と連携して解決に向けた対応も可能なはずである。それにもかかわらず，これまで筆者が相談を受けた人の中で，警察に相談に行って生活安全総務課から少年捜査課やサイバー犯罪対策課の職員と話をして捜査に至ったケースはない。「警察に相談しても何の解決にならない」と早合点している人も多くいるようだ。

しかし，少人数の警察署の場合は，兼任者が担当しているなどさまざまな事情があり十分に機能していないこともあるようだ。警察は無駄だと決めつけず，以下の内容に注意して相談してみることが，解決と再発の防止に向けた効果的な相談の鍵になる。

d. 効果的な相談をするために

被害者の主な要望は，①加害者の特定②加害者の謝罪③加害者がネットいじめをくり返さないことの３点である。この要望をかなえるためには，市役所で戸籍謄本を請求するための手続きを行う程度に，速やかに事務的に手続きを行うことである。仮に仕事熱心でない職員であっても，戸籍謄本の申請書が提出されれば，数分後には書類受け取り専用の窓口で書類を渡すことになる。警察も役所の１つなので，法律に則った適正な事務手続きを行えば，事務処理がなされる。その点，適切な表現でないかもしれないが，「相談」から入ると残念ながら対応に当たり外れがある。事務的に進めれば，事務処理が開始されてから詳細を述べることになるかもしれないが，門前払いにはならない。

4．ネットいじめに対する罰則

1） 親告罪と非親告罪

a. 親告罪と告訴状

警察への相談に関連して，ネットいじめに対する法的な罰則を紹介する。ネ

ットいじめの場合は，刑法の名誉毀損罪や侮辱罪などが適用できる場合が多いが，いずれも親告罪[38]であるため，被害者が「告訴状」を作成して持参しなければ，捜査開始の舞台に乗らない。弁護士に書いてもらうこともできるが，自分で書いてもその後の手続きに大差はない。誰が書いたかではなく，物的証拠をきちんと示すことができるかどうかが重要である。p.94に告訴状の見本を示す。

b．ネットいじめにみられる親告罪の例

・侮辱罪

例えば，侮辱罪（刑法231条）であれば，「事実を摘示することなく，公然と他人を侮辱する罪」である。この「公然」の部分をきちんと示す必要がある。公開されているTwitterなどに書かれた場合は，その画面とURLが証拠となる。LINEのグループトークだけでは「公然」の部分が当てはまらないため侮辱罪の適用は厳しい。

・名誉毀損罪

この他，名誉毀損罪が当てはまる可能性もある。実行行為としては，具体的な事実を摘示することが必要である。また，実務上は公然性の要件を満たさないにもかかわらず告訴している例が多いので，告訴するにあたっては，公然性の要件を満たすかどうか十分に検討する必要がある。

・ストーカー規制法

「危害を加える言動」「名誉を害すること」が反復継続する場合は，ストーカー規制法を適用することができる。

・迷惑防止条例

迷惑防止条例も全47都道府県で制定されており，ネットいじめ，すなわちネット上での迷惑行為が迷惑条例違反になる場合もある。

・その他の親告罪

電子計算機使用詐欺罪，恐喝罪など。

ただし，上記はすべて親告罪であるため，告訴状の提出が必要だ。

c．ネットいじめにみられる非親告罪の例

・傷害罪

叩くなど暴力を振るういじめ動画がLINE上で送信され，いじめ問題に分類

---

[38] 告訴がなければ公訴を提起することができない犯罪をいう。

されることがあるが，暴力を振るった時点で傷害罪が適用される。傷害罪は親告罪ではないので，いじめ動画が傷害罪を裏づける証拠となり逮捕されることになる。

・脅迫罪

脅迫罪も親告罪ではない。そして，大審院[39]判例　大正13年11月26日刑集3巻831頁に，村八分に脅迫罪が適用された事実がある。ある集落で，特定の住民に対して絶交の決議をし，被絶交者がその決議を知った場合である。口頭や書面に限られず，相手が知ることができれば成立する。つまり，LINEで，特定の生徒に対して部活動のメンバー全員で絶交の決議をした場合は，この村八分の判例に近い状態といえる。そのため村八分の判例を基に，LINEのブロックいじめ，グループはずしも脅迫罪として判決が下る可能性がある。

・強要罪

強要罪も親告罪ではない。店員にクレームをつけて土下座させた事件などに強要罪が適用されている。部活動においてLINEなどで退部を強要した場合も，強要罪が適用される可能性がある。

・その他の非親告罪

その他，ネットいじめとして起こりうる書き込みは，その内容によって，強要未遂罪，信用毀損罪，威力業務妨害罪，恐喝罪，私文書偽造・変造罪，公然わいせつ罪，わいせつ物頒布等罪などに該当する場合もある。

2) 告訴状の作成と処遇

告訴状については，刑事訴訟法241条2項に，「検察官又は司法警察員は，口頭による告訴又は告発を受けたときは調書を作らなければならない」とあるため，口頭の告訴であっても，原則としては受け付けてもらえる。ただし，効率よく進めるためには，自分で書いて持参したほうがよい。口頭の場合，該当する罪があっても，積極的にそれを教え，口述筆記を引き受けてくれる司法警察員ばかりでないのが現状である。

告訴状を持参すれば，刑事訴訟法242条に，「司法警察員は，告訴又は告発を受けたときは，速やかにこれに関する書類及び証拠物を検察官に送付しなけれ

---

[39] 大日本帝国憲法（明治憲法）当時の最高裁判所のこと。

名誉毀損罪で告訴するための告訴状の記載例

○○○○警察署長 殿
平成○○年○○月○○日
告訴人 甲 印
告訴人 住 所 ○○県○○市○○町○○番○○号
職 業 ○○
氏 名 甲
生年月日 平成○○年○○月○○日
電 話 ○○（○○○○）○○○○
被告訴人 住 所 ○○県○○市○○町○○番○○号
職 業 ○○
氏 名 乙
生年月日 平成○○年○○月○○日

第１ 告訴の趣旨
　被告訴人の下記所為は，刑法第230条第１項（名誉毀損罪）に該当すると思料されるので，被告訴人の厳重な処罰を求めるため告訴する。

第２ 告訴事実
　被告訴人は，かつて部活動においてライバル関係にあった告訴人の名誉を毀損しようと企て，平成○○年○○月○○日ころ，Webサイト（http://xxx.com）［甲第１号証］ほか約10か所において，告訴人の名前及び顔写真やメールアドレスを記載し「ぼっちでさみしいです。援交相手を求めています」と，虚偽の内容を書き込み，公然と事実を摘示し，告訴人の名誉を著しく毀損したものである。

第３ 立証方法
　１ 貼られていた文書
　２ 告訴人の陳述書

第４ 添付資料
　前記証拠

ばならない」とあるため、提出されたときに、それを警察署内に留め置くことは違法行為になるため、速やかに検察官に送付され受理されることになる。

補足
（告訴事実と立証方法）
公然性の要件を満たすことを明らかにするため、前ページの例のとおり、年月日とWebサイトのURLと画面画像が必要である。印刷物による名誉毀損の場合は当該印刷物の存在が不可欠である。

（添付書類）
証拠を添付すれば足りる。複数点ある場合は、告訴事実の内容に即して［甲第1号証］などのように照合番号をつけておくとよい。

（告訴期間）
親告罪の場合「親告罪の告訴は、犯人を知った日から6か月を経過したときは、これをすることができない」（刑事訴訟法235条）と定められているため、6か月経過後の告訴は無効となる。

（その他）
たとえ、未成年者であっても、意思能力の認められる者であれば、固有の権限に基づいて、告訴することができる。また、年齢によらず、書面による告訴状の提出が困難な者は、口述による告訴もできる（刑事訴訟法241条の1）。
なお、これはほんの一例である。書き方の例は、裁判所ウェブサイトの裁判例情報を参考にするとよい（http://www.courts.go.jp/app/hanrei_jp/search1）。

第3節　加害児童生徒の保護者編

1．加害行為は軽い気持ちで行われる

次に、いじめをした子どもの保護者が行える対応を示す。先に触れたように、加害行為は軽い気持ちで行われている可能性がある。とくにネットいじめの場

合は，加害者が特定されない範疇でいじめが行われやすい。いじめを行うことは悪いことだと重々承知しているため，それをやっているのが自分だと，人に知られたくないのである。事の重大さを知らぬまま加害行為を続けることは，加害児童生徒にとっても不幸である。真偽が定かでなく，疑いの域を出ない場合でも，無用の嫌疑を避け，加害者特定に協力するため，親子間の合意のもと対応できることが望ましい。

2．ネット環境の見守りと観察

　問題が起きてから対処するのではなく，ふだんから児童生徒のネット利用状況を把握できている状況が望ましい。親と共用にするのも1つの方法だ。長期的に観察を継続するには，多少のトラブルには目くじらを立てないことである。もちろん，決定的な問題が起きたときには迅速な対応が必要だ。

　決定的問題とは，いじめ加害，あるいはその疑いのあることが明らかになった場合である。そのような場合，加害児童生徒の保護者は，まず加害行為を止めなければならない。ふだんから観察と見守りができている関係であれば，即座に加害行為を停止させることができるが，「スマホのことはわからない。子どもに任せている」という状況では，即座に対応ができない。日ごろからの，監視ではない見守りと観察が必要不可欠である。

3．「いじめられる側の問題」は「いじめてよい理由」ではない

　いかなる理由があろうとも，人を「いじめてよい理由」にはなり得ない。しかし，いじめ自殺事件が起きた地域の中学校の生徒指導担当の教師が，筆者との雑談の中で「いじめられている子はそれなりの問題があるのに，言葉ではいじめる側が100％悪いと言わなきゃいけないのがつらい」というような発言をされたことがある。筆者は耳を疑い「どのような問題ですか？」と，尋ねたところ，身勝手だの，のろまだの，はきはきしていないだの，まさしく身勝手な中学生が述べそうな理由が，次から次へとその教師の口から出てきた。

　そのため，ネットいじめの問題について議論している授業で，「文部科学省の定義では100％いじめる側が悪いという趣旨のことが述べられているけれど，いじめられる側にも問題があると考えている人もいるようです。このことについて，皆さんはどう考えますか？　そう考える理由は何ですか？」と尋ねた。

いじめに対する意識の違い

○いじめる側に100％問題あり。　12名（男6女6）
理由
- いじめられる側に問題がなくてもいじめられると思う。
- 嫌われることはあっても，いじめていい理由にはならないと思う。
- やっていいことといけないことの区別のつかない人がいじめるので，いじめる側が悪い。
- いじめる側は，手下を使って，どうにでもいじめることができるので，いじめる側が悪い。
- いじめる側は，いじめられる側のあら探しをし，適当にいじめる理由をつけていじめるので，いじめる側が悪い。
- 人はいろいろな特質をもっているので，それを受け入れることができないといじめが起きるわけなので，いじめられる側には問題がない。
- いじめる側が，干渉したりいじめたりしなければ，いじめの問題が起こらないので，いじめる側に問題がある。

○どちらとも言えない。　6名（男3女3）
理由
- いじめる側が100％悪いわけではなくて，いじめられる側にも多少悪いことはあると思うのだけど，嫌われるようなことをしたとしても，いじめをするのではなく，受け入れるようにすべきだと思う。
- ふだんであれば何でもないことであっても，気が強い子の機嫌が悪いときに言ってしまうと，いじめられる。タイミングが悪い。
- いじめる側の目についちゃうと標的にされる。

○いじめられる側にも問題があると思う。　8名（男7女1）
理由
- 昔，悪いことをしているのではぶられても仕方がない原因を作ってしまった。
- 過去の言動が，結果としていじめを招いてしまった。
- 周りになじめなかったり，他から浮いていたりする子はいじめられやすい。
- いじめられる側が何も言えないことがいじめをエスカレートさせる原因になりやすい。面白がってみる周囲がいじめをエスカレートさせる原因になる。
- 勇気がない。
- 周囲に同調できていない。同調できないにしても，しっかりと相手を納得させられないことが原因だと思う。
- 集団生活で，周りとうまくいかない，それを改善することができていない。

結果はp.97に示す。

およそ3分の1程度の学生は、「いじめられる側にも問題がある」と考えていた。いじめの加害者側の代表的な言い訳は2つあり、「いじめられる側にも問題がある」と「遊んでいただけ」というものである。被害者が楽しいと思わなければ、それは決して遊びではない。「少しいじっていただけでいじめではない」などと、遊んでいただけの類義語に「いじり」という言い方をすることもある。そして被害者側も、「いじられていただけでいじめを受けたと思っていない」と答える場合もある。それも健全な関係とはいえない。人をいじるという表現がすでによくない。

4．参考：「加害者論理のつき崩し」

加害者らは、必ず自分たちのいじめの行為を正当化し、正義のためにやったと主張しようとする。しかし、そのような言い訳は100％正義ではないため、突き詰めていけば必ず崩壊する。

加害者の言い訳を聞き、加害者自身に自らの正当性を突き詰めさせ、過ちに気づかせる過程を、「加害者論理のつき崩し」と筆者は命名している。学校において、いじめ加害者への対処を学んだ教職員が、加害者教育の一環として行うものだが、保護者が触れておくことも有意義であると考え、紹介する。以下に続く「教職員編」で詳説するので、そちらも参照されたい。

第4節　教職員編

1．教職員当人に向けて

本章の冒頭で触れたように、いじめ対応で第一に大切なのは丁寧な聴き取りである。そのうえで本節では、事務的に行える対応や、その方針に焦点を当てて紹介する。

1）「いじめ防止基本方針」の再確認

「いじめ防止基本方針」は、いじめに対応していく際に準拠すべきもので、処遇の根拠ともなるものである。被害児童生徒及び保護者からの要求や、加害

児童生徒及び保護者からの処遇に対する不服申し立てなどに，公正で論理的な回答を行うためにも，改めて確認しておくことが望ましい。
　確認すべき点は以下の３点である。

① いじめの相談を受けたとき，あるいは発見したときに，はじめに何をすべきかが明確になっているかどうかである。
② いじめられている被害児童生徒を即座に守るアクションを起こす内容が含まれているかである。子どものいじめ自殺の大半は，学校にいじめられていることを相談した後に起きている。学校に相談したために自殺をしたというわけではないにせよ，勇気を振り絞っていじめられていることを相談したのに，守られなかった結果は，重く受け止めるべきであろう。
③ いじめ加害者に，いじめをくり返させないための教育プログラムが含まれているかどうかである。

　本書をご覧になったのを契機に，上記の３点がご自身の学校の「いじめ防止基本方針」に明確に記されているかどうか確認し，もし明確でない場合は，直ちに追加修正していただきたい。

　2）　**教職員間の連携の模索**
　いじめへの対応は，事態の把握に始まり，被害児童生徒の保護，加害児童生徒への教育，双方の保護者との連絡など多岐にわたる。これらを円滑に行うには教職員間の連携が肝要である。しかし，連携がうまくいかない場合もある。その際には被害児童生徒の保護を優先して，場合によっては，前節の「保護者編」を参考にしながら，外部機関の利用などを保護者に提案してもよいかもしれない。

　3）　**教師に伝えたいこと**
　a. 早期の解決を
　いじめは早期解決が重要である。長引かせれば長引かせるほど，被害者である子どもの首を真綿で締め続けることになる。真綿で締め続け，衰弱した状態になれば，ちょっとした一言や無視されたことが引き金となり自殺を選ぶので

ある。最後の引き金となった出来事が決定的な問題なのではなく，それに至るプロセスが，結果として自殺に導いたとみるべきである。初めていじめが起きた直後は，被害者もまだ元気である。被害者が元気なうちに，徹底して加害者を指導して解決に努めなければならない。いじめが起きた直後であれば，いじめの加害者と被害者生徒と教師で話し合いの場を持ち，加害者生徒にきちんと謝罪をさせ，繰り返さないよう指導することが有効である。

　いじめ加害者は必ず内面に問題を抱えている。例えば，親や兄弟から家庭内暴力（DV）を受けており，その腹いせで学校に来て他の生徒をいじめているというケースはよくあることだ。それ以外にも両親の不和がストレスとなり，ストレスのはけ口として学校でいじめを行ったりするケースもある。加害者が内面に抱えている何かしらの問題を発見し，解決に導く指導をしない限り，いじめはなくならない。

　そのため，粛々とスピーディにいじめ対応のフローチャート（p.88）などに従っていじめ解決しなければならないのだが，そうできていない場合が時々ある。例えば，「大丈夫か」などと被害者に声をかけ，「大丈夫です」と答えたから「様子を見ていた」というのは，不適切な対処例である。被害者生徒は「大丈夫か」と問われても，おそらく自殺を決意した後であっても「大丈夫です」と答えるであろう。そのようなことを聞くこと自体ナンセンスである。むしろせっかくいじめのことを忘れているときにそのような質問をされたのでは，また嫌なことを思い出させることにつながる。また，2014年に山形県天童市で起きたいじめ自殺事件では，5月の段階でいじめが起きていることをクラスの生徒も担任教師も把握していた。しかし，ちょっと注意しただけで済ませ，様子を見たために，6月になり，ますますいじめがひどくなったと推察される。5月にいじめが発覚した段階で，二度と繰り返させないように教師が毅然とした態度で加害者生徒を指導していれば，大事にはならなかっただろう。だが，徹底指導をしなかったために，「いじめが先生に知られたって大したことない」と，いじめ加害者生徒にいじめを継続してもよいというお墨付きを教師が与えてしまった状態である。そのため，被害者生徒の親が6月末に学校へいじめを受けていることに対する相談に出向くことになった。すでに6月末まで継続させたことに問題がある。いじめが発覚したら，いじめ加害者への徹底した指導教育が最重要課題なのである。

b. いじめ継続の可能性がないかを確認する

　徹底指導をした後に，いじめが継続する可能性がないかどうか確認する効果的な方法は，加害者生徒に，毎日「今日はいじめをせずに過ごせたか？」「いじめを我慢できたか？」と尋ねることである。このとき，加害者の回答には意味はない。おそらくいじめ行為を行っていた，あるいは被害者生徒と接する機会があれば行おうとしていたとしても「いじめました」とは答えないからである。しかし，加害者生徒にいじめをせずに過ごせたかどうかを尋ねることによって，毎日加害者生徒にいじめについて考えさせる契機を作ることができる上，いじめているのに「いじめていない」と嘘を吐くことは，加害者生徒にとってストレスになる。嘘を吐くことに耐えられず，逃げるようなそぶりを見せるようであれば，何度でも教師は加害者生徒と1対1で向き合って，加害者生徒が抱えている問題を見つけ出すよう努め続ける必要がある。もし，加害者生徒が被害者生徒とのかかわりにおいて(直接会うことがなかったとしても過去のかかわりから)，良さを見つけたり，尊敬し敬意を払う発言をするようになれば，加害者生徒がいじめから脱却できつつある兆しと判断できる。

c. 中長期化した場合

　いじめが中長期化した場合には，強制的な方法を用いてでも加害者生徒を被害者生徒に近づけてはいけない。そのとき，被害者生徒を別室登校させるなど被害者生徒の行動に制限をかけたのでは，被害者生徒の人権侵害に当たる。加害者生徒は問題行動を起こしたのであり，特別教育プログラムが必要なのだから，別室登校させ，行動に制約をかけ指導することは教育であって人権侵害には当たらない。加害者生徒が被害者生徒の良さを見つけたり，尊敬し敬意を払う発言をするようになるまでは，決して被害者と加害者の接触はあってはならない。

　しかしながら天童いじめ事件では，5月にいじめが発覚し9月まで長期化した状態であるにもかかわらず，長期化した段階で，いじめの加害者と被害者生徒と教師で話し合いの場を持ち，加害者生徒にいじめをする行為の正当化を主張させてしまった。どんな人間であっても欠点はある。欠点があるからといっていじめていい理由にはならない。加害者生徒は，なぜ自分たちがいじめるのか，被害者生徒の悪口を言いたい放題言ったがために，被害者生徒は泣いてしまい教師が自宅まで送っていったと，第三者調査委員会の報告書には書かれて

いる。このような事態になることは，火を見るより明らかである。

5月のいじめ発覚当初とは全く異なるのである。発覚当初にすべきいじめ対応と，長期化した場合のいじめ対応が，学校や教師は全くわかっていなかったことが問題であるにもかかわらず，この部分に関して別の見解を持つ研究者もいる。河北新報（2015）において『なぜ起きた集団いじめ　天童中1自殺報告書』[40]という特集記事が組まれた。宮城教育大学・久保順也准教授は「……9月に開いたミーティング。陰口の問題を解決しようと企画したと思われるが，意図した流れにならなかった……」と述べている。長期化したいじめにおいて，被害者・加害者を対面させたミーティングの場を持ち，解決に向かったという事例を筆者は知らない。本書の第1章のひかりさんの事例でも，いじめが長期化した段階でミーティングを行い，被害者生徒が泣かされて教師が家まで送っていったというエピソードがあった。これ以外にも何例も似たようなエピソードを耳にしている。長期化した段階で，被害者・加害者を対面させたミーティングの場を持つと，その後確実に事態の悪化は免れない。

上記の特集記事の中で，筆者は「初期段階できちっと対処しなかったことが最大の問題といえる。担任は2013年5月中旬，加害生徒を含むグループがクラス内で悪口を言っていることを把握し，指導したが，加害生徒らに『チョロいもんだ』と思わせ，いじめをエスカレートさせた可能性がある。この時点で傍観者を含めた指導を徹底していれば，以降のいじめは防げただろう」「……9月に顧問が開いた部活のミーティングはひどい……」とコメントしている。

d. 安心できる環境をつくる

昔も今も，集団生活の中でいじめは必ず起きる。起きたときの初動対応が適切にできていれば，大事には至らない。昨今，LINEでの仲間はずれなど，いじめを起因とする子どもの自殺が起きるのは，教師が早期段階で毅然とした指導ができなくなっていることが一因と考えられる。

また，誰でも被害者になる可能性があるために，傍観者の生徒は被害者生徒の味方になれない。しかし，もし被害生徒の味方になったために，自らがいじめのターゲットになったとしても，完全に学校が守ってくれるという安心感があれば，勇気を持っていじめを止めに入ったり，仲間はずれになっているいじ

---

[40] 河北新報　2015年10月24日付

め被害者の味方になることができる。いじめの被害に遭っても，必ず学校や教師が守ってくれると安心できる環境が必要だ。そのような環境があれば，万が一周囲の大人が加害者教育に手間取ったり失敗したとしても，傍観者生徒の介入によって，被害生徒の自殺を未然に防ぐことができる。

2．児童生徒に向けて

1） ネットいじめの発見

　ネットいじめは，教室内の見えるところではほとんど行われない。放課後自宅に帰ってからや，授業中や休み時間に教師の目を盗んで行われる。保護者であれば，スマートフォンやパソコンを見て悲しそうな表情をしていたり，イライラとした動作をしたりするなど，仕草や行動からネットいじめを見つける場合もあるが，教師がネットいじめを発見する方法は，児童生徒からの聴き取り調査やアンケート調査がメインとなる。

　しかしながら，いじめアンケートの中のネットいじめに関する項目は，「パソコンやスマートフォンなどで，悪口を書かれたりする」程度の内容が一項目入っているだけの場合が多い。この項目だけでは，p.71～72に例示したカナダのネットいじめ事件などは発見に至らないことになる。アンケートはアンケート項目が命である。ぽろぽろ取りこぼしが起きるようなアンケートを実施しても，実質的な効果は期待できない。パッチンとヒンヅジャ（2015）[41]によるネットいじめ発見のためのアンケート項目を紹介する。

　〇ネットいじめ被害項目
　1．ネットいじめを受けたことがある。
　2．誰かがネット上で下劣で私を傷つけるようなコメントを投稿した。
　3．誰かがネット上で下劣で私を傷つけるような写真を投稿した。
　4．誰かがネット上で下劣で私を傷つけるような動画を投稿した。
　5．誰かがネット上で下劣で私を傷つけるようなWebを作成した。
　6．誰かがネット上で私の噂を拡散している。
　7．誰かが私宛ての携帯電話やスマートフォンのメッセージで脅した。

41　Patchin, J. W., & Hinduja, S. 2015 Measuring cyberbullying: Implications for research, *Aggression and Violent Behavior*. Vol.23, pp.69-74.
　　http://www.sciencedirect.com/science/article/pii/S1359178915000750

8．誰かがネット上で私を傷つけると脅した。
9．誰かが私になりすまして行動し，みじめな気分になったり傷つけられた。

　コメント・写真・動画などと項目を分ける必要があるのかと思われるかもしれないが，きちんと分けて聞いたほうが取りこぼしを防ぐことができる。ただし，ネットいじめだけで9項目もあると，いじめアンケートを定期的に取り続けることが負担になるという場合には，下記の項目で実施していただきたい。パッチンとヒンヅジャによる項目を参考にした筆者改訂版の項目である。
1．ネットいじめを受けたことがある。
2．誰かがネット上で私を傷つけるようなコメントや写真，動画を投稿した。
3．誰かが私の噂を拡散している。
4．私は誰かにネット上や個人宛のメッセージで脅された。
5．誰かが私になりすまして，Webサイトを作成したり投稿したりしている。

　全貌を問う1番，投稿を問う2番，噂を問う3番，脅迫を問う4番，なりすましを問う5番，最低でもネットいじめを見つけるためのアンケートとしてこの5項目は外せない。
　各学校単位，教育委員会単位でアンケート項目を作成したり見直しをしたりするときの参考にしていただきたい。

2）　安易な被害者・加害者の対面を避ける

　ネットいじめが発覚して，加害者らにいじめた理由を聞けば，初期段階では，必死に自分たちを正当化しようと理由をあげつらうので，その場に被害者は不要である。被害者の修正できる欠点であれば，それを修正したところで，新しい理由をつくり出すだけのことである。不様な様子を写真に撮り，それをシェアし，いじめていい理由に仕立てる場合もある。欠点が見当たらなくなると，顔が気に入らないだとか歩き方が気に入らないなど，適当な言い訳をつくり出す。
　安易に加害者と被害者との対面を行うべきではない。もちろん加害者らが，何らかのきっかけで，自分たちの行為を客観的に見つめ直しているタイミングに，被害者生徒と対面させて，うまく和解し解決することもある。そのような

タイミングで，被害者と加害者を対面させれば，いじめの解決に導くことができる場合もあるが，偶発的な教師の経験から，安易な加害者と被害者対面により，いじめが解決できると信じ込んでいるとしたら，すぐに改めていただきたい。

被害者と加害者を対面させる際には，加害者側の心理を慎重に吟味したうえでなければ，被害者が加害者の報復行為により，対面行為以前よりもひどいいじめを受け自殺などにつながり，非常に危険な行為となる。

この見極めができない・しようともしない教育関係者の多数いることがいじめ問題の解決を遠ざけている。この見極めは，とことん加害者と話をし，加害者の本音を聞き出し，本音の間違いを加害者自身に悟らせる（加害者論理のつき崩し，図4-1）以外に手はない。このプロセスは加害者にとって非常にストレスを与えるので，中途半端なやり方は，かえって被害者に対するいじめをエスカレートさせることもある。その場合は，対症療法が必要となる。

3） **被害児童生徒の別室登校を避ける**

対症療法というと，すぐに，被害者に学校を休ませたり，相談室などの隔離した場所へ通わせるといった，加害者側を増長させる行為をとる場合が多い。しかし，ネットいじめは，被害者がどこにいても，ネット上で行われるため，被害者を物理的に隔離することはまったく無意味である。被害者を隔離させることは，ますます加害者に加害行為を増長させるチャンスをつくるだけである。

被害者には，加害者が誰なのかおよそ見当のつく場合が多い。しかしその現場を押さえることが非常に難しい。缶蹴り遊びと同じように，被害者が見ていない隙を狙って，匿名でネットいじめを行うため，被害者はリアルタイムで確証をつかむことは非常に困難である。

被害者と加害者が同じクラス内にいれば，少なくとも学校にいる間はネットいじめから解放される。しかし，被害者が相談室登校となれば，ネットいじめの加害行為を被害者に見つかることなく行うチャンスは格段と広がる。つまり被害者をクラスから追放することは，加害者側にとって24時間ネットいじめし放題となるわけだ。

4) 加害児童生徒のネット環境を制限・監視する

　加害者を隔離し，保護者との連携により24時間大人の監視下に置く以外に，ネットいじめの有効な対症療法はない。当然，加害者のネット接続機器はすべて大人の監視下でのみ使用させる。調べ学習などのため，どうしてもインターネットを使用しないといけないときのみ，親か教師が見ている前で利用させる。それ以外は，一切メールもスマートフォンもソーシャルメディアへの書き込みも禁止である。加害者に発信させない限りネットいじめは起きえない。

　加害者にとって孤独な時間となるが，その時間は，加害者自身が自分を見つめ直すきっかけともなる。例えば，初めは「被害者が部活の悪口を言ったから自分たちはいじめたのだ」と自分自身の言い訳に暗示がかかって，自分の正当性に確信を持ち，隔離されることに不満を募らせていても，自問自答しているうちに，自分も部活の悪口を漏らしていた場面が想起されれば，徐々に自分の主張が成り立たないことに気づくはずである。

　つまり，図4-1に示すように，加害者自身が「（間違っているけれど正しいと思っている）正当性の主張」（被害者が部活の悪口を言ったから自分たちはいじめたのだ。自分たちのやったことは正しい）→「自己論理の矛盾への気づき」（自分自身も部活の悪口を漏らしたことがある。それも1度や2度ではない→自分もいじめられるべき存在だ→いや自分はいじめられたくない）→「加害者

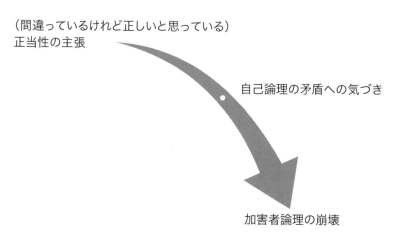

図4-1　加害者論理のつき崩し

論理の崩壊」(部活の悪口を言ったという理由は,被害者をいじめる理由にならない)という考えに至るよう指導する(加害者論理のつき崩し)必要がある。

5)「加害者論理のつき崩し」を行う

　さて,「いじめられる側にも問題がある」と言い訳をするのは,いじめが長期化している場合に多く,加害者らは,ターゲットとした被害者の欠点をあれやこれやとあげつらうのである。

　第1章で紹介したひかりさんの場合も,加害者と被害者を対面させて言いたいことを言わせるという,部活の顧問の不適切な対応により,「部活に対する不満を述べたこと」が,いじめの理由として提示された。加害者の生徒らは,「部活に対する不満を述べたこと」がなかったのだろうか？　加害者らは,必ず自分たちのいじめの行為を正当化し,正義のためにやったと主張しようとする。いくら叱っても,罰を与えても,加害者自身が自分の間違いに気がつかない限り,いじめの行為をやめさせることはできない。いじめの加害者に対する対処法を身につけた教師が,きちんと加害者らの言い訳を聞き,加害者ら自身にその正当性を突き詰めさせれば,いずれ彼らの論理は崩壊し,自分たちの過ちに気づかせることができる。そうすれば,「いじめられる側にも問題がある」という論理は,容易に崩れるはずだ。

　もし,被害者と対面させるのなら,「加害者論理のつき崩し」に成功したタイミングである。対面の前に「加害者論理のつき崩し」が必要なのである。

　これまでのいじめは,被害者を転校させたり,別の場所へ通わせることにより,表面的な対処によって逃げてきた。時間と根気を要する徹底した加害者指導を避けてきたつけが,昨今のネットいじめ問題を増長させているのである。

　ネットいじめ問題は,学校内ではなく学校外でエスカレートしやすいため,学校の介入が遅れる場合もある。しかし,被害者や傍観者からの通報があれば,学校内のいじめと同様に,即時に「加害者論理のつき崩し」を行う必要がある。そうしない限り,たとえ被害者が痛ましくも自殺をし,この世を去ったとしても,いじめの加害者たちはターゲットを変えて,適当な理由をつくり出し,いじめを続けるであろう。

6) 加害者教育の重要性

a. 天童いじめ事件の報告書を読んで

2014年に起きた山形県天童市のいじめ自殺事件について，第三者調査委員会が作成した134ページにわたる調査報告書には，必要と思われることがほとんど報告されていなかった。周囲に無視される状態が長期化すれば，当然休み時間は一人で読書をしたり絵を描いて過ごすしかない。そのような被害者の状態をいくら書きつづったところで，いじめ再発防止にはつながらない。筆者は報告書を読んで，第三者調査委員会が，もう亡くなった被害者生徒を再度いじめているような印象を受けた。

b. 加害者生徒への指導

多くの場合，加害生徒は，「ちょっとオモチャにしていただけ。あんなことで自殺されて犯人呼ばわりされるのは迷惑」くらいにしか思っていない。2013年に奈良県橿原市で起きた，市立中学1年生の女子生徒がLINEなどでいじめに遭い自殺をした事件では，被害生徒の通夜の席で，加害生徒らは「お通夜NOW」等とLINEに書き込んでいた。加害生徒やその親たちは，被害生徒の墓前に手を合わせ被害生徒の両親に頭を下げたのだろうか。報道されていないだけならばよいが，いじめによって相手を死に至らしめた，殺人に等しい罪を犯したにもかかわらず，加害者生徒らが心から詫びたというニュースが風の便りにも聞こえてこないのはなぜか。

例えば山形県新庄市で1993年に起きたマット死事件から20年以上経つが，経緯を見る限り加害者教育が徹底して行われたという形跡はない。当時の加害生徒らは30歳代半ばを過ぎ，子の親になったものもいるだろうが，徹底した加害者教育が行われない限り，加害行為の世代継承は止まらない。元加害者生徒の子どもは，また誰かをターゲットにして「オモチャ」にしてしまう。次ページに示すようないじめ対策教育プログラムを徹底させ，世代継承に終止符を打ち根絶する必要がある。

c. いじめ加害の世代間継承を根絶する

p.50で述べたように，ロンドンで行われた24年間にわたる調査では，いじめの加害者は世代を継承することが明らかになっている。つまり加害者生徒の親もいじめ加害者であった経歴を持っている可能性が高い。いじめ加害行為の世代継承を絶つためには，加害者の親が加害者であったか否かまず明らかにすべ

きであろう。その上で，加害者の家庭で，いじめ行為を芽生えさせた要因がなかったのか，きちんと丁寧に検証する必要がある。

7) いじめ対策教育プログラム例
・すべての生徒に対して

いじめ事例のビデオを見る。様々ないじめの事例を読む。どんな行為がいじめにあたるのかを知り，被害者の心理，加害者の心理，傍観者の心理について考え，ディスカッションをしたり作文を書いたり，ロールプレイングを行い，どう行動をとると望ましいのか，望ましい答えに1人ひとりが到達する。

・被害者生徒に対して

安心して過ごせる場所の確保を行う。必要に応じて，心のケアを行う。

・加害者生徒に対して

加害者生徒が家庭内などに抱えている問題の発掘とその解消を行う。どんな行為がいじめにあたるのか，いじめにあたる行為を受けたときの被害者の気持ちを理解できるようになるまでカウンセラーなどが指導を行う。通常の学校カリキュラムとは異なるため，しばらく別室登校による指導のほうが，効率よく効果的に指導を行うことができる。加害者生徒の問題が解消され，いじめは絶対に行わないと反省している態度が見られたら，通常の教育カリキュラムに戻す。戻した後も，また同じターゲットや新たなターゲットを見つけていじめを行う可能性も完全には払拭できないため，しばらくの間は，毎日「今日はいじめをせずに過ごせたか?」「いじめを我慢できたか?」と尋ねる（いじめ継続の可能性がないか確認できる。詳しくはp.101参照）。以前，自分がいじめた被害者に対して尊敬した態度がとれるようになれば，ほぼ全快したと見なすことができる。

第5章
ネットいじめの予防

加納寛子（山形大学）

　この章では，日本の情報教育の現状を踏まえて，ネットいじめを予防するための他国の教育実践例などを紹介する。

第1節　情報教育とSNS利用の実際

1．モンゴルの場合

　モンゴルでは，日本の高校1年生にあたる学年の情報の教科書にFacebookの使い方が書かれており，すべての生徒が学ぶ必修事項になっている。そのため，学校の授業でFacebookの使用が広がっている。ウランバートル市内の学校の先生に「Facebookを生徒の授業や学習のために使用していますか？」と聞き取り調査した結果では，中学・高校の74％が授業で使用しており，大学では85％の先生が使用しているという結果である[42]。

　そして，モンゴルにおけるFacebookの利用者数はSNSの形態の中で一番高く94万人，これは人口の29.56％を占めている（2015年3月時点）。そのうちの63％は，12〜25歳の利用者であり[43]，今後ますます使用者は増えると予測されている。モンゴルでは，SNSはすべての子どもたちが，必要に応じて，適切に使いこな

42　О.Эрдэнээ, Б.Өлзийсайхан, Ч.Долгоржав, Б.Батчулуун,
　　Монгол Улсын Боловсролын Их Сургууль
　　Математик, Байгалийн Ухааны Сургууль
　　Мэдээлэл зуйн тэнхим, 2015, SOCIAL MEDIA-Г БОЛОВСРОЛД ХЭРЭГЛЭХ БОЛОМЖИЙГ ШИНЖЛЭХ НЬ

せる必要があるという考えから，義務教育課程の教科書に盛り込まれているそうだ。

（参考）

高等学校1学年（モンゴル教育制度では10年生）生徒用教科書「Informatics V」における第4章の情報技術の第4.5節は，下記の構成になっており，Facebookの節だけでも5ページが使用されている。

4.5　コミュニケーション技術

4.5.1　コミュニケーション技術とその発展　p.190-194

4.5.2　ソーシャル・ネットワーキング・サービスとその発展　p.195-198

4.5.3　Facebook　p.199-203

2.　エストニアの場合

「インターネットやSNSそのものは無害であるため，子どもがインターネットやSNSに依存することはまったく問題がない」。そう断言するのは，電子政府が普及しIT先進国D5[44]にも国名を連ねるエストニアで子育て中の母親だ。当然，彼女の小学生の子どもたちはスマートフォンを利用し，パソコンからもスマートフォンからも，毎日SNSを利用しているという。小学校の教師と保護者とのやりとりには，学校で指定された専用のSNSが使用され，子どもたちもSNSを利用し宿題を提出したり，宿題についてわからないことがあると，SNSを利用して先生に質問をしながら勉強をしており，今や子どもの教育に欠かせないツールであるとのことだ（2014年12月エストニアへ訪問時）。

エストニアでは5歳から情報教育が行われており，小学校低学年で，すでに学校でソーシャルメディアを使うため，ソーシャルメディア上でのコミュニケ

43　Batnasan Batchuluun, 加納寛子　2015　モンゴルと日本の情報教育の比較Ⅲ　SNSに関する教育と利用に着目して　日本教育情報学会　第30回年会論文集, pp.90-93.
　　Norjinbuu B., "influence of Facebook on Education", MMT-2015 Conference, pp.149-151 (2015)

44　世界でデジタル先進国として認められた国々で，エストニアの他，イギリス，韓国，ニュージーランド，イスラエルの5か国を指す。家庭生活でのIT化や情報教育の普及状況などが判断基準となった。エストニアでは外国人に対しても電子居住権（E-レジデンシー）を認めており，海外に滞在しながらもインターネットを介して電子投票や電子政府のサービスを受けることができる。
https://www.gov.uk/government/publications/d5-charter

ーションのずれや誤解などのトラブルは，常日頃から起きているとのことだ。エストニアの小学校の先生に，ネットいじめの被害状況や加害状況について尋ねたところ，とくに統計調査はないが，すべての子どもたちが一度は経験しているであろうという回答であった（勤労学生を除く純粋な学生のインターネット利用率，コンピュータ利用率ともに100%というデータがある[45]）。

エストニアでも，小学生のころから，ソーシャルメディア上で，些細な理由から悪口を書いたり書かれたり，仲間はずれにしたり・されたりするネットいじめの被害・加害経験はあるという。しかし，ネットいじめが原因で子どもが自殺するという事件は一度も起きておらず，ネットいじめが原因で不登校になることすら考えられないとのことであった。そのため，エストニアの小学校の教師や保護者らには，ネットいじめはよく起きるが，問題であるという捉え方はしていない。

3. 日本の現状

日本でも，FacebookやLINEを授業で利用しているという話を時々耳にするが，7，8割の教師がソーシャルメディアを授業中に活用しているとはとうてい考えられない。モンゴルほど日本の教師はソーシャルメディアをふだんから使用していない。実際，2014年の筆者のネットいじめに関する講演参加者505名のうち，教師でFacebookやLINEを利用している者の割合は，1割程度に留まった。

第2節　ネットいじめの予防

1. 保護者・教職員編

1）スマホ，ソーシャルメディアに親しむ

児童生徒には，ネットいじめ被害・加害を回避するための力を養う必要がある。いざ被害に遭った際には適切な対処をとり，出会い系被害などからも身を

---

[45] http://pub.stat.ee/px-web.2001/Dialog/varval.asp?ma=Est01&ti=ENTERPRISES+PROVIDING+CONTINUING+VOCATIONAL+TRAINING+%28CVT%29++BY+ECONOMIC+ACTIVITY+OF++ENTERPRISE&path=../I_Databas/Social_life/02Education/02Adult_education/02Continuing_vocational_enterprises/&lang=1

守るための力も身につけなければならない。そのためには，スマホ・ソーシャルメディアの使用について具体的に指導できる保護者・教職員の存在が必要である。祖父母を含めた保護者・教職員は，彼ら自身がスマホ・ソーシャルメディアに親しんでいることが重要である。

2) 子どもたちのリアルな関係を観察する

ネット上では，ソーシャルメディア特有の閉鎖性から，いじめの発見が困難であることに触れた。むしろ，ネットいじめはリアルな関係を反映していることに着目し，リアルでの関係をよく観察することが，ネットいじめの早期発見にもつながる。リアルの延長で起きたネットいじめでなくても，ネットいじめが起きれば，リアルも何となくぎくしゃくしてくるものだ。

即レス症候群（p.52）に陥る子どものようにメール数が多い場合，十分に吟味せずにメールを送ることが多く，意思疎通にずれが生じやすく，誤解を生む

即レス症候群チェックリスト

☐ ケータイが気になって手放せない。
☐ 気がつくとケータイを触っている。
☐ ケータイが手の届く範囲にないと不安な気持ちになる。
☐ ケータイが手の届く範囲にないとイライラした気持ちになる。
☐ ケータイが手の届く範囲にないと落ち着かない。
☐ ケータイで高額な請求を受けたことがある。
☐ 15分以上待っても返信がないと不安になったりイライラする。
☐ 深夜にメールが来たらすぐに返信する。
☐ 入浴中にメールが来たらすぐに返信する。
☐ 食事中にメールが来たらすぐに返信する。
☐ 大切な人間関係を，携帯電話が原因で失いそうになったことがある。
☐ 携帯電話なしでは生きていけないと思う。

チェック数
0～4：正常の範囲内
5～8：即レス症候群傾向にある
9～12：即レス症候群

ことがよくある。誤解によって，ケータイバトルを繰り広げたり，コミュニケーションがうまく行かなくなったりするおそれがある。

　逆に，メールやサイトへのアクセスが減ったときも，要注意である。なぜなら，これまでメールをやりとりしていた仲間から，仲間はずれにされ，着信拒否されたり，返事がもらえないなどネットいじめに遭っている可能性があるためである。即レス症候群チェックによって，ネットいじめの兆候を発見する手立てにもなる。前ページに「即レス症候群チェックリスト」を示す。

3）ソーシャルメディアを利用した共有体制をとる

　いじめの実態を共有できる体制をとることが必要不可欠である。中学以降で各教科の担当が異なるようになると，担任教師だけではいじめの発見が遅れる場合もある。いつも体操服が汚されていたり，教室の移動が遅かったりと，他教科の中での異変から，いじめが見つかることもある。だからといって，毎日教科を担当している教師と担任教師でミーティングの時間を設けることは，大変時間と労力を要することになる。そのようなときには，ソーシャルメディアを活用することを推奨したい。

　例えば，1年1組の教師同士のソーシャルメディアグループを作る。できれば学校用のソーシャルメディアが望ましいが，そのようなシステムがない場合はFacebookでもLINEでも何を利用してもよい。作成したグループに，授業の中で気になった生徒の情報を書き込む。国語でも教科書を忘れ，数学でも教科書を忘れていた，理科の教科書には落書きが見られた，等の情報が集まれば，その生徒はいじめを受けていて，教科書を隠されたり落書きをされている可能性が浮上してくる。1つの出来事からだけではいじめとは見えなくても，複数の教科の中での出来事を総合的に見ることによって，いじめの兆候を見つけることができるのである。

4）いじめアンケート作成にあたって

　いじめの兆候を見つける方法は，教師同士綿密に情報交換する一方で，生徒に対するいじめアンケートによって見つける方法もある。

　p.103～104で述べたように，いじめアンケートは項目が重要である。例えば，人間関係で悩んでいることがあるかどうか尋ねることは不要とは言わないが，

いじめの発見には直接つながることはない。いじめを受けていなくても，人間関係で悩んでいることもあるだろうし，いじめを受けていても，いじめ行為に対して不快さを感じていたとしても人間関係の悩みとは少し異なる感情を抱いていることも少なくないからだ。悩みがあるのが健全な思春期である。思春期には大いに人間関係に悩んでもらいたい。互いにぶつかり合い，人間関係に悩む経験を通して，相手を思いやったり，共感したり，心から尊重し合える関係を築くことができる。悩みがないほうが不健全である。以上の注意点の他，p.103〜104には，ネットいじめ発見のためのアンケート項目の例を示している。併せて参考にしてほしい。

2. 児童生徒編

1) イノキュレーション教育

a. 短文コミュニケーションの今昔

今でこそ「ネットいじめ」という言葉が定着し，やってはいけないことだという概念だけは普及している。しかしながら，30年前のWindowsパソコンもマウスも存在しなかった時代のパソコン通信でもネットいじめは起きていた。当時のパソコンは，PascalやBasic（プログラミング言語）などのプログラムを動作させるだけの容量もなかった。そのため，アプリケーション用のフロッピーディスクを挿入するソケットとデータを保存するためのフロッピーディスクを挿入するソケットが並んでいた。当然インターネットを用いて通信できる容量も限られており，現代のLINEやTwitterのように短い言葉が，1分間に10通以上やりとりされることもあった。そのため，1人を攻撃し，炎上が起きるネットいじめもあった。統計データはとられていないので比較はできないが，インターネット利用率に対するネットいじめが起きる割合は，現代よりも30年前のほうが高かったのではないかとさえ思う。当時はメールもパソコン通信もすべてターミナルソフトを利用しており，読んだらデータは消えてしまうのが当たり前だと思っていた。それが，フロッピーディスクにメールが保存できるようになったころから，長い文章がインターネットで送れるようになり，短文による誤解が減り，炎上やネットいじめも減少したかに感じられた。

その後，パソコンにメールが保存できるようになり，パソコン本体にソフトウェアがインストールできるようになってからは，通信の容量は半年スパンで

驚くほどの進化を遂げた。大容量の通信ができるようになった現代に，パソコン本体にほとんどデータを蓄積することが不可能だった時代を思い起こさせるような短文によるコミュニケーションが流行るのか，理解しがたいところがある。

b.　歴史に学ぶ，情報リテラシーの形成

歴史はくり返すという言葉どおりの現象が，インターネット通信によるコミュニケーションでも起きている。過ちをくり返さないためには，インターネット通信によるコミュニケーションに関する歴史も学ぶ必要がある。筆者は，昔も短文によるコミュニケーションで誤解が起きていたことを知ることにより，状況を客観視することができると同時に，インフルエンザなどの予防接種のように体内に抗体をつくる役割にもなると考える。何の抗体もないところへ新しいウイルスが入り込むとひどく悪化し死に至る危険性もあるところを，予防接種を受けておくことで体内に抗体ができていれば，ウイルスが入り込んでも炎症は軽く死に至ることはない。

ネットいじめに関しても，かつてどんなネットいじめや炎上が起きているかを知っておくことにより，抗体ができていれば，ネットいじめを受けたからといって死ぬほどのことではないという考えに至るのではないだろうか。

c.　イノキュレーションという考え方

この考え方は，まさにマクガイアによる予防接種のメカニズム[46]を応用した説得コミュニケーションに関する理論である「イノキュレーション（Inoculation theory）」[47]の考え方があてはまる。本格的なサイバー犯罪やネットウイルス，炎上やネットいじめにさらされる前に，小さなネットトラブルを経験しておけば，大きな被害に遭うことはない。

イノキュレーションの発想で必要なのは，歴史を学ぶだけでなく，インターネットを利用したコミュニケーションのずれがどのように生起するのか，実際

46　McGuire, W. J.　1961　The effectiveness of supportive and refutational defenses in immunizing and restoring beliefs against persuasion. *Sociometry*, 24, 184-197.

47　McGuire, W. J.　1961　Resistance to persuasion conferred by active and passive prior refutation of the same and alternative counterarguments. *Journal of Abnormal and Social Psychology*, 63(2), 326-332.

　　Papageorgis, D., & McGuire, W. J.　1961　The generality of immunity to persuasion produced by pre-exposure to weakened counterarguments. *Journal of Abnormal and Social Psychology*, 62(3), 475-481.

　　Banas, J. A., & Rains, S. A.　2010　A meta-analysis of research on inoculation theory. *Communication Monographs*, 77(3), 281-311.

に体験的に学ぶことである。

　d．イギリスの情報教育——アンプラグド・コンピューティング

　イギリスでは，5歳児から情報教育が行われてきた背景があり，インターネットを利用したコミュニケーションのずれについて，小学校低学年の子どもたちが学ぶ教材が豊富である。

　例えば，インターネット・コミュニケーションを学ぶFeel Think Say Card Set[48]という教材がある。この教材のコンセプトは，「ブログやSNS，LINE，ゲームチャットなど，子どもたちがインターネットを介したコミュニケーションを行うツールが増え，それらを介したネットいじめや，諍いが時々起きる。普通に発言をしたつもりが，相手を傷つけてしまうこともある」というもので，インターネット上のコミュニケーションのロールプレイングをシミュレーションできる教材である。小学校低学年の段階では，コンピュータを使用すると，操作することに関心が向かい，本来の教育目標の達成に至らない場合が多いため，アンプラグド・コンピューティングと呼ばれる教育方法により，情報コミュニケーションのずれについても指導がなされることが多い。

　アンプラグド・コンピューティングとは，コンピューティングを使用しない情報教育のことである。つまりコンピュータを操作するときには操作することのみに集中し，情報コミュニケーションのずれやインターネットの歴史などの情報を学ぶときにはコンピュータは使用せずに概念理解を目指すのである。

　e．日本の情報教育と情報リテラシー

　我が国では，ネットいじめやサイバー犯罪を危惧しながらも，アンプラグド・コンピューティング，すなわちコンピュータを使用しない情報教育がほとんど行われていないことが，情報通信のしくみや，ネットいじめが起きる背景への理解を妨げている。頭でわかっていても実が伴わないと言われることもあるが，それは表面的な理解に留まっているためである。本質的な科学的しくみと原理がきちんと説明できれば，安易に動画や写真を公開すると，何が起きるのか説明できるはずだ。昨今の若者の多くは，肖像権やプライバシーの侵害についてはよく知っており，他人の画像を勝手にUPしてはいけないことは理解している。しかし，自己中心的に判断しがちであり，自分の写真を自分がUP

48　http://www.handson.co.uk/feel-think-say-card-set.html

しても構わないと思えば，肖像権やプライバシーの侵害にあたらないと思ってしまうようである。周囲に映っているものやそのあり様をUPすることは，他人を傷つけることであり，威力業務妨害罪にあたるという認識に乏しい。そのため，アルバイト先の冷蔵庫に入って撮影した写真をUPすることがなぜいけないのか理解できないので，それを制止しようという考えに及ばないのだろう。

　f.　問題理解からシミュレーションへ

　一方，イギリスでは，アンプラグド・コンピューティングにより，情報コミュニケーションによる問題がなぜ起きるのか理解できたら，シミュレーションゲームで情報コミュニケーションについて学ぶことになる。実際のツールを使って危険に出遭ってしまってからでは遅いため，コンピュータを使わないで概念理解ができたら，今度はBroadband Detectives Software[49]と呼ばれる，インターネット上の危険をシミュレーションしながら安全に学べるソフトウェアを使うことになる。また，Email Detectives Software[49]は，メールでのやりとりをシミュレーション形式で学べるソフトウェアである。これ以外にも，メールやSNSなどでのコミュニケーションのとり方を学ぶソフトウェアも多数開発されているが，いずれも日本語版はない。

　g.　日本で行えるアンプラグド・コンピューティング――パケット・ゲーム

　そこで，筆者が考案したアンプラグド・コンピューティングによる教育方法を紹介する。この方法は，パケット通信のしくみの理解に基づいてコミュニケーションのずれを学ぶことによって，ネットいじめを未然に防ぐことを目的としている。

　①パケット通信の説明

　現代では大容量のデータが送れるようになったとはいえ，画像や動画，文書などを送るときには，128バイト程度のパケットと呼ばれる小さな断片に分割して送付される（図5-1）。さらにインターネットの情報はバラバラのパケットが複数の経路を辿って目的地まで運ばれる（※パケット通信の説明は，ふつうに教師が説明する）。

　②ルール

　例えば教室に32人いれば，16人ずつ2チームに分かれる。それぞれ代表者1

49　イギリスSherstone社制作

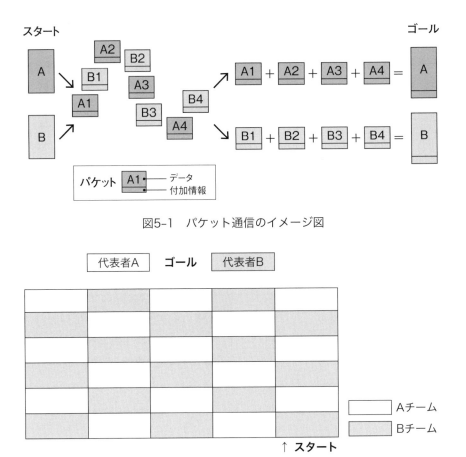

図5-1　パケット通信のイメージ図

図5-2　座席イメージ

名ずつを選出しゴールの位置に待機する。座席は図5-2のようにチームのメンバーが交互になるように着席する。代表者には一切途中の情報は与えないこととする。残りの15名で，それぞれ15文程度で成り立つストーリー性のある長文型のクイズ問題をつくり，紙に書く。1文ずつを切り離し1パケットと見なす（表5-1）。パケット代わりの文章が書かれた紙は，色で区別するなど，どちらのチームのものかわかるようにしておく。次に，表5-2に示すように，各チームのパケットを交互に送る。実際のパケット通信も各パケットがさまざまな経路を辿って送られるように，どんな経路を辿ってもいいこととする。ただし，

表5-1　長文型のクイズ問題

送る順番	Aチームの例	送る順番	Bチームの例
1	赤い鳥	2	明日
3	小川未明	4	新見南吉
5	鳥屋の前に立ったらば	6	花園みたいにまつてゐる。
7	赤い鳥がないていた。	8	祭りみたいにまつてゐる。
9	私は姉さんを思い出す。	10	明日がみんなをまつてゐる。
11	電車や汽車の通ってる	12	草の芽
13	町に住んでる姉さんが	14	あめ牛、てんと虫。
15	ほんとに恋しい，なつかしい。	16	明日はみんなをまつてゐる。
17	もう夕方か，日がかげる。	18	明日はさなぎが蝶になる。
19	村の方からガタ馬車が	20	明日はつぼみが花になる。
21	らっぱを吹いて駆けてくる。	22	明日は卵がひなになる。
23	鳥屋の前に立ったらば	24	明日はみんなをまつてゐる。
25	赤い鳥がないていた。	26	泉のやうにわいてゐる。
27	都の方を眺めると，	28	らんぷのやうに
29	黒い煙が上がってる。	30	点つてる。

※1文ずつを切り離し1パケットと見なす

以下の3点のルールを前提とする。
　(1)　いずれのチームのパケットも，同じチームに続けて渡してはいけない
　(2)　受け取った相手に戻してはいけない
　(3)　自分より後ろ（スタート側）の人へ渡してはいけない
　順次パケットは代表者の元へ届く。代表者は正しい文章を推測して並び替える。早くクイズ問題の正解を書いたほうが勝ちとする。この過程で，分割された文章は，予期しない発想を生むことなどが理解できれば成功である。
　③追加ルール
　途中でロスト現象を起こしても面白い。各チームは，相手のパケットを1枚だけ抜きとってもいい，などのルールを追加するのである。最近は認識できるレベルでは起きなくなったが，パケットが一部ロストすることはパケット通信にはつきものである。

表5-2　パケットを送る順番

送る順番	パケット
1	赤い鳥
2	明日
3	小川未明
4	新美南吉
5	鳥屋の前に立ったらば
6	花園みたいにまつてゐる。
7	赤い鳥がないていた。
8	祭みたいにまつてゐる。
9	私は姉さんを思い出す。
10	明日がみんなをまつてゐる。
11	電車や汽車の通ってる
12	草の芽
13	町に住んでる姉さんが
14	あめ牛，てんと虫。
15	ほんとに恋しい，なつかしい。
16	明日はみんなをまつてゐる。
17	もう夕方か，日がかげる。
18	明日はさなぎが蝶になる。
19	村の方からガタ馬車が
20	明日はつぼみが花になる。
21	らっぱを吹いて駆けてくる。
22	明日は卵がひなになる。
23	鳥屋の前に立ったらば
24	明日はみんなをまつてゐる。
25	赤い鳥がないていた。
26	泉のやうにわいてゐる。
27	都の方をながめると，
28	らんぷのやうに
29	黒い煙が上がってる。
30	点ってる。

h. イノキュレーション教育の必要性

既読無視が想像を絶する嗜虐性を生んだり，ソーシャルメディア上でのトラブルが原因でブロックいじめやさまざまなネットいじめを引き起こしたりするのは，短文の並び方を変えるとまったく違う解釈ができてしまうことや，予期せぬ解釈を生むことが想像できないからである。

情報コミュニケーションに関するさまざまなトレーニングを行い，予防接種で抗体をつけていくように，少しずつ抗体を身につけていくことにより，加害者にも被害者にもならない人を育成できる。いじめはいけないと何千回くり返しても，あまり効果はない。イノキュレーションの理念に基づき，インターネットの歴史を学び，パケット通信のしくみを知り，情報が拡散される原理を学び，なぜいけないのかを説明できる教育を行うこと以外にネットいじめを予防する手立てはない。

2) 孤独にとらわれない——「リア充」「ネト充」「ソロ充」を目指す

図5-3は，昨今の若者の対人関係を分類した図である。

「リア充」とはリアルで充実している人を指し，「ネト充」とはネットで充実している人を指し，「キョロ充」とはリア充グループの一員であるというアイ

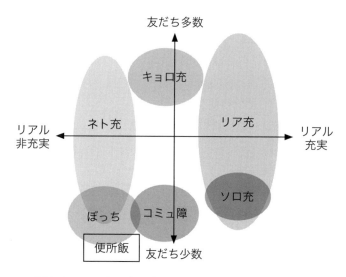

図5-3　リア充・ネト充・キョロ充・ソロ充・ぼっち

デンティティに支えられ,「リア充」の動向をきょろきょろ気にして迎合し,自分の意思や考えを元に独立した行動がとれない者を指す。そして「キョロ充」はいじめ加害者にも被害者になりやすい。また「ソロ充」とは,「リア充」に属しているが,友だちの数は少なく,1人で充実しているタイプである。「コミュ障」とはコミュニケーションが得意でない者を指し,「ぼっち」とはリアルでは充実しておらず,友だちも少なく,ネット上でも充実しているとは限らない者のことである。「ぼっち」であることを知られること,悟られることは,本人にとって非常につらく感じられる。そのため1人でご飯を食べる勇気がなく,トイレの中でご飯を食べる場合もあり,「便所飯」などという用語もつくられているほどだ。

もし,仲間はずれになって孤独な思いをしたとしても,p.36で触れた例のように,事件を起こせば,起こした者が責任をとらねばならない。一時的に孤独な状況に追い込まれ,図5-3でいう「ぼっち」になったとしても,「ソロ充」か「ネト充」を目指してほしいと思う。リアルな世界に何か熱中・充実できることを見つけられれば,「ソロ充」になることができる。リアルな世界に見つけることができなかったとしても「ネト充」でもよい。自殺など取り返しのつかない行動に出る前に,留まってほしいと切に願う。

3) 予防としての「加害者論理のつき崩し」

いじめが起きてから,「加害者論理のつき崩し」をやっていたのでは,いつまで経ってもいじめを未然に防ぐことはできない。いじめが起きる前であっても,「いじめは加害者側が100％悪い」と一度は聞いたことがある大学生であっても,p.97で述べたように,「いじめられる側にも問題がある」と考えている者がいる(8名)。「どちらとも言えない」と考えている者(6名)は,どちらにも問題があるという捉え方もでき,冒頭の割合は「加害者側が100％悪い(12名)」:「被害者側にも原因がある」=12:14と表現することもできる。

つまり,わずかだが被害者側にも原因があると考えている学生の方が多いことになる。これは,ごく少人数の調査であったが,2001年に行われた『「いじめ」に関する大人の『声』アンケート」[50]の結果ともほぼ一致する。このアンケート

---

50 http://www.hiroshima-soka.jp/keisyou/ijime.html

では「いじめられている側も悪い」という項目に対し約3割しか「そうは思わない」と答えていない。大人自身がいじめられる側も悪いと思っている社会では，大人社会の縮図である子ども社会でも，いじめの加害者側の論理を正当化しようとすることになる。少し古い調査だが，東京都の調査では中学3年生の3割程度が「場合によっては，いじめる人が悪いとは限らない」と回答していた[51]。

　すでに1995年に提示された文部科学省による「いじめの問題の解決のために当面取るべき方策等について」の中で，「いじめについては，従来，一部にいじめられる側にもそれなりの理由や原因があるとの意見が見受けられることがあったが，いじめられる側の責に帰すことは断じてあってはならない」と述べられているものの，20年経った今も「従来」から脱却できていない。文科省の方策はほとんど効力がなく，現在もいじめられる側にもそれなりの理由や原因があるとの意見が見受けられる現状である。これは，文科省の方策が現場で無視されたか，あるいは文科省の方策どおりに教える技量が教育現場になかったかのいずれであろう。ただ，p.96に述べた生徒指導を担当する中学教師の本音に近しい意見を持っている教職員が，他にもいることが予測される。子どもたちの「加害者論理のつき崩し」以前に，大人や現場教師の「加害者論理のつき崩し」が必要なのかもしれない。

　さて，その具体的な方法であるが，このつき崩しは，自己内対話こそが有効であるため，あまり対立した意見を戦わせることは有効ではない。そこで筆者は，「いじめる側が100％悪い」「どちらとも言えない」「いじめられる側にも理由がある」と考える各同一の意見の者同士をグループとし，グループごとにいじめをなくす解決策を提案させた。話し合いの時間は30分程度で，提案1のグループが最初に提出した。しかし，提出時間には，大きな差はなかった。記述

いじめに対する意識の違い（グループごとのいじめ撲滅対策）

提案1：「いじめる側が100％悪い」と考えるグループ 個人の意見 ・いじめのリーダーに同調せず，それを無視することが必要。 ・いじめの凶悪さを認識させるために，そういった教育が必要。 ・学校側が生徒の行動を陰で観察し，いじめのサインを見逃さない体制を秘密裏に整

51　東京都教育研究所　1998　「いじめ問題」研究報告書　いじめの心理と構造をふまえた解決の方策

える。
- いじめのアンケートの回数を増やす。
- 自分と他人との相違点を認めるための教育を実施する。他人を尊重することを教える。学校に限らず家族間でもそういった教育を。互いの個性を尊重する教育を。
- 根絶は難しいから，被害者を擁護する体制を整えることで，いじめをしにくい空気をつくる。
- 言ってもどうにもならない環境から言うことで改善するという環境を親，教師がつくっていく。
- 加害者への罰を重く。軽い気持ちで他者をないがしろにすることについての意識を改善させる。
- いじめは犯罪のようなものであるから重いペナルティをつけるべき。
- 怒りなどをいじめで返さないように学校側が教育する。

まとめ
- 学校，家族で教育。いじめは犯罪という意識を持たせる。
- いじめをしにくい雰囲気や環境を整える。
- いじめのサインを見逃さない体制を親と学校が協力してつくっていく。

最終的な結論
- 子どもが親にいじめを告白できる環境をつくり，学校に任せるのでなく親と学校が協力して犯罪であるいじめをなくしていく体制に。

提案2：「どちらとも言えない」と考えるグループの提案
- いじめられる側もいじめられる側で，いじめられていると感じた時点で，自分にある原因を改善する努力をする。
- いじめる側は，周りになじみづらそうな子をすぐにいじめるのではなく，その子を受け入れられるような考えを持つ。
- いじめられている側が完全に弱者な環境にあるのだから，いじめられている子が相談できる環境を周りがつくる。そうすることでいじめている子の特定もでき，結果的にはいじめも減る。
  カウンセラーや学校の教員など「関係のなさそうな大人」を仲裁に入れるといじめられている子も出づらいし，関係も悪化しやすいから，友人同士などの対等な立場の人同士でそういった環境をつくる。
- いじめている子が悪いと決めつけてはいけない。いじめている側も抱えている問題があるはずだから，いじめている側の子をむやみに責め立てるのではなく，いじめている側の子も気軽に相談できる環境をつくる。
- SNSサイトに年齢制限を強制的に設ける。
- 義務教育期間（SNS機能，ネット上の問題に関する十分な知識が持てるようになるまでの期間）は，親が子どものSNS使用環境を見守る（必要な範囲の監視）ができるよう義務的にする。
- 常に集団でいることに固執しない。周りとの関係を断つわけではないが，個々として自立を目指す。

提案3：「いじめられる側にも理由がある」と考えるグループの提案
　基本的にいじめている側が100％悪いが，いじめられている側にも多少のいじめられてしまう原因がある場合があります。
　たとえば，いじめられる側の問題点として協調性の欠如や，自己中心的な性格があると思うので，いじめられる子を完全にゼロにすることは難しいと思います。
　しかし，教師が早い段階で発見して，いじめられっ子の置かれている環境を変えてあげたり，被害者も多少の協調性を身につける努力をしたりすることでいじめを軽くすることができると思います。

内容の結果は，p.124-p.125に示すとおりである。

　ここで例示したのは，ほんの1例にすぎないが，同一の意見の者同士で議論させたり，以下に紹介するジョハリの窓やロールプレイングをしたりすることがポイントである。小さな子どもの場合は，同一の意見の者同士でグループをつくり遊ばせる方法もよい。いじめられる側にも何らかの原因があると考えている者は，自分自身はいじめの被害者にはならないと考えている場合が多く，いじめの加害者予備軍の可能性もある。いじめる側が100％悪いと考えている者同士のグループではいじめは発生しにくいが，そうでないグループは，何か理由をつけていじめを行おうとする可能性が高い。はじめに同一意見だった者の間に対立が起これば，それはつき崩しの兆候である。

4）ジョハリの窓

　ネットいじめも，いじめのレパートリーの1つである。いじめを起こさない環境をつくることがネットいじめの予防にもつながる。いじめが起きる要因の1つは，自分及び相手への理解不足と理解不足への認識の低さである。自分の欠点を十分認識していないため，相手の欠点が気になって仕方がない。未熟な人間である加害者は，自分の欠点を棚に上げ，相手を非難し，いじめていい理由を見つけいじめを行うのである。いじめ加害者もいじめ被害者もどんな人もすべて欠点がある一方で長所もある。人見知りをしやすいタイプや謙虚で慎ましいタイプの生徒は，周囲の人がその生徒の良さに気づくまでに時間がかかり，いじめのターゲットになる場合もある。いじめが起きてから対処するのでは，解消した後も互いに気まずい思いになる。そのため，いじめが起きない環境をつくることが重要なのだ。そのためには他者理解・自己理解ともに互いに高める必要がある。

　自分及び相手を理解するゲームの1つに「ジョハリの窓（Johari window）」がある（表5-3）。サンフランシスコ州立大学の心理学者ジョセフ・ルフトとハリー・インガムが，1955年に発表した「対人関係における気づきのグラフモデル」[52]のことである。55個の形容詞[53]を用意し，マッピングする方法である。

　クラス替えで新しいクラスになったり，部活に新入生が入ってきたりして3

52　Luft, J., & Ingham, H.　1955　The Johari window, a graphic model of interpersonal awareness. *Proceedings of the western training laboratory in group development*　Los Angeles: UCLA．

表5-3 ジョハリの窓

	自分は気づいている	自分は気づいていない
他人は気づいている（そう見ている）	開放の窓（Open Self） 自分も他人も気づいている自己［公開された自己］	盲点の窓（Blind Self） 自分は気づいていないが，他人は気づいている自己
他人は気づいていない	秘密の窓（Hidden Self） 自分は気づいているが，他人は気づいていない自己［隠された自己］	未知の窓（Unknown Self） 誰からもまだ知られていない自己

か月ぐらい経ち，少しずつ相手のことがわかったつもりになっているころがベストである。表5-3の中の太線は可動性があるものとする。太線を移動し，「未知の窓」が小さくなり，「開放の窓」が大きくなれば，最も自己開示が進んでいる状態といえる。ただし，55の形容詞では，回答しづらいものも多く，「未知の窓」が増大することになるため，筆者が何度か試しつつ現代の日本の10代～20代の青少年に適した項目に改良し，大幅に項目数を減らしたバージョンによる方法を紹介する。

＜手順＞
1. 趣味や考え方，生き方などの要素を列挙した表を用意しておく。
2. 自分が当てはまると思う要素の番号を書く（ここでは見せない）。

> 加納寛子
> 1, 5, 15・・・

3. グループの人に自分の名前を書いた紙を配布する。
4. グループの人は，名前が書いてある人に当てはまると思う番号を書く。
5. 名前が書いてある人のところへカードを集め集計する（表5-4）。
6. 集計表を元にジョハリの窓に記入していく（表5-5）。

53　ジョハリの窓55の形容詞（able, accepting, adaptable, bold, brave, calm, caring, cheerful, clever, complex, confident, dependable, dignified, energetic, extroverted, friendly, giving, happy, helpful, idealistic, independent, ingenious, intelligent, introverted, kind, knowledgeable, logical, loving, mature, modest, nervous, observant, organized, patience, powerful, proud, quiet, reflective, relaxed, religious, responsive, searching, self-assertive, self-conscious, sensible, sentimental, shy, silly, spontaneous, sympathetic, tense, trustworthy, warm, wise, witty）

表5-4 集計表の例

	暇なときにすること							お金がたくさんあったら							役割や言動							信念や生き方							
	1	2	3	4	5	6	7	8	9	10	11	12	13	14	15	16	17	18	19	20	21	22	23	24	25	26	27	28
	ゲーム	読書	音楽	スポーツ	ネット・SNS	テレビ	ひたすら寝る	世界一周	盛大なパーティー	南の島を買う	貯金・投資	高級品を買う	寄付をする	自分磨き（資格・留学など）	まとめ役タイプ	聞き役タイプ	世話役タイプ	話し好きタイプ	物静かで言いたいことも言えない	おしゃべりではないが言う時には言う	ころころ言うことが変わる	自分の限界を試す生き方	社会のために役立つ生き方	世間に左右されず我が道を行く	無理をせず人並みな生き方	その日その日が楽しければいい	何事にもまじめ	周囲にあわせるのが得意
名前	○				○	○		○			○			○	○							○						
	1	2	1		1			1			1	1	1		1	1	1	1				1	1	1	1			

上段に本人の回答
周囲の回答数

表5-5 ジョハリの窓記入例

	自分は気づいている	自分は気づいていない
他人は気づいている（そう見ている）	開放の窓（Open Self） ゲーム1人	盲点の窓（Blind Self） 読書2人
他人は気づいていない	秘密の窓（Hidden Self） テレビ	未知の窓（Unknown Self） 音楽

　表が完成したら，まず「盲点の窓」に着目する。自分では気づいていないが，他人からそう見られている点である。ここに着目することにより自己理解につながる。

　ジョセフらが提示しているのはジョハリの窓を完成させるまでの方法であるが，いじめを未然に防ぐという目的のためには，もう少し続けたい。

7．「暇なときにすること」「お金がたくさんあったら」「役割や言動」「信念や生き方」についてもう少し説明をする。番号を選んで表に埋めるだけで

は，ギャップがあっても「そうなんだ」と思うだけである。それでは，他者理解につながらない。例えば「暇なときにすること」であれば，表5-2にあがっている項目以外にも，いろいろあるはずだ。そこで，この4点について，グループ内で，もう少し詳しく話をしていく。これでグループ内の理解は深まる。

8．さらにいじめが起きない環境づくりの取り組みとしては，いじめをテーマとしたロールプレイングやストーリーテリングを行うなど，グループワークの実施や，1人ひとりが自分の見聞きした体験を話す学習を継続することが重要である。継続することにより，少しずつ他者への親近感や共感などが生まれ，残虐ないじめの芽を周囲の力で抑制する環境が形成されていく。

また，ネットいじめの予防策の1つに『学び合い』がある。これについては，『学び合い』の実践者でもある西川先生に次章で詳しく紹介してもらうことにする。

第6章
『学び合い』による
ネットいじめの解消

西川　純（上越教育大学）

第1節　規範の形成

　「いじめはいけない」ことであるのはすべての子どもが知っている。しかし，いじめはなくならない。では，もう一度「いじめはいけない」と指導すればいじめはなくなるだろうか？　おそらくなくならない。いじめをなくすためには，私たちの規範の形成に関して理解する必要がある。

　筆者らは環境教育に関連して一連の調査を行った（西川・高野，1998）。最初に行った調査は中学生にゴミ分別をするべきか否かを尋ねるものであった。そして1か月後に，同じ中学生にゴミ分別を実際にしているか否かの調査をした。生徒は（すべき／すべきでない）×（している／していない）の4つに分類できる。その結果，最も多かったのはすべきと考えているが，実際にしていない生徒であった。

　興味深いのは，環境に関しての知識量は（すべき／すべきではない）に影響するが，（している／していない）には影響していないことである。これをいじめに置き換えるならば，いじめはいけないことを指導すれば「いじめはいけない」と考える子どもは増える。しかし，実際にいじめをするか否かには影響しないとなるだろう。

　東京生まれの東京育ちである筆者が育った地域では，歩行者用信号が赤であったとしても左右に車が見えなければ横断する人が多かった。筆者もその1人である。しかし，上越教育大学に採用され新潟県高田市に住み始めて気がついたことは，住民が歩行者用信号を守ることである。左右に車は見えないのにも

かかわらず，住民はごくふつうに信号に従っている。周りの人が従っているので，急いでいる筆者はイライラしながらも従わざるをえなかった。しかし，高田に住む年月が長くなるにつれて，イライラしなくなったのだ。逆に，歩行者用信号を守らない中高生がいると注意したくなるようになった。このように人は，はじめは他者の同調圧力によって従うが，やがて自らの規範にするのだ。

　キャンポスらは興味深い調査を行った（Campos & Stenberg, 1981）。母親と小さい子どもを使った実験である。小さい子どもは母親の近くで遊んでいるが，そのとき，いきなり大きな音を出すのである。子どもはその音に驚くが，次にとる行動が大変興味深い。

　まず，子どもは母親の顔を見る。母親の顔が安心しているとそのまま遊びに戻るが，母親の顔に恐怖が表れていると泣きながら母親に近づく。小さい子どもは見知らぬ状況が訪れたとき，1人でそれを判断し，適切な行動をすることはできない。そのため，母親の判断に従ったのである。

　多くの生物は，きわめて狭い環境下で生活している。昆虫の中には特定の植物のみを食べているものもある。このような生物の場合，その生存に必要な行動パターンは限られている。そしてそれを本能としてDNAに刻みつけることは可能である。しかし，人類は極北から熱帯，砂漠から水上，多様な環境で生活している。このような多様な環境下で生き残るための行動パターンをすべて本能としてDNAに刻みつけることは不可能である。そのため後天的な学習に依存している。

　人類は，「何かあったとき身近な成人の行動をまねる」という単純な行動パターンをDNAに刻みつける，きわめて効率の良い戦略をとっているのだ。これは，社会心理学では準拠集団などという言葉でさまざまに表現されている。

　残念ながら，今までの教育において，この集団に着目することが弱かったと思われる。

第2節　行動のきっかけは

　筆者らは上越地域の分別回収ボックスでそこに来る人にさまざまなインタビューを行った。そのなかで注目したのは，何がきっかけで分別を始めたか，なぜ，分別を続けているのかの2点である（西川・小松，2001）。

当時の上越市はゴミ分別を徹底していなかった。そのため，ゴミをそのまま出しても問題なく回収されていた。そうした状況の下，手間のかかるゴミ分別をしている人にインタビューしたのである。
　「何がきっかけで分別を始めたか」に対する回答は，以下のようなものであった。

　「上越市，ごみ変わりましたよね，捨て方が。あれになって余計に燃えないごみには出さないようになった」
　「きっかけは，割と世間が，騒ぎ出したこと。今まで，そんなにうるさくなかったじゃないですか」
　「皆さん出すからでしょう。俺は，皆さんこうやって始めるっていうから，協力するようになったのさ。なんでかってさ，俺はすすんでやったわけじゃないけどさ，……ある程度決められりゃ，……」

　以上のように周りに影響されて始めたという回答が多かった。
　一方，「なぜ，分別を続けているか」に対する回答は，以下のようなものであった。

　「将来的な問題につながるでしょう，ゴミっていうのは。うん，捨てるのにお金かけて，洗って捨てるのもったいないっていう人いますけれども，でも将来的には，全部子どもっていうか，ねえ，かかってくる問題だから。自分がやったからどうのこうのっていう問題じゃないんだけども，少しでも役に立つ，役に立つとは思わないけれども，できることであれば，身近なことからね，やっていきたいと思っています」

　この質問に対しての回答は，熱を帯びたものが多かった。なかにはインタビューのマイクを奪い取って，今後の環境問題に関して熱く語る人もいた。
　以上の結果は，先に述べた筆者が地元の規範に順応し，やがて規範が内在化したのと同様なものであった。

第3節　周りとは

　先に述べた調査において，ゴミを分別回収する人に，「一般の家庭ではどれだけの割合でやっていると思いますか？」と質問したところ，56名中26名が「大多数」，27名が「半数」，3名が「少数」と回答し，「大多数」の割合が高かった。すなわち，いつもゴミを回収する人は，「みんなも分別回収している」と考えているのだ。

　同様の調査を親元から離れて生活する大学生（1400名）を対象として行った。彼らは成人ではあるが社会人ではない。しかし，親元から離れているため，衣食は自力で行わなければならない。このような理由から，被験者として選んだ。

　彼らには「トレー回収」「一般ゴミの分別」「家庭排水の前処理」の3つに関して，やっているかどうかを質問した。具体的には「一般ゴミの分別」に関しては，「燃えるゴミと燃えないゴミを別々な容器に分けて捨てていますか？」と質問した。この質問に対して，「いつもしている」と回答する学生と，「時々している」もしくは「していない」と回答する学生に分類した。次に，全学生に，「学生の中で，そういうことをやっている人はどれだけいるでしょうか？　あなたの直感で結構です」と質問した。その結果，「いつもしている」と回答する学生は，半数以上の学生はやっていると答えた。一方，「時々している」もしくは「していない」と回答する学生は，少数の学生がやっているにすぎないと答えた。

　この結果は，先の一般人と同じである。

　すなわち，私たちは周りから影響されるが，その周りとは限られた情報から形成される周りなのである。

　子どもを育てた人なら，子どもに「みんなが買ってもらっているから，私もほしい」とねだられたことがあると思う。「誰が持っているの？」と聞くと，子どもがいつも接する数人の名前は勢いよく応えるものの，それ以上は言えなくなる。知り合いの保護者に聞いてみると，それほど多くの人は持っていないことが明らかになる。それと同じなのである。

第4節　ネットいじめに対する対策

　ネットが生まれ，発展して，普及化している現在，それに起因する問題も多様に，重篤化している。最初は電子メールで起こったことがFacebookで起こり，今，LINEに移行しつつある。そして，数年のうちに大きく変化するだろう。学校現場に広く，一般的に行われる対策は，「禁止」である。その主張は「○○は年少である子どもが利用するには危険すぎる。したがって禁止すべきである」というものである。○○に入る名詞は変わろうと，同じことがくり返される。しかし，禁止は，おそらく無効である。

　学校がいくら禁止しても，ネットサービスは普及し，一般化する。保護者の世代がそれを使うことに抵抗感をどんどん覚えなくなっている。家庭で自由に使わせる保護者も増加するだろう。そうなれば，保護者から学校でも使用許可を求める動きが出てくるようになる。

　文部科学省（2009）の「学校における携帯電話の取扱い等について（通知）」（平成21年1月30日）に基づき学校は持ち込み禁止の指導をする。しかし，内閣府の調査（2015）によれば，小学生の9.1%，中学生の36.3%，高校生の86.8%がスマートフォンでインターネットを利用している（平成26年度青少年のインターネット利用環境実態調査　平成27年3月）。

　こうした状況で考えられるのは，保護者から「もし，連絡がつかなかった場合，その責任を学校がとれるのか？」と問われることだろう。この問いが複数になればなるほど，学校は拒否できなくなる。

　仮に地方でそのような状態にならず，学校でも家庭でもネットから子どもを隔離できたとしよう。しかし，その子どもが成長し，大学生や社会人となり，1人暮らしを始めたとき，ネットから隔離することは不可能である。しかも，ネットの恐ろしさをまったく知らない状態で，ネット社会に飛び込むことになる。成人となれば，ネットの罠にはまったとき，問題が起こったとき，必ず自己責任が問われる。

　はたして，禁止は有効であろうか？　禁止によって守れるのは子どもの身ではなく，教師の身を守る以上の効果はない。子どもの身を守るためには，教師の管理下でネットを使わせ，教師の管理下で失敗をさせ，教師の管理下でそれを正さなければならない。それもできるだけ早い時期に行うべきである。

第5節 『学び合い』とは

『学び合い』は，非常に単純で当たり前の前提から出発している。

第1は，子どもたちは多様であるという前提である。

子どもたちの理解は多様であることは，多くの研究が示すところである。子どもの中には多様な誤解があり，その多くは教師にとって噴飯物である。その誤解がさまざまな指導法を行うことでどのように変化するかによって，各指導法の有効性が検証される。しかし，その方法論には限界がある。

多くの研究では先行研究などによって誤解を想定し，調査者が選択肢を設定した調査問題によって調査する。多くの場合，5つ以内の選択肢にまとめられる。しかし，子どもたちと丹念に会話をすれば，同じ選択肢を選んだ誤答者の中にも，それを選んだ理由は10人いれば10通り，100人いれば100通りある。それゆえ，それに対する適切な指導は人数分ある。

第2の前提は，教師は最善の教え手ではないことだ。

日本中の教員養成及び教員再教育は誤った前提に立っている。それは，「教師は知識・技能をより多く，より深く得るほど教え方がうまく高度になる」という前提である。素人的には正しいように思えるが誤りである。認知心理学のエキスパート・ノービス（expert-novice：熟練者・初心者）研究によればそれほど単純ではない。正確には教え手と学び手の認知的距離が適度であるとき，教授（逆にいえば学習）は成立するのである。この事実は「専門家の話はわからない」という表現にすれば，至極納得するであろう。

上記の2つの前提から導かれるのは，30人の子どもがいたならば，30人の教師がいて，その教師と子どもの認知的距離は適度であらねばならない。しかし，明らかに不可能である。それゆえに，小学校，中学校，高等学校のすべての教科の授業では，成績中もしくは中の下に合わせた授業を行っている。

文部科学省の統計によれば，日本の子どもの2，3割は塾・予備校・通信教材で，学校で学ぶ前に学習をしている。そして，保護者の半数以上は4年制大学出身者である。つまり，中の下程度の授業であればすでにわかっている子が2，3割いる。一方，クラスの2割程度の子どもにわからせるには，マンツーマンで教えなければならず，時間もかかる。もし成績下位の子に合わせた場合，それ以外の大多数の子どもは退屈してしまう。その結果，中の下に合わせた授

業が一般的となる。この現状は，大部分の授業はクラスの半数の子を最初から捨てているとも言えるが，現状の授業を行っている限り，ほかに選択肢はないのである。

その限界を超える授業が，『学び合い』である。

『学び合い』の授業は，授業時間の９割以上，子どもたちが立ち歩き，相談するものである。これが成り立つのは先述したように，現状の日本では２，３割は塾・予備校・通信教材で，学校で学ぶ前に学習をしていること。そして，保護者の半数以上は４年制大学出身者であることだ。つまり，中の下程度の授業であればすでにわかっている子が２，３割いるからである。具体的には，30人学級であれば，６〜９人の子が周りの子どもに教えることができる。その子たちは，すでに知っている問題をもう一度解くのではなく，人に教えることによって学ぶ機会を得ることができる。

クラスの２，３割の子どもは，簡単なアドバイス，例えば「ここを注意すればいいんだよ」というアドバイスを受けるだけで解けるようになる。したがって，比較的短時間でクラスの半数以上の子どもが教え手となる。結果としてマンツーマンになるのである。

現在の授業では，子どもの能力の多様性は頭痛の種である。しかし，『学び合い』の授業では能力の多様性は宝となる。

教師には何がわからないかがわからない成績下位の子どもが何を悩んでいるかを理解できる，成績中の下の子がいる。成績中の下の子どもが何を悩んでいるかを理解できる，成績中の子がいる。成績中の子どもがどうやったらわかるかを理解できる，成績中の上の子がいる。成績中の上の子どもがどうやったらわかるかを理解できる成績上の子がいる。

結果として，現状の授業の問題点である，「子どもの多様性」「教師は最善の教え手ではない」という問題点を乗り越えることができる。

平均的なクラスにおいて，８割程度の子どもはクラスの子どもの誰かとはつながっている。したがって，自由な時間を与えればその子とつながって学び合う。しかし，その子が認知的に適当な距離を持っているとは限らない。具体的には成績下位の子どもがいくら集まっても課題を解決できない。

また，さまざまな理由からクラスメイトとつながりを持てない子どもが２割いる。そのような子は自由な時間を与えられても１人で孤立し，他の子どもか

ら教えてもらうことはない。

　このような問題を乗り越えるために，『学び合い』では「1人も見捨ててはいけない」とくり返し語り続ける。先に述べたように，授業時間の9割以上は子どもたちの自由に学び合える時間である。残りの1割弱の時間では，教師が「1人も見捨ててはいけない」ことをくり返し，語る時間である。

　もちろん，教師の語りにすべての子どもが直ぐに従うわけではない。今までの授業では，その従わない子どもをなんとかする教材や指導法が数多く開発されてきた。しかし，『学び合い』では，そのようなものは効果が低いと考えている。なぜならば，従わない子どもが従わない原因は1人ひとり違っていると考えるからである。したがって，10人いれば10通りの教材や指導法が必要となるので，実践は不可能である。

　『学び合い』では，教師に従わない子どもをなんとかするのではなく，教師の指示に従う子どもを動かそうとするのである。

　どのクラスでも2，3割の子どもは教師の指示に従う，そして教師の指示に従う子の多くは成績上位者である。従うからこそ成績がいいのである。この子どもたちは従来の授業では「自分」が真面目に勉強をして，テストの点数が高ければ「良し」とされていた。しかし，『学び合い』では1人も見捨てず全員達成しなければ，良しとはされない。教師が1人も見捨てず全員達成が大事であると語れば，露骨に嫌な顔をする子どもが2割いると思われる。その一方で，それに従う子どもも2，3割いる。この子たちが1人も見捨てず全員達成を目指せば，周りの子どもはそれに準じた行動をするようになる。教師の指示に従う子どもは多くのクラスメイトに影響力がある。したがって，比較的短期間にクラスの大多数の子どもは程度の差はあれ1人も見捨てず全員達成のための行動をするようになる（福留・西川，2008）。多くの子どもが教師の指示に従うようになれば，教師の指示に従わない子どもも従わざるをえない。

　『学び合い』は，教師の指示に従わない子どもを動かそうとしない。その代わりに教師の指示に従う子を動かそうとする。それがクラス全体に行きわたるポイントは「1人も見捨てず全員達成を目指す」ことを求めるからである。

　一見，奇異に見えるかもしれないが，よく運営されている部活を想像してほしい。例えば，ひとくちに運動部といっても部活の子どもは多様である。運動競技に年少より親しみ，才能があり，県の代表に選ばれるような子どももいれ

ば，その部に入ったときに初めてその競技に触れる子どもいるだろう。

また，その競技で県大会，全国大会で結果を出そうという子どもから，親が言うから嫌々ながら入った子どもまでさまざまである。

「専門家の話はわかりにくい」のは，運動競技も同様である。その競技で国体選手に選ばれた顧問の説明が，部員全員にとってわかりやすいことはありえない。

想像してほしい。部の練習時間のほとんどが顧問からの説明であり，指名された部員が競技し，顧問の指導を受け，他の部員はその様子を見て，ノートに取るような部活はあり得るだろうか？　そして，その顧問が「競技の基礎・基本を教師がしっかり教えることが大事だ」と言ったとしたらどう思うだろうか？　おそらく馬鹿馬鹿しいと思うだろう。

では，部活における顧問は何をすればよいだろうか？　それは，「部活はチームである」とくり返し，くり返し語ることである。そして，子どもたち同士の『学び合い』によって技術的なものを学ばせるのだ。『学び合い』は，教科学習においてもそれが有効であると主張できる。

さて，部活動を思い出してほしい。なぜ，野球部は炎天下の校庭を何周も走り続けることができるのだろうか？　県大会優勝を目指して，あらゆる時間を費やせるのだろうか？　それは集団で目指しているからである。最初は周りがやるからやらざるをえない，というのが正直な気持ちであろう。しかし，それをし続けることによって，そうすることが正しいことと思うようになる。先に述べた規範の形成と同じことが起こるのである。

さらに部活における部員の1人ひとりの言動を思い出してほしい。すべての部員が必死になっているわけではない。手を抜こう，遊ぼうとしている部員もいる。しかし，必死になっている部員もいて，その部員は周りのみんなを動かそうとしている。そのため，部員の多くはその必死な部員に従い，結果的に部員の大多数は教師の指示に従うようになる。そのため手を抜こうとしている部員も従わざるをえないのである。

第6節　『学び合い』の基盤

『学び合い』は，基本的に教科学習での実践が中心となる。理由は2つある。

第1は，頻度である。学校教育のほとんどを占めているのは教科学習である。そこで定常的に実践するならば1日に何回も，1人も見捨てず全員達成を目指すことを求められるからである。

　第2の理由は，子どもたちが本気になって1人も見捨てずに全員達成を目指したか否かが明確である点である。彼らの本気度は点数の分布に表れる。仲間を見捨てていれば，点数の分布は広がり，最悪の場合はフタコブラクダのようになってしまう。一方，1人も見捨てないことを本気で目指しているならば点数の分布の分散は小さいものになる。また，1人も見捨てずに全員達成を目指している子どもが少なければ，全体の平均はそれほど高くならない。しかし，1人も見捨てずに全員達成を目指す子どもが成績上位層ばかりではなく中位層まで広がれば平均点は高くなる。

　特別活動で「ネットいじめはいけない」ということを単独で実践しようとしても，「いけないと思っている」ふりはいくらでもできる。しかし，テストの点数を上げるふりはできない。そのことが明確であるため，手を抜けないのである。そのため，『学び合い』の実践の中心は教科学習となっている。

　しかし，教科学習での『学び合い』によって，1人も見捨てずに全員達成をすることはクラスの人間関係を向上させ，学習効果も上がることを子どもたち，とくに学力上位層の子どもが実感できるならば，教科学習以外の『学び合い』においても「ふり」はせずに，本気で1人も見捨てずに全員達成を求めるようになる。したがって，以下で例示する指導は，教科学習での『学び合い』を定常的に実践しているクラスでの例である。

第7節　いじめの原因（集団）

　ここでいじめの原因を考えてみたい。「いじめ」は多くの人がかかわり合うときには必然的に生じるものであると，多数の人は考えている。そのため，何らかの手立てをしなければいじめは起こってしまうと考える。しかし，本当にそうであろうか？

　動物行動学でノーベル賞を受賞したコンラート・Z・ローレンツによれば，生存に無関係な無意味な攻撃は動物にはないとしている（1985）。生物はギリギリの状況で生存競争をしているので無意味にエネルギーを消費したり，無意

味に生存可能性を低くしたりする余裕はない。それは人間も同様である。

　異質なメンバーがいじめの対象となるのは少なくないので，ある子がハーフであることを理由にクラスメイトにいじめられたとしてもありがちだと考えてしまう。しかし，町でハーフの人に出会ったとき，その人に近づいて暴言を吐いたり，暴力を振るったりするだろうか？　おそらくそのようなことは起こらないだろう。なぜならば，そのようなことをしても得るものはなく，かえって反撃を受ける可能性さえあるからである。

　では，クラスにいるクラスメイトにいじめをするのはなぜだろうか？　窮鼠猫を嚙むで反撃される可能性があるにもかかわらず攻撃するには，攻撃することによるメリットがあることを意味する。このメリットが何であるかを知っていなければ，いじめはなくならない。

　筆者らは理科の実験の場面の中でいじめが生じる過程を詳細に追った（辺土名・西川，2004）。その結果，班を形成すると初期は能力のある子が能力の高くない子どもをサポートする。しかし，それが続くとイライラしてくる。そして，最初は遠回しな嫌みを言い始め，やがて直接的な嫌みを言うようになる。行動面でも排斥を行う。この場合のいじめの原因は，特定の子どもが「お世話係」になってしまうことから生じる。そして，その原因は班などの固定的な集団をつくるからである。

　ところで，筆者はサルから学ぶことが多いと感じている。サルは序列が厳しい群れる動物である。しかし，人間社会の序列とは少々違う。「サル社会は順位社会であるが，日常生活では順位が高いことにより，何らかの利益を得ることはほとんどない。人が餌を与えるという状況では，高順位の者が得をするが，これは自然の姿ではなく，野生生活では高順位の者がよい餌を独占するということはありえない。結論として言えることは，順位は集団がうまくまとまっていくための統合的機能としてあるのであって，個体の絶対的な価値基準ではない。学校では競争原理が過度に適用され，子どもたちは授業科目の成績によって完全に序列化されている。問題は，上位成績の者がすぐれており，下位の者はだめ，最下位は落ちこぼれという烙印を押され，人格までがそれに基づいて価値づけられていると言うことだ」（河合，2001, 2008）と河合は述べている。

　それでは，なぜ，サルの群れは人間のような群れにならないのか？　それに関して，順位と繁殖率との関係についての興味深い観察がある（杉山，1999）。

人間がサルを一定の檻（またはサル山）に押し込めているときは，社会的地位の高いサルは肥太り，社会的地位の低いサルは痩せる。結果として，子孫を残せるのは前者である。さらに，社会的地位の高いサルの子どもは肥太り，社会的地位の低いサルの子どもは痩せる。何か現代社会の縮図を見る思いで，ちょっとイヤになってしまうが，社会的地位が生存競争に影響していると納得する。

　しかし，サル学の発見はそれにとどまらない。自然状態では，社会的地位の高さは，その個体及びその子孫にあまり影響を与えないことが明らかにされている。理由は，社会的地位の低いサルが，その群れに所属することがイヤになれば，その群れを出られるという方法があるからである。群れから出ることによって，社会的地位の高いサルからの攻撃から逃げることができる。さらに，別な環境に移れば，そのサルの持つ特徴が特長に変わりうる場合もある。また，社会的地位の高いサルは，出て行くサルを追っかけて連れ戻すことは，労多くして益少ないのでやらない。結果として，社会的地位の低いサルは，その地位の低さが不都合とならない場所で，不都合なく生活できる。

　もちろん集団から離れることによるデメリットがあるため，安易に群れを出て行くことはない。しかし，出て行けるということが健全性を保たせているのである。

　そこで，筆者らは実際の教室における班の構成に関して調査した（古田・西川，2001）。この調査では，小学校2年生，4年生，6年生を対象として，毎時間の授業の様子を記録した。授業では毎回，グループをつくって話し合わせる場面を設けた。グループは子どもたちが自由に構成した。したがって，毎回同じでも，異なっても自由である。調査で注目したのは，第1に，班の中で交わされる会話の質である。

　その分類は，以下のとおりである。

「無関心ケース」…課題と無関係な対話をしている。発話数が少ない。お互いの考えや経験に関心がなく交流を求めない。簡単に言えば，盛り上がらない班である。

「強制ケース」…他の子の考えや経験を強制的に排除または無視する。断定的な発話で言い合いをする。簡単に言えば，リーダー格の子どもがすべてを仕切ってしまう班である。

「安易な合意ケース」…お互いの考え（知識）や経験を述べるが交流が浅い。意見の対立を避け，どちらかが同調し安易に合意する。簡単に言えば，とにかく友人関係を壊したくない，という気持ちが前面に出て，それ以外を犠牲にしてしまう班である。つまり，「トイレ仲間」の会話版と言えよう。

「経験交換ケース」…考え（知識）や経験をお互いに説明し合い，交流する。納得するまで対話しようとしている。

もう1つの視点は，毎回形成されるグループが，前回のグループと同じか否かである。約2か月強の観察の結果，「経験交換ケース」の会話が成立した班は，次回も同じ班を形成する場合が多いことが明らかになった。一方，「無関心ケース」「強制ケース」の班は，次回は異なった班を形成する場合が多かった。興味深いことに，表面上仲良くやっている「安易な合意ケース」の班も同様に，次回は異なった班を形成する場合が多かった。この結果は，2年生，4年生，6年生のいずれも同じであった。

すなわち，「安易な合意ケース」の班員も含めて，「経験交換ケース」以外の班は，自分たちの話し合いの質が望ましいものでないことを自覚しており，打開策が班の再構成であった。興味深いのは，「強制ケース」のリーダー格の子どもである。他の班員が逃げられる結果，このタイプの子どもはひとりぼっちになってしまう。しかし，しばらくすると，このタイプの子どもは班の一員となるが，その際には以前の強制的な言動は影を潜めてしまう。

また，私たちはどのように班を立ち上げるかに着目していた。しかし，班をどのように立ち上げるかが重要なのではなく，立ち上がった班の再構成をどれだけ認めるかが重要であることがわかった。つまり，「逃げられる」ことを許すか，否かである。これは，今後の課題である。それも，緊急の課題であると考えている。なぜなら，もしグループ構成を固定的にし，かつ，長期化した場合，サル山のサルと同じ状態にグループが陥る危険性があり，きわめて深刻な問題となるからである。

『学び合い』は，そのネーミングから学び合うことを求めているように誤解される。しかし，『学び合い』では，学び合うことを子どもに強いることはない。教師が子どもに求めるのは，1人も見捨てずに全員達成することだけである。

そして，その責任は全員が等しく負っていることを強調する。そのため，『学び合い』においては固定的な班はつくらない。その場その場で子どもたちが考えてつくる。また，学び合わないことが全員達成に有効であるとき，例えば，1人でじっくりと考えることが必要なときは，みんなから離れて1人になることも許される。

　小学校，中学校，高等学校でいじめが問題になることは多いが，大学でいじめが問題になることはほとんどない。理由は上記を理解すれば明らかである。すなわち，大学において固定的な学習集団がほとんどないからである。

　教師がよかれと思ってやっていることがいじめの原因になっていることもある。それがネット上で現れたとき，ネットいじめとなる。

　いじめの原因は多様である。本章で書いたものばかりではなく，社会の問題，家庭の問題などさまざまある。しかし，学校や教師ができることは，クラスでできることである。そして，他人を変えることはできなくとも，自分を変えることはできる。いじめが起こった場合，他者の原因を探すより，自らの言動に原因を探すことは苦しいが，実りある対応である。

第8節　具体的な指導例

　『学び合い』での指導で最初にやるべきこと，そして，一番大事なことは理由を語ることである。少なからざる指導では「ネットいじめはいけない」ということが当然すぎるので，そこを省略してしまいがちである。しかし，『学び合い』では，ここが一番大事だと考えている。なぜならば，クラスをリードする子どもが本気になって動かなければ，波及効果は期待できないからである。

　その説明で注意すべきは，徳で語るのではなく，損得の得で語ることである。いわゆる徳で語っても，一定以上の時間が経つと効果が薄れ，それでも教師が求め続ければイライラしてしまう。結果として誰かを攻撃してしまう。そのことは先に述べたとおりである。人は自分の利害で納得したとき，安定した行動が期待できる。

　この利害で説明するとき，集団の利害と関連づけることと，中長期の利害と関連づけることがポイントとなる。私たちは自分の，それも今の利害で物事を考えがちである。それゆえに当事者でない子どもは「自分に関係ない」と思い，

ネットいじめなどの問題に無関心になる。

　一方で，子どもたちは，先に述べた教科の時間における『学び合い』によって，自分たちが集団として機能することは勉強もわかるようになり，楽しくなると実感するようになっている。その集団が，ネットいじめなどが起こると簡単に崩れてしまうことを述べる必要がある。また，クラスメイトが一生涯の仲間になれば，高校受験，大学受験の力になり，大人になってからの仕事にも強力な仲間になることを語るのである。かなり抽象的な話になるが，クラスの２，３割を占めるクラスをリードする子どもがわかればいいと割り切ることが必要である。それ以外の子どもに伝える能力は教師にはない。それ以外の子どもに伝えられるのはクラスをリードする子どもたちである。

　『学び合い』の授業では，子どもたちは立ち歩き，自由に相談する。その結果，黙って机に座ってノートを取っているのにくらべて，格段に子どもたちの実態がわかりやすい。遊ぶ子どもは遊ぶ。答えを丸写しにする子は丸写しにする。孤立している子は孤立する。非常にわかりやすく表出する。それは教師が見えやすくなるだけではなく，「教師が見えやすくなっている」ということを，クラスをリードする子どもたちに見えやすくする。それゆえに，「それでいいのだろうか？」という教師の言葉に重みが出てくる。『学び合い』は，わざと教師の目の前で問題を起こさせ，教師の指導でそれを正せる集団に育てているのである。

　これをネットいじめの指導で応用するならば，オープンなネット環境を形成する。例えばFacebookを活用し，連絡はタイムラインで行うように指導するのである。教師，クラスは友だち登録をして，そのなかでは情報を共有するように設定する。当然，私的なやりとりをメッセージで取り交わすであろう。そして，影に隠れてイジメの兆候が生じる可能性がある。

　しかし，問題はふだんの『学び合い』における子どもたちの言動に表れてくる。それはテストの点数分布に端的に表れる。クラスの凝縮力が高まればテストの点数の分散は小さくなり，クラスの凝縮力が低くなればテストの分散は大きくなる。そして，集団から孤立するような子どもが多くなればテストの点数分布はフタコブラクダになる。その他，ありとあらゆる兆候は子どもたちの言動に表れてくる。

　ネットの使い方のみをコントロールしようとすれば，子どもたちは必ず教師

の裏をかく。そのなかには成功してしまう場合もあるだろう。しかし、『学び合い』における言動、そしてテストの点数分布をごまかすことは不可能である。そして、不可能であることを、クラスをリードする子どもたちは理解している。それゆえに、ネットでの問題が起こっても、子どもたちの中で解決するようになるのである。

第9節　地域コミュニティの再生

　実は一定の枠組み（先ほどの例ではFacebookを活用する）を教師が設定しなくても、自由にネットを使わせる環境を整えれば子どもたちは自由に使い、問題が起こればふだんの『学び合い』における言動やテストの点数分布に表れる。教師はそれらを手がかりに問題を見取り、「それでいいのか？」と子どもたちに返す。このくり返しが『学び合い』であり、それが機能する。では、なぜ、一定の枠組みを与えるのか？　それは保護者集団を形成するためである。
　クラスでも世の中でも、現状では一定数が集団に入れず孤立している。情報が流れず、問題を相対化できない。「我が子に起こったことを保護者ネットワークで愚痴を言い、実は自分の子ばかりでないことを知り、安心する」ということができなければ、被害者意識が生まれてしまう。結果として、モンスターペアレンツと呼ばれるような行動をしてしまう。
　では、どうしたらいいか？
　クラスでの『学び合い』とまったく同じである。教師を支持する保護者が2割程度はいる。同時に、教師に反発する保護者も2割程度いることを覚悟すべきである。そして6割の保護者は中間層である。多くの教師は反発する2割の保護者対応に時間と労力を費やしている。しかし、それらは効果が期待できない。むしろ、教師を支持する保護者2割を動かすことを考えるべきである。子どもたちの場合と同じである。
　『学び合い』での指導で最初にやるべきこと、そして、一番大事なことは理由を語ることである。すなわち、保護者集団を形成することの理由を教師がハッキリと述べなければ、クラスをリードする保護者が本気になって動かず、結果として波及効果は期待できないからである。
　その説明で注意すべきは、徳で語るのではなく、損得の得で語ることである。

いわゆる徳で語っても，一定以上の時間が経つと効果が薄れ，それでも教師が求め続ければイライラしてしまう。結果として誰かを攻撃してしまう。そのことは子どもと同じである。人は自分の利害で納得したとき，安定した行動が期待できる。
　この利害で説明するとき，集団の利害と関連づけることと，中長期の利害と関連づけることがポイントとなる。私たちは自分の，それも今の利害で物事を考えがちである。それゆえに当事者でない保護者は「自分に関係ない」と思い，他の保護者，とくに孤立している保護者の問題に無関心になる。
　先に述べた教科の時間における『学び合い』によって，子どもたちが集団として機能することで，我が子が勉強もわかるようになり，楽しくなると実感するようになっている。その集団が崩れてしまえば我が子にデメリットが生じることを述べる必要がある。また，クラスメイトが一生涯の仲間になれば，高校受験，大学受験の力になり，大人になってからの仕事にも強力な仲間になることを語るのである。かなり抽象的な話になるが，クラスの２割を占めるクラスをリードする保護者がわかればいいと割り切って良い。それ以外の保護者に伝える能力は教師にはない。それ以外の保護者に伝えられるのは，クラスをリードする保護者たちである。
　『学び合い』の授業では，授業時間の大部分は子どもたちが楽しげに相談している。そして，教師はそれを自由に観察している。そのような時間を積極的に保護者に公開するのである。もちろん，公開したとしても参観に来るような保護者は少ないだろう。しかし，そのなかでも参観に来る保護者の意識は高く，保護者ネットワークの中での影響力も高い。その保護者が来たならば，その保護者と授業中に立ち話をするのである。授業中に立ち話ができるのも『学び合い』の特徴である。
　最初は我が子のことを話題にする。『学び合い』は，子どもたちが自由に行動するためさまざまなエピソードが生じ，教師はそれを見ることができるので話題は豊富である。そして，最近の子どもが家庭でどのようにクラスのことを話しているかを聞くのだ。それをきっかけに『学び合い』の授業のことを説明し，先に述べたように集団づくりと我が子の得と関係することを説明する。そのために保護者ネットワークが重要であることを語るのである。
　学校から参観に来てほしいと求めれば「忙しい」と断る保護者の中には，保

護者ネットワークでランチをする人もいる。保護者から誘われれば参観に来る人も増える。そこで、保護者が集まり、帰りにランチをするしくみを、授業を通じて形成するのである。保護者ばかりではなく、祖父母世代、地域の人々を授業参観に参加させることによって地域コミュニティを再生することもできるだろう。

　しかし、共稼ぎのため参観できない保護者もいる。そこで先に述べた、教師が設定したFacebookなどが有効になる。オープンにした環境で情報を保護者集団の中で共有する。その情報を基に保護者同士がネットワークを組めるよう促すのである。教師が保護者集団に語ることは子どもたちと同じである。1人でも見捨てれば、それは自分の損であるということである。

第10節　読書ガイド

　本章は、『学び合い』自体を理解することを目的としていない。そのため、『学び合い』自体の説明を大幅に割愛している。しかし、本章で提案した実践を行うためには、実践の詳細を学ぶ必要がある。そこで実践を目指す人への読書ガイドを行う。

　『学び合い』の良さを概括的に学ぶには、「クラスが元気になる！『学び合い』スタートブック」（学陽書房）を読むことを勧める。また、会話形式の「クラスと学校が幸せになる『学び合い』入門」（明治図書）も同様である。

　『学び合い』のテクニックを全般的に学ぶためには、「クラスがうまくいく『学び合い』ステップアップ」（学陽書房）を読むことを勧める。

　テクニックの中で言葉がけに関しては「気になる子への言葉がけ入門」（明治図書）、「『学び合い』を成功させる教師の言葉かけ」（東洋館）に詳しい。

　テクニックの中で子どもの見取りに関しては、「子どもたちのことが奥の奥までわかる見取り入門」（明治図書）、課題づくりは「子どもが夢中になる課題づくり入門」（明治図書）に詳しい。

　『学び合い』で成績を上げたい場合は、「簡単で確実に伸びる学力向上テクニック入門」（明治図書）、特別支援の必要な子どもに対しては、「『学び合い』で『気になる子』のいるクラスがうまくいく！」（学陽書房）、理科に関しては「理科だからできる本当の『言語活動』」（東洋館）に詳しい。ICT（Information and Communication Technology：情報通信技術）に関しては「子どもによる子どものためのICT活用入門」（明治図書）が詳しい。

以上の実践書の基礎となる学術論文に関しては，筆者の業績一覧を手がかりにしてほしい（http://goo.gl/ZXETW8）。

なお，本を読むと同時に実際の『学び合い』を参観することを勧める。参観された人は，本では読み取れなかった子どものすごさを感じることができる。筆者にメールしていただければ（jun@iamjun.com），近くの実践者を紹介する。

また，『学び合い』のブログ群（http://manabiai.g.hatena.ne.jp/）がある。登録すれば，各地の実践者の日々の実践がわかる。Facebookにも同様のグループが存在する。

『学び合い』は，県庁所在地でもない地方都市にある小さい大学の一教師が始めたことである。これが全国に広がっている理由は1つである。「簡単で，直ぐに効果がある」からである。

引用・参考文献

Campos,J.J., & Stenberg,C.R. 1981 Perception, Appraisal and Emotion：The Onset of Social Referencing, In Lamb,M.E. & Sherrod,L.R. (Ed.), *Infant Social Cognition*, Erlbaum

福留明子，西川純　2008　小学校1年生における子どもの相互作用を生かした学習について──『学び合い』による学校探検の教科書作りを通して──，臨床教科教育学会誌，臨床教科教育学会，8 (1)，pp.89-106.

古田豊，西川純　2001　小学校理科学習における学び合いの発達に関する研究──話し合いケースに着目して──，日本教科教育学会誌，24 (2)，pp.11-20.

辺土名智子，西川純　2003　中学生の教科学習への参加構造と学びの関係性，臨床教科教育学会誌，臨床教科教育学会，2 (1)，pp.28-37.

河合雅雄　1990　子どもと自然　岩波新書　岩波書店

ローレンツ，K.Z.　1985　日高敏隆・久保和彦（訳）　攻撃──悪の自然誌──　みすず書房

文部科学省初等中等教育局児童生徒課　2009　学校における携帯電話の取扱い等について

内閣府　2015　平成26年度青少年のインターネット利用環境実態調査調査報告

西川純，高野知子　1998　生徒の環境問題に対する判断と行動，環境教育，7(3)，日本環境教育学会，pp.44-49.

西川純，小松公之　2001　社会的に構成される環境意識に関する研究──上越教育大学学生，及び，上越地域市民を事例として──　環境教育，21，日本環境教育学会，pp.55-62.

西川純　2010　クラスが元気になる！『学び合い』スタートブック　学陽書房
西川純　2012　クラスがうまくいく！『学び合い』ステップアップ　学陽書房
西川純　2013　学校が元気になる！『学び合い』ジャンプアップ　学陽書房
西川純　2014　理科だからできる本当の「言語活動」　東洋館出版社
西川純　2014　クラスと学校が幸せになる『学び合い』入門──会話形式でわかる『学び合い』テクニック──　明治図書出版
西川純　2014　気になる子への言葉がけ入門──会話形式でわかる『学び合い』テクニック──　明治図書出版
西川純　2015　子どもたちのことが奥の奥までわかる見取り入門──会話形式でわかる『学び合い』テクニック──　明治図書出版
西川純　2015　『学び合い』を成功させる教師の言葉かけ　東洋館出版社
西川純　2015　子どもが夢中になる課題づくり入門──会話形式でわかる『学び合い』テクニック──　明治図書出版
西川純　2015　簡単で確実に伸びる学力向上テクニック入門──会話形式でわかる『学び合い』テクニック──　明治図書出版
西川純，間波愛子　2015　『学び合い』で「気になる子」のいるクラスがうまくいく！　学陽書房
西川純　2015　子どもによる子どものためのICT活用入門──会話形式でわかる『学び合い』テクニック──　明治図書出版
杉山幸丸　1999　サルの生き方ヒトの生き方　農山漁村文化協会

第 **3** 部

ネットいじめ
——事例と分析・対策

第7章

対談:ネットいじめ対策の枠組みをどうつくるか?

——藤川大祐(千葉大学)×加納寛子(山形大学)

既読無視をどう考えるか

加納：まず、ネットいじめで、KS（既読無視）による事件が問題になっています。KSによるトラブルに対して、どのような対処が必要だと感じていますか？

藤川：KSの問題は、同調圧力にかかわる問題だと考えています。一般に、いじめが発生しやすい状況では、子どもたちの同調圧力が強く、同調がうまくできないことがトラブルになります。かつてからある即レス症候群と呼ばれるようなものも、同調圧力の現れといえるでしょう。KSというのは、「同調してほしいのに、同調してもらえなかった」という状態です。同調してもらえないのは、当事者である子どもにとって深刻な問題と感じられ、いじめにつながることがあると考えています。

加納：同調圧力は、ネットだけでなく、球技系の部活動でもよく見られます。そのため、いじめによる自殺事件が起きやすい部活は、ソフトボール部や野球部、バレーボール部、バスケットボール部などで、協調性を育む裏側として同調圧力が働き、いじめが起きます。だからといって、球技系の部活動を禁止しましょうとはなりません。むしろ、球技系の部活動で同調し合えないことは、協調性がないと見なされることすらあります。

藤川：部活もネットも、禁止すればよいという問題ではないですよね。部活に関しては、最近は体罰の問題も含め、そのあり方が問題視されるこ

とが多くなっています。部活の人間関係においても，これまでのように一定のいじめはあって当たり前という感覚は，通用しなくなりつつあると言えるでしょう。ネットに関しても，情報モラル教育を児童生徒に対して行うことは当然と考えられるようになってきていますね。

加納：情報モラル教育に関しては，すでに道徳の学習指導要領にも記載があり，多くの学校で教育が行われています。ただ，少し前の話になりますが，ある報道関係者が，山形県内の学校の大半に，道徳の授業で情報モラル教育を実施しているかどうか電話で尋ねたところ，一握りの学校でしか実施されていなかったようです。さらに，そのなかで，ネットいじめについても取り上げている学校となると，1校あるかどうかということだったそうです。なぜ，学校教育の中でネットいじめに関する教育をしないのか，現場の教師に尋ねることがありますが，どうしたらよいかわからない，という回答を得ます。それが本音でしょう。だからといって，夏によく行われる教職研修のメニューに，ネットいじめをテーマにした講座があるかといえば，ほとんどありません。教師は，指導の仕方がわからないから指導しない，ロンドンでの24年間の追跡調査[54]から，いじめ加害者の親もいじめ加害者だという結果が出ているので家庭教育でも無理，というのが現状だと思います。PTA総会などで，ネットいじめに関する講習会を開いて，それでおしまいではなく，日々の教室での授業において，きちんとネットいじめに関する指導ができるような，制度的側面及び教師教育の側面双方からの対策が必要だと考えていますが，いかがでしょうか？

藤川：まず前提として，2013年にいじめ防止対策推進法が施行され，ネットいじめについての対策も義務づけられていることを確認しましょう。各学校は学校いじめ防止基本方針を定めることとなっており，本来はそのなかでネットいじめについても，対応する授業がなされなければなりません。学校いじめ防止基本方針は基本的に公開されていますので，今後，児童生徒や保護者や地域住民が各学校の方針について議論し，改善が促されるという流れが期待されます。

---

54 p.50参照。

加納：制度的には整ってきていますが，実際に広く普及しているようには思えません。ネットいじめに関する指針は，それぞれの学校でつくっているとは思いますが，ランダムに抽出した学校に，「ネットいじめの具体的な指導としてどんなことをしていますか？」と尋ねても，現状のままでは，3年先も5年先も「これからの課題です」という回答が返ってくるだけです。学校現場は，ただでさえ時間がない状況ですから，教師教育もネットいじめについては，学習時間の確保を義務化するなどの政策がない限り，いつまで経っても絵に描いた餅のままになりかねないと危惧しています。

藤川：法律の施行が2013年9月で，多くの学校の基本方針ができてきたのが2014年度中ですから，現段階（2015年5月時点）でネットいじめ対策の授業が不十分であることは残念ですがやむをえないでしょう。しかし，この状態は一刻も早く解決されなければなりません。国でもいじめ防止対策協議会がつくられ，地域や学校の取り組みをモニターすることは一応可能となっています。民間のNPOなども地域や学校のいじめ対策について意見を出すことができます。これからは，こうした取り組みを進めなければなりません。まずは，いじめ防止対策推進法による枠組みでの対策，これまでとは違う実効性のある取り組みを進めるべき時期に来ていると考えたいです。

加納：私は，そのために，道徳の中で情報モラルやネットいじめの指導を期待することには限界があると感じています。国語で学ぶ，「人の気持ちを理解する」なども，道徳で指導するといえば国語の学習内容から外し，道徳の中に盛り込むこともできますが，それをはじめると道徳が肥大化しすぎてしまいます。肥大化しすぎると，各教師の温度差によって，取り扱うテーマと取り扱わないテーマが出てきてしまうので，1つの教科の中で肥大化させるより，「情報」の教科を，イギリスやエストニアのように5歳児から義務化し，情報の科学的な理解と並行して，ネットいじめや情報モラルの指導を実施していくことが望ましいと考えていますが，それについてはいかがでしょうか？

藤川：情報を専門に扱う教科は検討されてよいと思いますが，ネットいじめに関する情報モラル教育については，学級担任がある程度担当するこ

とが必要と思われます。そのためにも，学級担任が無理なく指導できる教材や指導案の普及が必要です。私はNHKの番組（「ネット・ケータイ社会の落とし穴」シリーズ）やソフトバンクの社会貢献活動（「考えよう，ケータイ」シリーズ）などで，情報モラル教育の教材づくりに10年以上かかわってきました。10分程度のドラマの中で起こす登場人物の問題行動を，それを見ている児童生徒にいろいろ指摘してもらいます。そうした指摘を出し合ってもらうという形で授業ができる教材となっているので，学級担任が無理なく活用できるという評価をいただいています。

加納：現状では，ネットいじめに関する教師の指導力が育っていないわけですから，短期的には，外部の力を借りるほかないでしょう。私が監修したKDDIの「ケータイ教室」用の資料は，漠然とした読み物ではなく，フローチャートを用い，どんな指導が必要なのか，ピンポイントで指導ができるよう，10年近く前から，何度か改良を加えつつ作成してきています。ソフトバンクやKDDIだけでなくNTTドコモも同じような取り組みをしていますが，外部の企業がやっているから，それを利用すればいいということを言い始めると，数学も，理科も英語も，塾の先生に来てもらえばすむので，学校では指導しなくてもいいという極論も成り立ってしまい，学校の存在意義そのものが揺らいでしまいます。学校教育は，これからの社会で生きていくために必要不可欠な教育を行う義務と責任があります。これだけ，インターネットやスマートフォンなどに関して，子どもたちを巻き込む課題が多発している昨今の状況を鑑みると，イベント的な講習会を開いて終わりではなく，発達段階に応じた体系的な指導が必要です。そのために，抜本的な教育改革が必要だと考えています。

藤川：基本的に，学校教育は教師の力だけでは立ちゆかなくなりつつあり，今後ますます外部の力を借りる必要が高くなっていくでしょう。情報社会ゆえに，児童生徒は容易に学校の教師以外のリソースにアクセスできるようになっています。学校教育は，すべてを自前で用意するのでなく，外部のリソースを適切にコーディネートし，子どもたちに供給するものへと変わっていかざるをえないのではないでしょうか。と

くに，情報モラル教育については，学校が自分たちだけで対応するのには無理があります。それは，情報に関する課題については，非常に変化が早いからです。ネットいじめのような具体的な問題を取り上げようと思えば，2年ほどで内容が陳腐化してしまいます。従来と同じようなペースで学習指導要領を改訂し，教科書をつくっていくのでは追いつきません。こうした言わば「動的」な内容を，学校の教師だけで進めるのは難しいのではないでしょうか。もちろん，子どもの発達段階に応じた教育を構築するのは学校の責任ですが，情報モラル教育に関しては，この部分も外部の人たちの協力抜きには難しいように思います。

過去の失敗の歴史から学ぶ

加納：確かに，対症療法的な指導であれば，めまぐるしく変化しているように見えます。しかしながら，パケット通信のしくみを理解したうえで，バッファオーバーフローがなぜいけないのかの理由を説明できるような教育であれば，20年前と現在とほとんど変化がありません。変化が起きても，自ら考えて判断できるような基礎的な部分は，表面が変化しても，ほとんど変化はないように思います。もう少し言えば，外部講師は，目に見える変化を披露しようとします。「そんなこと知らなかった」と言ってもらいたいからでしょう。外部企業の方で，20年，30年変わらないインターネットの基礎的知識をきちんと教えたうえで，30年後の大きな変化にも対応できるような内容を話す人を，私は，一度も見かけたことがありません。

藤川：情報に関して，表面的なことは変化していても，本質的なことはそう変わらないのだから，情報教育では本質的なことをきちんと扱うべきであるという議論はよくわかります。よくわかりますが，私は，本当にそう言ってしまってよいのかと疑問に思っています。やはり，子どもたちの多くがスマートフォンを使い，LINEなどを使って日常的にコミュニケーションする状況で起こることについては，それ以前につくられた教材では扱いきれないでしょう。既読無視の問題などは，そ

の典型ではないでしょうか。もちろん，外部講師に委ねる取り組みがベストであるはずはなく，外部のリソースが学校教育にうまく活かせるようにつくる必要があります。私の立ち位置は，そうした取り組みに資する教材や授業プログラムをつくり，学校教育に活かしてもらえるようにしていきたい，というものです。

加納：LINEが新しいかといえば，正直なところ，スタンプ以外のどこが新しいのかと私は思います。LINEやTwitterのような，短い文章のやりとりは，30年前のパソコン通信とほとんど同じです。Windws3.1の登場以降，爆発的に大容量の処理能力が備わりましたが，それ以前のパソコンでは，フロッピーディスク1枚分の格納容量も備えていませんでした。つまり，30年ぐらい前にパソコン通信を使用していた人々は，機械的処理能力の限界で，現在のLINEやTwitterのような，短い文章のやりとりをしていたのです。30年前は，私は子どもでしたので，ROM（Read Only Memberの略で読むだけのメンバーのこと）中心でしたが，「大人のくせに，幼稚なことで言い合いしているなー」と見ていました。30年前は，機械的制限で，LINEやTwitterのような，短い文章のやりとりしかできないゆえに，誤解や認識のずれ，既読無視（当時は，容量を節約するために，一度読んだコメントは再表示されない設定になっていることが多かった）によるトラブルが起きていた。しかし，30年前に既読無視によるトラブルが起きても，それは，一部の大人同士のことなので，大きな社会問題にならなかった。パソコンが大容量化されることにより，短い文章による誤解や認識のずれ，既読無視の問題が回避されるようになってきたかと思えば，歴史はくり返すと言わんばかりに，30年前と同じような短い文章のやりとりが最近，また流行ってきたように思います。

藤川：現代的な課題について，歴史に学ぶということは重要です。しかし，だからといって，公民科の現代社会の内容を過去の歴史だけで扱うというわけにはいきません。これと同じで，今起きているネットいじめなどの問題について実効性のある教育をしようと思ったときに，過去のデバイスやソフトウェアで起こっている例で教育をするわけにはいかないはずです。教育内容はあまり変わらないかもしれませんが，求

められる教材はすぐに陳腐化してしまうというのが，情報に関して言えることです。

加納：だからこそ，「情報」の教科をつくり，そのなかでインターネット・コミュニケーションの問題に関する歴史も，現代の子どもたちに教えるべきだと思っています。つまり，30年前にも，LINEやTwitterのような，短い文章のやりとりしかできないために，誤解や認識のずれ，既読無視の問題が起き，インターネット上のグループで炎上がよく起きていて，ネットいじめが起きていたことを，教科書できちんと学習していれば，今の子どもたちも，30年前の人たちと自分たちが同じ問題を引き起こしていることに気づくのではないでしょうか？

藤川：そういう指導の仕方は，ありえます。ただ，それは，指導する側が，現代のLINEの既読無視が30年前に起きていた問題と同様だという認識に立つからできることであって，あらかじめLINEの既読無視のような問題が起こるだろうと予測して教材を準備することは難しいはずです。今後も，ネットいじめに関して，過去に学ぶべきことは多くあると考えられますが，かといって，過去のパソコン通信で起こっていることのすべてを教材化し，学べるようにしておくのは，あまり現実的ではないように思います。過去に学ぶことはできても，現代に合うようにアレンジするには，短期的に実効性のあるものをつくるというやり方が不可欠です。

加納：30年前にも，パソコン通信で，LINEのグループトークのような小グループが無数にあって，そのなかで，炎上や既読無視の問題が起きていたことを知る教師は，非常に稀です。それゆえ，ネットいじめの本質的な問題としてインターネット上のコミュニケーションの歴史についても教えることができる教師を育てるための教師教育が必要だと思っています。30年前にも，インターネット上で短い文章のコミュニケーションのために起きていた炎上などのトラブルの話を，学生や小・中・高の教職員，保護者に話をすると，ほとんどの人が「現代特有の課題だと思っていた」という反応です。30年前にも，機械的制限のためにLINEのような短文のやりとりで，しかも，1分間に10通以上やりとりがされて，徐々に加熱して喧嘩や炎上，ネットいじめにな

っていくという，現状と同じ問題が起きていたことを，きちんと教科書に「インターネット上のコミュニケーションの歴史」などのような章の中で指導されていれば，現代で起きている問題も，昔起きていた問題と似通っていると客観視できるのではないでしょうか。軍事目的だったインターネットを一般の人も使えるようになった後，当時のパソコンでは，容量が小さいために，短い文書のやりとりしかできず，さまざまな問題が起きていましたが，当時，私が一番不快に感じていたのは，やはり，短い文章ゆえに，Ａさんは悪気があってそう書いたわけではないにもかかわらず，他の人たちが早合点してＡさんを寄ってたかって攻撃し，Ａさんがグループから消えると，勝利したかのような反応を示したり，別段トラブルの要因がないのに，特定の人の書き込みには意図的に全員で既読無視をしたり，といったネットいじめです。当時，パソコン通信を使用している人は限定的であり，これが，多くの人も利用する時代が来れば，きちんとした教育もなされ，こんなくだらないネットいじめなどもなくなるだろうと30年前は思っていましたが，今なお似たような問題が起きているのに，学校教育が後追い状態になっていることが，残念に思うのです。

藤川：私自身，パソコン通信で教育関係のフォーラムの管理者（NIFTY-Serveの「教育実践フォーラム」の副責任者であるSUB-SYSという役割）をしていましたから，加納先生のお考えは身にしみてわかります。情報の歴史を児童生徒に学んでもらうこと，そして教員養成教育の中でも情報の歴史を扱うことは，大変重要だと私も考えます。この意味では，コンピュータ・ネットワークさえなかった時代に，書籍，新聞，映画，ラジオ，テレビといったメディアがどのように使われていたのかについて学ぶことも重要です。紙（誌）上論争のようなものが泥仕合になることは，ネット以前にもありました。口頭での議論でも，口喧嘩になることがあります。意見の異なる者同士が感情的にならずに冷静に議論することは，ネット以前からの課題です。だから，一般化するのであれば，コミュニケーションや議論全般を扱う教育を重視せよということになりますよね。私は基本的にはこうした方向に教育を変えていきたいと考えています。でも，ネットいじめへの対応

を考えたときに、それだけでよいとも思えません。やはり、今起きている問題をきちんと扱うしくみが不可欠ではないでしょうか。

加納：のろしを使って情報を伝えたとか、電話機の発明などは、今の高校生が使用している情報の教科書にも書かれています。しかし、インターネットが軍事目的以外にも使用されるようになって40年近く、個人のパソコン通信が使用されるようになって30年近くが経ち、そのなかでさまざまなインターネット上のトラブルが起き、ネットいじめも30年前から起きているにもかかわらず、ネットいじめの歴史を学んだうえで、今後起きうる新しいタイプのネットいじめを未然に防ぐ判断力や論理的思考力などを育てる教育はなされていません。動画や画像の公開などのネットいじめは30年前にはありませんでしたが、この先10年後には、現在存在しないツールを用いたネットいじめが予測されます。そのツールがないから、今は手をこまねいて待っているしかないというのでは、いささか不十分です。現在存在し得ないツールを用いたネットいじめに関しても、未然に防ぐ力をつけるには、目先のツールをどうするかといった指導ではなく、本質的かつ基礎的な指導こそが大切だと思うのです。

藤川：1つ疑問を出させてください（的外れかもしれませんが、一応確認しておきたいので）。ネットいじめの歴史を学んだほうがよいと加納先生がお考えになるのは、もしかしたら先生が若いころに、パソコン通信でのネットいじめを身近に見てきたからではないでしょうか。人は、若いころに接したメディアの影響を非常に大きく受けると考えられます。今の50代の人はテレビが大好きですし、40代には漫画好きやゲーム好きの人が今でも多いですよね。しかし、子どもたちには昔のパソコン通信のころの話は、むしろ理解しにくいのではないでしょうか。教材づくり、授業づくりの手法として、過去のパソコン通信時代の話題を入れることがどれだけプラスになるか、私にはわかりません。

加納：確かに、そのとおりだと思います。30年前にネットいじめの状況を非常に不快に感じていて、今なおその問題が解消されていないため、高い関心があるのだと思います。テレビといえば、2歳のときから子

ども部屋にテレビが置いてありました。チャンネルを回すタイプでしたが、テレビとの出会いは、まだ言葉が十分に理解できない年齢だったため、なぜ音が出るのだろう、人が動くのだろうと、箱の中にとても高い関心を抱かせるものでした。テレビに対する私の関心は、「テレビを分解して映像が出てくるしくみを知りたい」でした。しかし、周囲の反応は、一度分解したら元通りには戻せないというものでした。ソーラーラジオなどを組み立てて見せて、ソーラーラジオだったら自分でつくれるのだから、テレビも分解したって元通りに戻せるからやらせてほしいと頼み、小学校6年生のときに、テレビを分解しました。結論としては、粗大ゴミに出す羽目になり、子ども部屋からテレビはなくなりましたが、分解して中身を見たら、長年の疑問が解決したような気分になり、その後はテレビを見ても分解したいとも、何とも思わなくなりました。

　話を元に戻しますと、関心があってもある程度解決すれば、そのことは過去の遺産となる。解決しないと後を引きずると思います。

藤川：私がパソコン通信で管理者をしていたころは、炎上などの問題は解決できないという印象はありませんでした。管理者が一定の方針で管理すれば、ある程度の収束は基本的に可能でしたから。インターネットの時代になり、管理者が管理をしない掲示板やSNSが一般的になって、炎上などが起きやすくなっているとは思いますが、私の感覚では「まともな管理者がいれば、こうした問題は起きないのに」という思いが、いつもあります。この意味で、私にとっては、解決しないという感覚がないのかもしれません。私は、パソコン通信が盛り上がっていたころに当事者でしたが、今の子どもたちあるいは大学生たちにそのころのことを伝えることには躊躇しがちです。私自身は当時の経験を踏まえて教材づくりや授業づくりに取り組んでいますが、学習者である若い世代の人たちにはあえてそうした説明をしていません。こちらがそれなりの年齢になっているので、ジェネレーション・ギャップを感じるだけかなと思ってしまうからです。ただ、出し方によっては、案外そうでもないのかもしれませんね。構成の仕方によっては、面白く扱えるかもしれません。

加納：藤川先生がおっしゃるように，管理者がきちんと管理をしていれば，炎上が起きかけても，ネットいじめが起きかけても，すぐに削除するなり，暴言を吐く人には発言させないなどの対処がとれます。しかし，最近は，リアルな世界でもガキ大将がいなくなり，ネットいじめをやめようと制止する子どもをターゲットにしてネットいじめを続けてしまうような風潮があります。それゆえ，SNSなども学校の先生が管理するグループ内で，適切なSNSコミュニケーション指導をする必要があると感じています。私が考えるSNSコミュニケーション指導に関しては，モンゴルの国定教科書の中に1章設けられています。日本でいう小学校6年生の年代向けの情報の教科書に，Facebookの登録のしかたやコミュニケーションのとり方があるのです。日本の小学校では，自身がSNSを利用しないことを理由に，子どもたちにSNS上における実習型のコミュニケーションの指導をしている先生は非常に稀です。しかし，モンゴルでは，義務教育の教科書の中に，Facebookによるコミュニケーションの内容が記載されているので，小学校の教科書の内容が理解できない教師は教師失格となります。

▌SNS上でのリーダーシップは独裁になりかねない

藤川：SNSの利用について学習することは，これからの社会を生きる子どもにとって，必要ですね。しかし，学校の教師には教えにくいということもあります。これまでも，テレビの見方や漫画の読み方やゲームの遊び方などは学校で教えていませんが，ネット時代になってさすがに学校も子どもたちのメディア利用について対応しなければならなくなったということでしょうか。教科書に入れてしまえば，教師が本気になって学ぶだろうということは，たしかに言えるかもしれません。ところで，LINEの特徴の1つは，グループをつくっても特定の管理者を置くことがなく，メンバー全員が招待もはずしもできる，言わば全員が管理者となっていることだと思われます。これは他のSNSでも同様です。となると，コミュニティの管理者としてのスキルをどの

子どもも持つ必要があることになるわけで，これまでの教育が想定しているよりずっと高いリーダーシップを子どもに求めていくことになります。従来は物理的な制約もあり，誰もがリーダーとなることは非現実的でしたが，これからはこうしたツールの活用によって，誰もがリーダーとなることが現実的になります。となれば，従来よりも真剣に，誰もがリーダーシップをとれる教育をしていかなければならないということかもしれません。

加納：リーダーシップを育てることは，ネットいじめだけでなくリアルでのいじめを防止するためにも必要だと思います。何年か前に，高いリーダーシップのある野球部の部長が成績の悪い部員の宿題も手助けをするなど，面倒見がよかったのですが，結果としていじめに遭い自殺をしてしまいました。誰でもリーダーシップがとれるようになるのは，民主社会では当然のことと言えば当然ですが，誰もリーダーとは認めていない1人の独裁者が，LINEのグループで気に入らない人をはずしたりできてしまうことは，リーダーシップとは呼べないと思います。

藤川：LINEのシステムは，1人の独裁を許さないシステムでもあります。だからこそ，学級の中にリーダーを育て，そのリーダーがいじめを発生しにくいように学級を仕切っていくという従来型の指導が通用しないことにもなります。誰もがリーダーシップをとれるということは，圧倒的な力を持っていない人でも，自分たちでグループをつくって，グループにいない人をいじめる相談ができるということでもあります。

加納：ただ，LINEのグループトークでは，学級担任の先生が指導のためにLINEグループをつくり，クラスの生徒を登録させても，クラスの生徒の1人が，学級担任の先生や気に入らない生徒をはずすことができてしまいます。それは，正当な管理ではなく，自分勝手な独裁を許容しているように見えるのですが，いかがでしょうか？

藤川：以前は，誰がはずしたかわからない仕様でしたが，今でははずした人がわかる仕様になっていますので，あまり無茶なはずし方はしなくなっているようです。しかし，誰かをはずす代わりに，誰かを除いたグ

ループを別につくるということは行われています。これが，現状での「LINEはずし」です。こうなると，教師であっても，学級内のコミュニケーション全般を管理することはできませんね。むしろ，教師ですら独裁ができないシステムがつくられていると言えます。独裁を許さない世界で，どうやって少数者が迫害されるのを防ぐかという問題が問われることになるわけです。

加納：ダミーアカウントをつくっておいて，そのダミーが特定の人をはずすという形をとれば，実質的に誰がはずしたかわからないのではないでしょうか。もっと簡単に，表示名書き換えによるなりすましをした状態ではずせば，なりすまして退会させることができてしまうので，実質的には，誰が退会させたかわからない状態になります。確かに新しいグループには特定の人を入れない，という形であれば，少数者迫害は可能かと思いますが。

藤川：結局，LINEのグループ機能は，従来のSNSや掲示板より，個々の参加者の権限が強く，その気になれば何でもできてしまうものだと言えます。だからこそ，1人ひとりの参加者がグループ全体に貢献する意識がないと，グループでのコミュニケーションで問題が起きてしまうことになります。この意味で，LINEのグループ機能を使いこなすためには学習が必要だとも言えますが，他方で，多くの人はこうしたグループ機能を使いながら適切な使い方を学べるのかもしれません。

加納：1人ひとりが権限を持つことができるようになるのは，グループ作成者の暴走を制止することができるという利点もありますが，楽しくやりとりをしている仲間に入れない人が，嗜虐性を募らせていき，突如として暴挙に走ったとしても，誰も止められません。失敗しながら学んでいくことは，現実社会でも必要な経験だと思いますが，既読無視が原因で仲間はずれにしたり，残虐な暴力に至る犯罪まで起きたりしています。子どもたちが学ぶ練習の場としては，あまりにも放任がすぎるように思います。

藤川：放任がすぎるという指摘は，そのとおりだと考えます。しかし，LINE以降のネットは，基本的に放任がすぎるものばかりになっていかざるをえないのではないでしょうか。子どもたちがスマートフォン

やそれに類する機器を持っていて、それはパーソナルに使え、アプリも自由に入れられるのですから、管理するのはかなり難しいと言えます。もちろん、フィルタリング（アプリ制限も含む）などによって、一定の線引きは可能です。それでも、従来であれば考えにくかった年齢段階で、子どもが自由にコミュニケーションすることを前提に、教育等の設計を考える必要が生じていると考えています。

管理された中でSNSを使いながら学ぶ

加納：きちんと管理された学校という場の中で、SNSの管理の仕方や書き込みの仕方の練習を十分行い、誤解やコミュニケーションのずれに対してどう対処したらよいか、判断力が身についてから、SNSデビューさせるという段階が必要です。一過性の講習会形式で体験しても、本質的な学びは期待できません。義務教育課程において、ふつうに使用している中で、意図せず生じたトラブルを、教師の指導の下、あるいは、教師が観察している中で、子どもたち同士話し合って解決していく体験が必要かと思います。そのためには、学校内で、今以上にSNSを利用する経験が必要であると同時に、その経験は、ある程度判断力が身につくまでは外の世界とは切り離されたものである必要があります。イギリスの小学生向けCMS[55]には、ほとんどがSNSの機能が備えられていて、学校の中だけでSNSを使用し、さまざまな経験をしていくような教育環境が整えられています。

藤川：日本でも、離島の高校で、船の時間の都合で早く帰宅する生徒が多く、直接話す時間がなかなかとれない状況を受け、学級内SNSをつくっている実践が「ケータイ甲子園」というイベントで紹介された例があります。今後、タブレット端末が１人１台という状況になれば、小学校低学年でも日ごろから学級内SNSをつくり、授業の感想、学級イベントについての意見、趣味の交流などのコミュニケーションができるようになるかもしれませんね。現在のスマートフォンの使用開始年

55　Contents Management System（コンテンツマネジメントシステム）とは、文章や画像、データファイルなどを一元的に保存管理し、サイトを構築したり編集するシステム。

齢を考えると，小学校1年生から始めないと遅いかなと思います。

加納：そのとおりだと思います。タイのスラタニという農村部の学校を訪れたことがありますが，予想以上にFacebookもLINEも流行っていました。日本以外のアジアの国々では，日本よりも低年齢の子どもたちが，ヘビーユーザーとなっています。日本の子どもたちも，諸外国の子どもたちと同レベルでヘビーユーザーになるのは，まったく問題ないと思っていますが，それらの国々では，SNSが原因で自殺をするようないじめが日本で起きていると言うと非常に驚かれます。自殺に関する研究論文で，自殺の文化は日本人特有だというような記載を見かけたことがありますが，自殺率の国際比較を見ると，日本人しか自殺をしないということはありませんでした。日本以外のアジアの諸外国の子どもたちがSNSを起因とするネットいじめにより自殺に至るというニュースがほとんどない状況下で，日本の子どもたちはSNSの使用割合が少ないにもかかわらず，そのような問題が起きていることを，私たちはもっと真摯に受け止めるべきだと思っています。

藤川：自殺については，以下のように，日本は自殺率が高い国であることは確かです。ただ，日本でも他国でも，ネットいじめと自殺の因果関係はわかりづらく，私としては慎重に考えるべきだと考えています。それはそれとして，授業づくりをしている立場からすると，授業の感想や授業中の意見などは，教師だけが読むとか一部の人のものだけが紹介されるようになりがちですが，本来は全員が書いて全員が読めるようにしたいですよね。もちろん，SNSなどを使うことができれば，これは容易に実現できます。そして，いつも互いの言葉を読んでいれば，それぞれに考えがあり主張があることを認識しやすく，一方的な差別，排除はしづらくなると考えられます。

（教師が知っておきたい子どもの自殺予防（文部科学省） http://www.mext.go.jp/component/b_menu/shingi/toushin/__icsFiles/afieldfile/2009/04/13/1259190_4.pdf

図録自殺率の国際比較（2012年推計）（社会実情データ図録） http://www2.ttcn.ne.jp/honkawa/2770.html

青年期の自殺の国際比較（データえっせい）http://tmaita77.

blogspot.jp/2013/12/blog-post_29.html)

加納：エストニアのCMSの中のSNSは，学校から保護者への連絡のために，頻繁に使用されています。宿題もCMSを使用しますし，成績表やテストの結果もCMSを通して保護者へ伝えられます。保護者から学校へ伝えたいときも，学校から伝えたいときにも使用しますので，時には，コミュニケーションのずれが生じることもありますが，大人同士ですからすぐに修復されます。子どもたちは，大人たちのSNS上のコミュニケーションのずれの修復過程を知らずしらずに見て学ぶことができるわけです。「親の背を見て育つ」などと言うように，子どもたちに見本となるようSNSを利用し，それを見て学ばせることも重要かと思います。

藤川：日本では携帯電話でのネット利用が普及して十数年ですので，高校生からモバイル・インターネットを使っていた世代が20代後半から30代になります。ようやく，ある程度若いころからネットでコミュニケーションをしてきた人たちが，小学生の親に多くなってきました。これまでは親も子どもも教師も同じSNSに参加することはあまりなかったかもしれませんが，今後は子どもが大人のコミュニケーションを見る機会を増やすことも考えてよいかもしれませんね。

刑事罰のあり方について

加納：同調圧力によって，自分の意見が出しづらい，あるいは生産性のない方向へ議論が向かってしまうということは，SNSのような限られた人々の集団では起きがちです。それこそ，今では死語となっている「村八分」が起きた背景にも村人による同調圧力があったかと思います。村には当然村長という管理者がいても，公正な管理がなされていなかったからこそ，このようなことが起きたのだと思います。今では，人々が公正かつ公平に振る舞うことができるように，さまざまなルールや法律がつくられています。ネットいじめに関しては，教育からのアプローチと同時に，SNS上のコミュニケーションに関する法整備も，いっそう精緻化されたものを制定していく必要があります。

さらに言えば，罰則がない法律は，抑止力にすらなりません。罰則というのは，本質的には好きではありませんが，罰則を含めたネットいじめに関する法律が必要かと思います。いじめ防止対策推進法以外にも，侮辱罪や名誉毀損罪といった刑法がネットいじめに適用できるとはいえ，親告罪のため，いじめに遭った被害者や，いじめ自殺の被害者遺族が警察を訪れても，多くの場合は，生活安全課へ通され，話を聞き取って終わりという対処法しかなされていません。ですから私は，相談に来たネットいじめの被害者には，親告罪は，告訴状を弁護士に書いてもらうか自分で書いて持って行かないと，スタート地点にも立つことができないと説明しています。そして，告訴状の書き方なども伝えます。自分で書かれた告訴状を警察へ持参したら，生活安全課ではなく刑事課へ通され，きちんと取り合ってくれたという報告も受けています。法律があってもわかりにくい，そして漠然と弁護士に相談しても，被害者なのに告訴状提出に至らないケースを見かけることもあります。2006年山形県高畠町で起きた事件では，被害者の携帯電話に，いじめた加害者の生徒の名前などが遺書として残されていたにもかかわらず，被害者側が全面敗訴になりました。高畠の少女が自殺した直後に，告訴状を提出していれば，加害者生徒の携帯電話などはすべて没収され，ネット上の書き込みやログも警察の捜査権によって確実に確保することができ，結論が出るまで7年も時間を要することなく，3か月で勝訴の結論を得ていたでしょう。ネットいじめに関して法律を的確に行使するための方法が普及していないことが問題なのですが，これは個人に責任転嫁をしているようにも思えます。名誉毀損罪や侮辱罪が親告罪とされた背景には，さまざまな要因が考えられますが，ネットいじめへの適用という視点からは不備があると思われます。やはり，既存の法律を適用して対処するのではなく，ネットいじめ専用の刑法をつくるべきです。そして，ネット上のログが，一定期間を過ぎると確保することが難しくなるという性質からも，親告罪ではなく，客観的に法律を適用できるしくみが必要だと思いますが，いかがでしょうか？

　　（いじめ防止対策推進法［文部科学省］　http://www.mext.go.jp/a_

menu/shotou/seitoshidou/1337278.htm)

藤川：ネットいじめに関して，刑事罰を強化することにどこまで意味があるかについては，私は懐疑的です。というのは，刑事罰を強化したとしても，14歳未満は対象とはなりませんし，14歳以上だとしても少年審判は非公開であり，被害者側が満足するような事実の解明などは難しいと考えるからです。もちろん，刑事罰にはネットいじめの抑止効果が期待できますが，たとえ刑事罰を強化したとしても軽微な無視やからかいまでをも刑事罰の対象とすることはできませんので，ネットいじめをする子どもたちにとっては，罰則の対象とならない程度の行為に移行するほどの意味しか持たないでしょう。被害者側としても必ずしも加害者に刑事罰を与えてほしいわけではなく，事実を明らかにし，加害者が反省をし，学校が再発防止に努めることのほうが重要でしょう。いじめ防止対策推進法施行以降，学校はいじめ相談窓口を設置することになっており，いじめ対策の組織がいじめの調査にあたることになっています。自殺などの重大事態については，学校や学校設置者による調査が義務づけられており，それでも解決しない場合には第三者委員会による再調査がなされます。これまで相談もまともに受け付けられなかったり，事件の背景がきちんと調べられなかったりすることが多かったことを考えると，かなり前進しています。いじめ防止対策推進法による対応で不十分な点があるのかどうかを，個々の事案に沿って確かめていく段階に来たのではないでしょうか。

加納：高畠のいじめ自殺事件では，簡潔に言えば，携帯電話に残された遺書は，信憑性に欠けるため無効であるという判決でした。自殺したわけですから，警察も動いていたにもかかわらず，携帯電話の遺書の信憑性を裏づけるログの確保がなされなかったのはなぜだと思いますか？

　2014年の山形県天童市でのいじめ自殺事件でも，ほぼ1学年分の生徒が「知っていた」と回答をしていた背景から，ネット上でのいじめが疑われましたが，遺族から直接の訴え（親告罪のため）がなかったために，ログが確保されませんでした。ログを確保してほしいと被害者が告訴状を提出しないとログが確保されない現状では，ネットいじめの事実を証明することすらできません。

藤川：いじめ防止対策推進法は，高畠の事件のような対応を学校や教育委員会に許さないための法律といってよいでしょう。2014年の天童の事件では，いじめ防止対策推進法に則った対応ができていないということで，学校や教育委員会は批判されましたが，いじめ防止の法律ができ，着実に，重大事態についてきちんと調べる方向に進んでいます。ただし，おっしゃるように，ログの保存については問題があると私も考えています。調査委員会にはそれなりの権限があり，学校や教育委員会が持っている資料については提出させることができますが，プロバイダーなどからログを提出させる権限はありません。このあたり，警察と連携してログを提出させるようなしくみがあれば，ネットいじめの調査はしやすくなると考えられます。

加納：調査委員会ですが，いじめ事件が起きて速やかにできればよいですが，人口の少ない地域の場合ですと，いじめの加害者側の親が調査委員会のメンバーになりかけてもめたりすることも考えられます。天童の事件では，自殺後，1年以上経って調査委員会がつくられました。調査委員会ができてからでは，ログの確保は不可能です。調査委員会をつくって精査するというルートとは別に，きちんと証拠を確保できるしくみをつくるべきだと思っています。

藤川：いじめ防止対策推進法成立後の国のいじめ防止基本方針の策定に私もかかわりましたが，国の方針では，地方自治体にあらかじめいじめ調査もできる組織を置くべきこと，さらには人口の少ない市町村等については都道府県がサポートすることを求めています。現在，ほとんどの市町村で組織をつくる方向で動いていますので，1年以上も調査委員会がつくられないような事態はなくなっていくはずです。もちろん，ログの開示については調査委員会に権限がないことには変わりがありませんから，警察との連携などログの開示を求めるしくみがほしいと私も考えています。

加納：ネットいじめの被害者がふつうに警察に行っても，調書を取って終わりという状況も改善していかなくてはなりません。現時点では，ネットいじめは刑事罰の対象ではないので，刑事罰の対象になっていない事案について警察に被害者が来ても，こういった訴えがあったという

調書は取るが，それ以上のことは警察ではできないという規則どおりの対応をとくに責めることはできません。

藤川：自分が参加していない非公開のコミュニティなどでの誹謗中傷について，それを罰する法律をつくることは難しいように思います。人数がある程度多ければ，公然と誹謗中傷したことになるかもしれませんが，少人数で誹謗中傷するというのは隠れて悪口を言うのと同様ですから，プライバシーの範囲内ということにならないでしょうか。

加納：コミュニティの規模の1つひとつは小さくても，最近の中学生・高校生らは20，30と多くのグループに所属しています。1つのグループで冷やかしの画像がUPされると，その画像は，次から次へと複数のグループへ転送され，あっという間に広がっていきます。天童の事件の場合は，150名ほどが間接的にいじめを知っていたわけですが，10人以下のグループ内の出来事でも，ネズミ算的に数百人に伝播されるのに，それほど多くの時間はかからないことが予測されます。

藤川：もちろん，多くのグループに拡散したとすれば，公表と同様に扱うことは可能です。似た例として，リベンジポルノ防止法（私事性的画像記録の提供等による被害の防止に関する法律）があります。リベンジポルノ防止法では，多数の者に提供した場合も「公表罪」となりますし，公表目的で提供した場合にも「公表目的提供罪」になります。ただ，このように考えると，侮辱罪や名誉毀損罪でも（親告罪かどうかという点を除けば）対応できることになりますので，法改正はいらないという話になってしまうかもしれません。

加納：親告罪であるか否かは，非常に大きな点です。親告罪に関して，義務教育期間にきちんと国民に教育するカリキュラムがありません。そうなると，親告罪とそうでない場合の区別について十分な知識のない多くの人々は，自分の子どもを失うことになっても，財産すべてを失うことになっても，たまたま頼った弁護士や警察官が適切に導かない限り，泣き寝入りすることになります。

藤川：親告罪に関する教育が問題だとすると，問題はむしろ法教育のあり方にあると考えられます。ネット社会になって一般の人が情報を発信する責任を負うことが一般的になっているのですから，それに伴う法的

な知識が義務教育で一定程度扱われる必要がありますね。消費者法関連，労働法関連も含め，中学校まででもっと法に関する教育がなされるべきだということかもしれません。

加納：ネット社会で情報を誰もが発信できるようになってきているので，教育も制度も，もっと大きく変わらないといけませんし，変えていくべきだと思っています。現行の教育や制度では不十分だから，今のような問題が起きているわけですから。

ネット社会における市民をどう育てるか

藤川：ネット社会というのは，子どもでも多くのことができる社会ですから，子どもは早く成熟しなければならないはずです。しかし，現実には，子どもの成熟には以前より時間がかかるようになっていると言わざるをえません。

加納：成熟とは少し違うような気がします。成熟していなくても，道路を渡るときには，青信号であっても右左を確かめて横断歩道を渡らないといけないことは，道路デビューと同時に教わります。成熟ではなく，基本的なことをデビューと同時に教えることは，憲法で定める「教育を受けさせる義務」[56]の範疇だと思うのですが。

藤川：ネットについての一定の知識を持たせるという点では，デビューと同時に教えるというのはわかります。しかし，ネットいじめに関しては，やはり私は一定の成熟を期待せざるをえないと考えます。他者を誹謗中傷してはいけない，他者を仲間はずれにしてはいけないことは，ルールとしては理解できるかもしれませんが，実践できるかというとそう簡単ではありません。これまでと同様に，子どもを未熟なままにしておいて大人が守るというやり方では，ネットいじめの抑止は難しいのではないでしょうか。

加納：おっしゃるとおり，頭で理解できることと実践できるか否かは異なり

---

[56] 日本国憲法における「国民の三大義務」（1）保護する子女に普通教育を受けさせる義務（26条2項）（2）勤労の義務（27条1項）（3）納税の義務（30条）

ます。ただ，成熟すれば，ネット上のコミュニケーションが正しくできるかどうかといえばそうはならないことは，数々の事件を見ていれば明らかです。高齢者が出会い系サイトで多額の財産を失ったり，政治家が自分のブログ上で不謹慎な発言をして炎上の末自殺した事件すらあります。成熟とは何かという認識の違いかもしれませんが，高齢者や政治家は，一応成熟した大人だと思っています。他者を仲間はずれにしてはいけない，いじめてはいけないことは，大人は十分知っていても，それでも大人社会ではいじめが起きています。

藤川：私は，そうした例に出てくる大人たちは，成熟してはいないのだと考えています（笑）。日本の社会はこれまで，エラい人に任せておけば一般の人は未熟でもよかった社会でした。しかし，このままでは社会の問題が何も解決できない社会になってしまいます。エラい人に任せるのでなく，自分たちで自分たちの社会を守れるようになることが，子どもだけでなく大人も含めた私たちの課題です。そのために，教育は大いに貢献しなければなりません。以上が，教育研究者としての，現時点での私の思いです。

加納：1人ひとりが世界中に発信できてしまうわけですから，ネット社会に生きる人々がネット社会の利点を十分享受しながら快適に生きられる社会となるよう，教育改革及び制度改革を推進していきたいですね。

第8章
インターネットを用いたいじめや迫害をめぐる諸問題
―― 「延長された表現形」として増幅させるブースター効果

内藤朝雄（明治大学）

　本章では，まず序論として，マス・メディアがイメージ商品を流布させる構造の中に「ネットいじめ」を位置づけて考察する（第1節）。そして，統計データを批判的に考察しつつ，現在の日本のいじめ全体のなかで，インターネットを用いたいじめが占める位置づけを考える（第2節）。その後本論に入り，もともとあった土台となる主要メカニズムに，ネットによる付加的効果が加えられるブースター効果の理論を提出する（第3節）。次に，いじめが蔓延・エスカレートする土台としての，学校制度がもたらす閉鎖空間の心理-社会的メカニズムについて要点を示す（第4節）。そのうえで，既存の学校制度がもたらす閉鎖空間の効果を，ネットがその延長された表現形となることによって増幅させるブースター効果について論じる（第5節）。最後に，きわめて典型的な一事例をとりあげて詳しく考察する（第6節）。この事例検討は，今後専門家がネットを用いたいじめに取り組む際に踏まえておかなければならない模範例（exemplar）となる。

第1節　ネットを論じる際の注意点
―― 俗流ヴァーチャル論と距離をとること

　近年，マス・メディア主導で，ネットを用いたいじめが社会問題として構築されてきている。いじめの蔓延・エスカレートを減らすという目的のためには，

取り組むべきターゲットの像をきちんと描く必要がある。そのためにまず，私たちがメディアを通じて思い込まされがちなイメージのつくられ方を自覚し，そのうえできちんとした現状分析をし，対策を練る必要がある。

インターネットを論じる際，俗流ヴァーチャル論に引きずられずに距離を置くことが重要である。インターネットの効果をきちんと考え抜くためにも，俗流ヴァーチャル論のバイアスを認識しておきたい。また，それ自体問題にすべき弊害の大きい社会現象であることからも，世に行き渡る俗流ヴァーチャル論について論じることからはじめよう。

テレビ・新聞・雑誌・一般向け書籍などでは，「ネットいじめ」なるものが，いじめの世界を塗りかえてしまったかのように喧伝されがちである。いじめに限らず，「青少年をむしばむネット○○！」「ネット○○が世界を変えた！」といったキャッチ・フレーズの「○○」の部分にさまざまな項目が代入されて，人気のイメージが流布される。「いじめ」は，それら無数の「○○」のうちの１つだ。

その喧伝と流布が可能になる前提条件には，新しいコミュニケーション技術が，いじめに限らず人間の存在様式を根本から変質させてしまうかのような，先行イメージの積み重ねがある。インターネットは，文字や手紙や活字や電話やポケベルやテレビなど，夜空の星屑がごとき歴代新顔スターたちの１つである。メディアのイメージ商品が，先行イメージ商品に上乗せされて流布される現象について詳しくは，『「構造」──社会の憎悪のメカニズム』（内藤，2006）を参照されたい。

このようなメディアのイメージづくりによるバイアスを相対化することなしに，取り組むべきターゲットの像をきちんと描くことはできない。「ネットいじめ」を論じる専門家の側も，このイメージに引きずられがちなので注意が必要だ。

例えば荻上チキは，専門家たちが，子どもたちの携帯返信には一定時間内に返信しないと関係が悪くなる「○○秒ルール」，あるいは「○○分ルール」なるものが存在すると信じ込み，それぞれの専門家たちが恣意的に「○○」という時間を指定している現象を指摘している（荻上・加納，2011）。インターネットは子どもたちの生活世界を根本的に変えてしまう，すごいぞ，すごいぞ，という俗流イメージに専門家たちまでもが引きずられた結果であろう。

マス・メディアは長年にわたって，「近ごろの○○は，おかしくなった」と発信し続けてきた。この「近ごろの○○は，おかしくなった」は，ただの言葉であると同時に，イメージ商品でもある。
　マス・メディアがこの「おかしくなった」という言葉を流布し，人々がそれを受け入れて信じ込むことは，新聞・雑誌・書籍が売れ，広告料が入り，視聴率が上がり，スポンサー料が入ることを意味する。
　また，イメージ商品が売れれば売れるほど，人々はそれを信じ込み，流行の世論が形成される。そして，人々が信じれば信じるほど，イメージ商品は売れやすくなる。このようにして，「近ごろの青少年は凶悪化した」「戦後は，ものが豊かになって，こころが貧しくなった」「人間存在が，その本来の自然なあり方からはずれて（疎外されて）別の存在に変容してきた」といったイメージの数々が売られてきた。
　このイメージ商品群には，「近年，新しい○○のテクノロジーによって，本来の生の現実が，〈ヴァーチャル〉な現実に移しかえられてしまう」という，売れ筋の物語商品のレパートリーがある。画期的な新技術が誕生するたびに，マス・メディアは，「人々が生きる現実が，本来の自然な現実から〈ヴァーチャル〉な現実に移しかえられてしまい，人間存在が根底から変えられてしまう」といったイメージ商品を売ってきたのだ。
　メディアは，「企画」に同調するタイプの「有識者」を淘汰選別したうえで，その口を使って，そのときどきの新しいコミュニケーション技術を，人が人のあいだで生きる根本的な形を変容させるアイテム（祭具）として祭り上げる。そして，その人間存在の変容を，自然な生き方からの〈ヴァーチャル〉な疎外として嘆いてみせたり，新しい未来への予感を煽ってみせたりする。
　このようなメディアによるイメージ商品の増殖運動の中に，電話やテレビやポケベルやインターネットなど，その時々の新技術のイメージが埋め込まれる。よく似た物語のパターンが，別の素材（電話，テレビ，ポケベル，インターネット）を使って反復される。
　例えば，電話が普及しはじめたときも，面と向かった「生の」コミュニケーションが，電話によるコミュニケーションに変わってしまうのは，人間疎外であってよろしくないという言い方があった。電話の技術によって長時間電話をしている者や，深夜に何百回も無言電話をかける者が現れたが，それはネット

中毒と言われる者や，ネットによって匿名の誹謗中傷をくり返す者が生じたのと同じである。

　テレビが普及したときも，テレビによる現実感覚の変容が問題になった。本来「生の現実」の中で形成されるべき子どもたちの現実感覚が，テレビの「偽の現実（ヴァーチャル・リアリティ！）」に飲み込まれておかしくなると言われた。このような「文化評論」は，現在のインターネットの〈ヴァーチャル〉が「生の」コミュニケーションを浸食するという紋切り型とほぼ同じである。

　例を挙げればきりがないが，どんな新しい技術も，それが普及していく際の騒ぎが一段落すると，身のまわりのものになって落ち着く。

　テレビ漬けの老人や長電話の主婦が相変わらずたくさんいるにもかかわらず，電話やテレビの技術が今問題になっていないのは，普及してから時間が経ち，社会に定着したからだ。そうするとイメージ商品にならなくなる。

　興味深いことに，そういった「文化評論」の祭具には，パソコンや電話やテレビや機関車（文明開化！）だけでなく，「女子高生」といったものまである。

　また，昔からある言葉を使わずに，キャラとかイジリとかいった，その時々の若者の流行語を言葉の祭具として用いて，新しい人間存在の様式が出現したかのようなイメージを売るビジネス手法も，長らく続いてきた。評論家は，流行語を拾ってきては，近年何か根本的に新しいことが起きたかのような身振りをする。

　現在，インターネットがメディアで語られる様式は，先行イメージ商品の連続線上にある。現在のイメージ商品（インターネットについてのイメージ商品）は，先行イメージ商品（電話やテレビについてのイメージ商品）と内容は異なるが，イメージの輪郭を描く形態が同じなのだ。だから，すでにある消費者の認識枠組みの習慣（同形の疎外論ストーリーによってものを見る習慣）のうえに，短期間で容易に新しいイメージ商品を流通させることができる。

　このような様式で，マス・メディアは，ネットを素材にして，使い古したビジネス手法を反復してきた。その磁場の中で「ネットいじめ」のイメージがバイアスを孕みながら増殖していく。そのバイアスを自覚し，いじめ現象の中のネットを用いた部分を認識し分析する必要がある。

　ネットを考える際に，マス・メディアによる〈ヴァーチャル〉のイメージに流されないために，過去の〈ヴァーチャル〉技術を現在のインターネットの〈ヴ

ァーチャル〉技術と比較検討してみるのもよい。

　例えば，平安時代の貴族たちは，会ったこともない相手と暗闇の中で文のやりとりによって情念を高めて性行為にいたることがあったという。この千年前の文という〈ヴァーチャル〉技術は，一部の現代人をネット上のやりとりだけで恋愛感情と性行為にかり立てる，最新の電子コミュニケーション技術よりも高い〈ヴァーチャル〉性能を有しているといえよう。

　また，人類は何千年にわたって，宗教というすさまじい〈ヴァーチャル〉技術を，統治技術や政治抗争技術に埋め込んできた。人々はこの〈ヴァーチャル〉によって命を捨ててきたが，それにくらべて，インターネットの〈ヴァーチャル〉技術によって命を捨てる人は，ごくわずかである。

　インターネットを駆使するといわれている現代のイスラム原理主義勢力が用いる最強の〈ヴァーチャル〉技術は宗教だ。彼らは，この宗教という土台に付随する付加メカニズムとしてインターネットに目をつけ，そこから生ずるブースター効果を巧みに利用している。このとき，圧倒的に〈ヴァーチャル・リアリティ〉なのは社会阿片とでもいうべき宗教のほうであって，インターネットはそれほど〈ヴァーチャル・リアリティ〉ではない。

　このような比較社会学的な思考により，何かとてつもないことが起こっているかのような，マス・メディアが煽るリアリティ変容像から距離をとり，マス・メディアに引きずられて生じた〈ヴァーチャル〉の過大評価を却下したうえで，インターネットの作用を探求し，そのメカニズムを説明すべきであろう。

第2節　統計データからみる，ネットを用いたいじめの位置

　それでは，ネットを用いたいじめは，広範ないじめ現象のスペクトラムの中でどのぐらいの位置と重要性を占めるのであろうか。

　統計データを検討してみよう。

　いじめ調査は，サンプリングがでたらめなものが多い。例えば，文部科学省が毎年出している『児童生徒の問題行動等生徒指導上の諸問題に関する調査』の「いじめ認知件数」は，各県が各学校に報告させたものを文部科学省に上げただけのものである。この数値は，いじめの実数ではなく，各県がどれほどまじめにいじめ問題に取り組んでいるかを示すものである。つまり文部科学省の

「いじめ認知件数」は，多ければ多いほどその自治体はいじめにまじめに取り組んでおり，少なければ少ないほどいじめにまじめに取り組んでいない，ということを示す数値なのである。

研究費の貧弱な大部分の大学研究者は，個人的なツテで中学校などをまわって，統計的には意味のない「アンケート調査」をさせてもらうぐらいのことしかできない。統計的に意味のある調査をするための予算と人員はたいへんなものである。

ネット調査は，サンプルが，ネットを使いがちなグループ，調査テーマに関心の高いグループに偏りがちで，さらにアクセスする媒体による偏りがあるので，統計的には無意味であることが多い。

ある程度きちんとした統計的手法をとって行われているものとしては，①森田洋司（1998）の無作為抽出による全国大量サンプル調査と，②全国調査ではないが，文部科学省国立教育政策研究所（1998～）による，「大都市近郊にあり，住宅地や商業地のみならず，農地等も域内に抱える地方都市」の19校を対象とした15年間の継続的な全数調査（『いじめ追跡調査』）がある[1]。

残念ながら森田の調査は，インターネットが世にひろがる前のものである。

国立教育政策研究所の調査は，近年のネットを用いたいじめについて相応に信頼できる客観的なデータを示している。もちろん，住宅地，商業地，農地等を域内に抱えることは代表性の保証にならない。とはいえ，相対的にはよりマシな調査であることは確かである。一番最近の調査である2012年11月の中学生の項目別「いじめ被害率」では，「仲間はずれ・無視・陰口」の被害経験が男子32.4パーセント，女子37.7パーセント，「からかう・悪口」が男子37.5パーセント，女子31.6パーセントであるのに対して，「パソコン・携帯」による被害は男子6.9パーセント，女子6.3パーセントである。男子93.1パーセント，女子93.7パーセントの生徒は，ネットによる被害を受けていない。この傾向は，調査開始以降続いている。

こういったことから，少なくとも現在のところ，ネットという手段は，数あるいじめの手口のうちかなりマイナーなものにとどまり，その影響力も，学校のオフラインの人間関係の影響力にくらべれば，小さいものであると考えられる。

この節を閉じるにあたって，付加的なメカニズムによって土台のメカニズムから目が逸らされることによる弊害を，１つの寓話（内藤，2012a）によって

示そう。

> 　ある国では，35歳から40歳までの人を強制的に収容所の監禁部屋に閉じ込めて理想的な共同生活をさせることにした。そのなかで，人々は，狭い檻に閉じ込められたネズミのように，互いに痛めつけ合うようになった。人々を監禁部屋に閉じ込めること自体不当であり，収容所から解放するのが基本である。しかし，国は監禁部屋の生活を少しでも快適で健康的なものにしようと，壁紙を3日に1回変えたり，音楽を流したり，早寝・早起き・朝ご飯を推奨したりする工夫をし，それを国民にアピールした。国民はいつの間にか，監禁部屋に閉じ込めること自体を問題にしなくなった。そして，監禁部屋で35歳から40歳までの人たちが，すこしでも「マシ」な生活になるような，些末で矮小な工夫がなされたことを，あたかも問題の解決に近づく努力であるかのように報道するようになった。

第3節　ネットを用いたいじめの考え方

　ネットの効果は，いじめの蔓延とエスカレートをもたらす土台となる主要メカニズムに対して，付随的なメカニズムを担っていると考えるのが妥当な線であろう。

　ただし，これまでの過大評価の弊害を気にするあまり，ネットを用いたいじめを無視するのも誤りである。それぞれの付随的なメカニズムには，それぞれの付随的なメカニズムなりの個別効果がある。付随的なメカニズムが加わることで，もともと土台が有する有害なメカニズムが新たな表現形を獲得して，その有害効果を倍加させることは，おおいにありうる。この個別の効果を明らかにすることが，主要メカニズムの土台の上に雑多な付随メカニズムが結合して成っている，いじめ現象の理解には必要である。

　これらを勘案したうえで，ネットの効果について考えてみよう。

　インターネットが，それ自体主要な駆動メカニズムの担い手となって，実際の攻撃的で残酷な行為を引き起こす傾向は，一般に危惧されているよりもはるかに少ない。

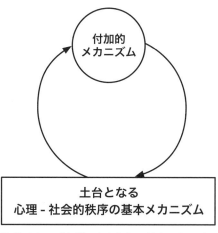

付加的メカニズムが，土台となる基本メカニズムの
延長された表現形として，増幅効果をもたらす

図8-1　ブースター効果

　例えば，見ず知らずの者たちが匿名掲示板で「死ね」などと罵り合っていても，パソコンのスイッチを切ればそれまでである。テレビのチャンネルを変えればおしまいなのと同じである。ネットだけの場合，良くも悪くも「便所の落書き」の水準にとどまり，それ以上の破壊的効果をもたらすことはきわめて稀である。

　それに対し危険なのは，もともと生活を包囲し，「しがらみ」となっている有害な小社会が存在しており，その延長線上でネットが使われる場合である。その場合，攻撃や残酷を生み，蔓延させ，エスカレートさせる，もともとあった心理−社会的メカニズムを，ネットがその延長された表現形となって増幅させるブースター効果が生じる可能性がある。

　それは，学校のいじめでも，職場のいじめでも，あるいは，携帯・スマートフォンを持ったママたちの陰口村でも，民族・宗教紛争でも，同じことがいえる。ある程度以上強い攻撃性や残酷さを及ぼす心理−社会的現象においては，あくまでもネット以外のものが土台をなしており，その土台の上でネットが付加的なブースター効果を及ぼしうるのである（図8-1）。

　このブースター効果は，それほど大きくないこともありうるし，時と場合によっては激烈なものにもなることもありうる。それは，前節のようにマス・メ

ディアがイメージさせる大げさな物語とはまったく別物であるが，大きな危険をもたらす場合も視野に入れておく必要がある。

以下の第4節と第5節では，学校でのいじめに対象を絞ったうえで，この付加的な効果（学校でのいじめにネットという手段が加わることによるブースター効果）についての基本的な理論モデルを提示する。

学校のいじめを蔓延・エスカレートさせる土台となる主要メカニズムは，閉鎖空間の環境の効果として増殖する心理－社会的な，政治的〈パラノイア〉モデルの群生秩序である。それに対して付随的に，ネットによる〈ヴァーチャル〉な心理－社会的メカニズムが付け加わり，独特のブースター効果が生じる。

第4節　主要メカニズム：閉鎖空間の環境の効果として増殖する心理－社会的な，政治的〈パラノイア〉モデルの群生秩序

筆者による秩序の生態学モデルによれば，一定の制度的条件に枠づけられた生活環境下で，さまざまなタイプの心理－社会的秩序群が現実感覚や秩序感覚を産出しつつ，生態学的にせめぎ合っている。制度的に枠づけられた生活環境における効果が，それらの諸秩序が優勢になったり劣勢になったりする生態学的布置を形づくる。

まず，いじめ現象から浮き彫りにされ，かついじめをエスカレート・蔓延させるタイプの秩序である群生秩序が，学校制度のもとでの閉鎖空間の環境の効果として，生態学的に圧倒的優位の位置を占めるという理論（内藤，2001，2009）の一端を示す。

ここで押さえておくべき重要ポイントは，小さな閉鎖的な社会が生み出されると，外部とは異なる「自分たちなり」の「あたりまえ」や「よい－わるい」が生じやすいということである。ここに着目する必要がある。

私たちの社会では，すべての人が人生の初期に，極端な閉鎖空間で極端にベタベタした集団生活を強制される。学校では，これまで何の縁もなかった同年齢の人々をひとまとめにして（学年制度），朝から夕方まで1つのクラスに集め（学級制度），強制的に出頭させ，全生活を囲い込んで軟禁する（実質的には学校への強制収容制度になっている義務教育制度）。

さらに日本の学校制度は，このように狭い生活空間に人々を強制収容したう

えで，さまざまな「かかわりあい」を強制する。例えば，集団学習，集団摂食，班活動，掃除などの不払い労働，雑用割り当て，学校行事，部活動，各種連帯責任などの過酷な強制を通じて，ありとあらゆる生活活動が小集団自治訓練となるように仕向ける。

　学校は，互いが互いの生の深い部分にまで染み込みあい，共にかかわって育ちあう聖なる教育の共同体であるとされ，その内部を自由な市民の論理と切断しておく不断の努力によって，特殊な社会として保たれる。

　例えば，通常の社会では法によって処罰されるべき生徒や教員による暴力が，学校では司法の対象にならずに，神聖なる「教育の論理」に委ねられる傾向が大きい。こうして学校は，しばしば無法状態になり，生徒にされた人々は，他の生徒や教員などの学校関係者による暴力から法によって保護されなくなる。

　また，学級という狭い空間に閉じ込めて強制的にベタベタさせる学校では，親しく交際する友を自由に選ぶ権利が実質的に剝奪される。学校では，「みんな」が共生してベタベタ生きねばならず，個人が「友だち」や「先生」との心理的な距離を自由に調節して生きることは許されない。学校は，人間が合唱の声のように響きあい融けあう，すばらしい教育の共同体であるようにと敷き詰められた，逃げることができない出口なしの世界でもある。

　ありとあらゆる生活活動を囲い込んで集団化する環境設計は，水も漏らさぬ細かさで「友だち」や「先生」とかかわりあわずにいられず，自分の運命がいつも「友だち」や「先生」の気分や，人間関係の政治によって左右される状態をもたらす。あらゆる些末な生活の局面が，他者の感情を細かく気にしなければならない不安なものとなる。自分が「安んじて存在している」ことができるための，立場や生存が賭けられた利害の関連性は過密になり，生活空間はいじめのための因縁づけ・囲い込みの機会資源（チャンス）に満ちる。

　このように，誰かが誰かの運命を容易に左右し，暗転させることができるチャンスがちりばめられた生活空間（チャンス空間としての生活空間）は，**迫害可能性密度の高い生活空間**である。

　万人を狭い教室に閉じ込めて強制的にベタベタさせる学校制度は，最低限の安全を保つのに必要な社会的関係資源のコストを暴騰させる。この資源をめぐって，日常生活は，過酷な集団心理－利害闘争の政治で埋めつくされる。

　このような小社会の中で「自分たちなり」の独特の心理－社会的な秩序，外

の社会とは異なる独特の「よい」「わるい」が生じる。みんなの勢いがすべて，「ノリは神聖にして犯すべからず」とでもいうべき秩序だ。

　自由な個人として生きているときは，個々がもつ1つの人格を互いに尊重するという約束事がある。ところが，学校のような独特の秩序の中では，その場その場の勢いに応じて「すなお」に部分的人格状態の断片にスイッチが入ったり切れたりすることが大事だ。今自分がどういう空気の中にいるのかがスイッチ切り替えの目安になると，人格がその場次第でバラバラにならざるを得ないが，そうでなければ周りとうまくやっていけない。学校の集団生活は人格の断片化を強制する。

　このような集団生活では，人は常に不安が昂進している。次の瞬間には自分がどんな惨めなことになるかわからないので，集団の勢いと1つになるということが何よりも自分を守るすべになる。いつも集団の勢いで誰が強くて誰が弱いか，今どういう雰囲気になっているかをビクビク見て，自分をその状況どおりの人格断片の感情状態になりきらせて，うまく生き延びるしかない。

　これまで述べたような狭く閉じ込められた場所では，残酷な二者択一を迫られる。

　1つは，自分が内側から誰かに親しみを抱く「こころ」を群れに売り渡し，自分を痛めつけてよろこぶ者を心底「友だち」と思うくらいにしてしまう生き方。魂の深いところからの精神的な売春とでも言うべきことだ。

　それを拒むと，今度は30人，40人が猛烈に響き合っている密閉した教室の空間で，自分だけぽつりと石ころが転がっているような，まさに感覚遮断実験のような状態で，短くとも1年，クラス編制が変わるまで過ごさなければならなくなる。これがもう1つの選択肢だ。

　そうすると，大部分の人は「友だち」に魂を売り渡して生きざるを得なくなる。人格を群れに売り渡して断片化して，シカトのターゲットが自分から別の子に移ったらホッとして，今度は今まで親しかった別の子をみんなでシカトしてくすくす笑っている，といったことだ。

　学校の集団生活では，群れの「みんな」と「なかよく」し，その群れの「みんな」のきずなをアイデンティティとして生きることを無理強いされる。実質的には薄情でくっついたり離れたりしている人間関係の政治を，家族のように情緒的に生きることが強制される。

誰が大切な他者で誰が赤の他人なのかを，親密さを感じる個人の独立した「こころ」で決めることは許されない。個人がみんなの付和雷同の流れから独立した「こころ」や人格を持つような「自分勝手」は許されない。逆に，親密さを感じる「こころ」が，群れの「ノリは神聖にして犯すべからず」の秩序によって強制される。若い人たちは，いじめで強迫されながら「なかよし」が強制され，人生の初期から精神的売春をして生き延びなければならない。生徒は学校に強制収容され，グループ活動に強制動員され，いじめや生活指導で脅されながら，「親密なこころ」をこじり出して群れに明け渡す「こころ」の奴隷労働を強いられるのである。

　学校の集団生活では勉強は相対的にどうでもよいことであり，人間関係の響き合いが生活の焦点となり，生徒たちは互いの「こころ」や「気持ち」の動向，群れの中の優勢なノリを気にしながら群れて政治的に生きる。場の雰囲気を超えた普遍的なルールや正義による秩序ではなく，交わりつながりあう「みんな」の「こころ」や「気持ち」が動くことが，そのまま秩序化の装置となるようなタイプの政治的な秩序（群生秩序）が，圧倒的優位となる。

　ここで重要なポイントをくり返し指摘しておかなければならない。これまで外の社会とは異なる小社会の秩序という言い方をしてきた。ここには，まったく別種の「よい」と「わるい」があるのだ。

　「よい」と「わるい」，そしてその規範の準拠点には，さまざまなタイプがある。

　例えば，殺してはいけない，暴力を振るってはいけない，盗んではいけないといった，普遍的な「よい」と「わるい」が市民の社会に行き渡っている。

　それに対して，まったく別のタイプの「よい」と「わるい」が，閉鎖的な生活空間の中で蔓延する。そこでは，万引と呼ばれる窃盗犯罪を犯す少年グループは，それが法律違反であることを知っている。しかし，狭い「学校の仲間」を生きている少年たちにとって，「みんなと親密に響き合って一体化して存在しなければならない」という群れの道徳のほうが至高の秩序になる。当然，窃盗はいけないといった外の普遍的秩序に従って，みんなで感動を分かちあって共に生きるきずなを裏切る「上から目線」「自分勝手」「自己中心的」な者は「わるい」。「わるい」者にヤキを入れるのは当然だ。少年たちは，自分たちの独自の「よい」「わるい」に従って，万引（窃盗犯罪）を道徳的に「しなければ

ならない」。

　さらに、「みんなと仲良く」できない孤立している者は「わるい」「人間として存在価値がない」という秩序感覚と人間観は、加害者の側から被害者に向かうだけでなく、被害者が自分に対しても持ってしまう。

　学校の外の社会で、たまたま自分の周囲に気が合う者がいなくて1人でいることは、気にならない人は気にならないし、気になる人は「さびしい」と感じるかもしれない。しかし、学校の集団生活でよくみられる秩序の場では、それは「わるい」ことでもあり、それをあげつらって痛めつけてくる「みんな」に対して、「なかよくできなくて、ごめんなさい」と涙を流して謝らなければならないようなことでもある。

　例えば、集団シカトの被害に遭った生徒は、自分を迫害し、信頼を裏切る悪意の「友だち」との関係に苦しむが、そのとき、より美しい関係を求めて「友だち」を変えるのではなく、自分自身の「こころ」のほうを「友だち」に仲良くしてもらえるように、変えようとするだけではない。いじめ被害者が、「仲良くできなくてごめんなさい」「性格を直すから、どうか仲良くしてください」と涙を流して加害者に謝罪するような光景はよく見られる。このとき、ただ痛めつける－痛めつけられる、という迫害現象が生じているだけではない。「よい」「わるい」という規範現象も生じているのだ。だから、被害者は「ごめんなさい」と謝るのである。

　このとき、「みんな、あの人に嫌な気持ちにさせられている」と1つの方向に響き合う「みんな」と、孤立した個のあいだの関係は、旧約聖書の神とヨブのように、圧倒的な全能者とゴミ屑のような絶対的な関係になる。それが学校の集団生活で身についた、「みんないっしょ」が神となって君臨する秩序のかたちだ。

　ここで重要なのは、「みんな」と離れて孤立していることは、それだけで道徳的に「わるい」ということである。

　殺してはならない、盗んではならないといった、「みんな」の気持ちの響き合いから独立した普遍的な基準によって「わるい人」や「わるいこと」が決まるのではない。まず親密性と響き合いと脅しと不安と損得勘定がリズミカルに渾然一体化した勢いの政治があり、それが「みんな」のネガティブな憎悪の気持ちが向かう方向を祭り上げていく。その流れの中で「みんなを

不快な気持ちにさせるわるい人」が決まってくる。

　そうすると，どんなに些細なものであっても，被害者のありとあらゆる振る舞いが「わるい」と後づけで理由づけられ，「おかげでみんなが嫌な気持ちにさせられた」という，憎悪と被害感情のストーリーを「みんな」が抱くようになる。

　みんなは集団生活の中で，①「あの人は嫌な人だ」と集団決定した人を嫌な人だと感じるよう習慣づけられており，かつ②嫌な人の振る舞いを目の当たりにするだけで誰もが嫌な気持ちになる。そうすると，「(みんなが心を響き合わせて『あの人嫌い』と決めた人だから) あの人の態度や言動によってみんなが嫌な気持ちにさせられた」という加害者の言い分は，感情論理の同語反復（トートロジー）となる。

　みんながターゲットにしたのがその人であれば，その人であるというだけの理由で，みんなは何をしても嫌な気持ちになる。そしてそうなった時点で，痛めつける側は，本当に被害感情を抱き，獲物を狩る楽しみであざ笑いつつ，かつ同時に，「ただしい」われわれとして敵意と憎悪でいっぱいになることができる。

　それに対して，被害者のほうは罪悪感を持たねばならない。どんな理不尽なことをされても，「お前は人間で私は神である」という根拠によって，被害者ヨブが加害者神に対して「わるかったです」と謝らなければならないように，お前は孤立した個であり，われわれは「不愉快な気分にさせられたみんな」であるという絶対的な根拠によって，被害者が「わるい」のである。もちろん前述のように1つひとつの具体的な理由はどうでもよいことであり，体裁は事後的にどうとでもとり繕うことができる。

　誰が「わるい人」であるかは，まず「みんな」の主流の空気を醸成する人間関係の政治によって決められる。その集団心理−利害闘争の政治の中で，空気を引っ張る中心になる「よい」強者と，「みんなが嫌な思いをさせられている」「わるい」「自分勝手」な者が浮き上がってくる。

　これは「交響するサルの群れのただしさ」とでもいうべきものである。つまり，利害政治に埋め込まれた「ほーほーほー」と響き合う感情リズムの中で共鳴の同盟関係が強くなったほうが「ただしい」。そしてリズム合わせの政治に失敗した側は，みんなの感情リズムの側から「わるい」とされ，嚙みつかれ，

ぼろぼろに引き裂かれる。この感情同調の絡み合いは徹底的に狡猾な人間関係の利害政治であり，かつ畏怖すべき「ただしさ」の基準（規範の準拠点）にもなっている。

　このように親密性を感じる「こころ」や「きもち」が普遍的なルールや正義の機能的(かわり)等価物となり，秩序化の装置として流用されるのは，親密性を担う心理機能が政治的な道具となることを意味する。目まぐるしく変転する，過酷な集団心理−利害闘争の政治を生き延びるためには，自己の利益にかなったやり方で，真に迫った感情的雰囲気を醸成して，上手に他人を感情的・利害計算的に巻き込んだり，相手を圧倒したりすることを強いられる。親密性を感じる「こころ」や「きもち」は，人格の尊厳と真理の座ではなく，保身や生存のための集団心理−利害闘争の器官として，すり切れるまで使い潰されることになる。

　ここで生じる群れの秩序は，一方では，互いの思惑を過剰に警戒していなければならない不安で過酷な人間関係の政治のプロセスでありながら，他方では，互いに心の深部と心の深部が無防備に密着して開いてしまったところから，互いに互いを鏡像とする心理作用が社会的に伝染していく増殖のプロセスでもある。

　この秩序は，単に個人内部の心理的なものでもなく，また，単に独立した個人が集まり連なる社会的なものでもなく，複数の個人が内部から別の存在に変化させられてしまう変換(かわりみ)の連鎖のシステムである。しかもそれは，単なる「集団ヒステリー」のようなものではなく，利害計算に貫かれた，生き馬の目を抜くようなあざとい政治の世界でもある（詳しくは，内藤, 2001, 2009を参照されたい）。

　こうして生活は，多かれ少なかれ，次のような心理−社会的メカニズムの効果で充満することになる。

　①心理的距離の調節能とそれに結合する自己感覚構成能が失調させられ，原基的な不全感〈欠如〉と，「あなたはわたし。わたしはあなた」といった鏡像的(ねばねばした)メカニズムが昂進する。そして，それにもとづく，投影同一化（projective identification），妬み，群れに一体化する全能感や，他者を思いどおりにする全能感，憎悪，恥辱，他者のまなざしに対する限りない不安などの心理−社会的メカニズムが昂進する。これらをクライン−ラカン領域のメカニ

ズムと呼ぶ。これらのメカニズム群は，群れの中の過酷な集団心理－利害闘争の政治（以下の②）に埋め込まれた仕方で生じる。

　②過酷な集団心理－利害闘争の政治に全面的に包囲されている境遇下では，「闘争－逃走」あるいは「狩る－狩られる」をめぐる，情報処理・見通し・段取りづけに，生活のかなりの部分が占められてしまう。生きられる世界は，いわば不安な戦略的な見通しのサーチライトで映し出される像に塗りつぶされる。こうして，狭隘な政治的まなざしの世界への全包囲的な過覚醒（びくびく）が生じる。これらをマキャベリ領域のメカニズムと呼ぶ。

　ここで，上記①クライン－ラカン領域と②マキャベリ領域のプロセスは別々に作動するのではない。①の鏡像的あるいは自他癒合感情駆動的（ねばねばしたきもちにかりたてる）なメカニズムは，②の全包囲的な政治的プロセスやその不安な見通しの筋書をかたどって具現され，この筋書きの進行に沿って，生々しい妬みや恥辱や憎悪や不安などが生起する。

　と同時に，②の政治的な見通しのメカニズムも，①の鏡像的なメカニズムの「必死にあがく」（ねばねばした）作動に引きずられて，政治的戦略計算を過大に暴走させる。

　例えば「〇〇さんたちが，ひそひそ陰でわたしを陥れるような陰謀を企てているかもしれない。先手を打って，△△さんたちと仲良くして，〇〇さんの悪口を言っておこう」といった仕方で，①の情動（クライン-ラカン）メカニズム領域の不安や恥辱や憎悪の感覚は，②の政治領域で，他者が悪意をもってグループを組んでいるといった見通しの筋書，そして先回りの攻撃プランニングなどへ横滑りを引き起こす。

　このような人々の不安な振る舞いの連鎖が，翻って，当の政治的な世界を，単なる頭の中の見通しとしてではなく，厳然たる現実として，再生産する。この政治的な世界の中で，自由な開かれた社会にあっては妄想的とすらみなされるような見通しが，実践的に「合理的」な世渡りの見通しとして確立してしまう。

　このように，①のメカニズムの昂進と②のメカニズムの昂進がポジティブ・フィードバックを形成しながら不可分に癒合した，心理－社会的な秩序化のメカニズムを，政治的〈パラノイア〉と呼ぼう（政治的〈パラノイア〉に関する試論としては，内藤，2011, 2012b, 2013を参照）。

　学校の閉鎖空間で政治的〈パラノイア〉になりきった生徒たちの群れは，精神科に通院する妄想性障害の患者とは逆に，過酷な環境で，狡猾に「やりおお

せ」ている。彼らは，学校での「社会適応！」が人並み以上に高い者たちであり，陰惨ではあるが精神科的にはまったく正常である。むしろ政治的〈パラノイア〉になりきれない生徒たちのほうが，学校になじめず，追い詰められてしまうかもしれない。現行の学校制度は，それがもたらす生活空間の環境の効果として，1人ひとりに政治的〈パラノイア〉の乗り物であることを強いる。

　このような万人の万人に対する集団心理－利害闘争の生活は，「孤独で，貧しく，卑劣で，残酷で，短い」(Hobbes, T. 1651)。

第5節　ネット単独では貧弱な有害作用と，ときに危険なブースター効果

　以上のような，政治的〈パラノイア〉の群生秩序を生きる者たちが，ある程度以上ネットに通暁していった場合，どのようなことが起こりうるだろうか。メディアが煽る過大なイメージとは別の道筋で考えてみよう。

　前節で述べた学校の過酷な政治的〈パラノイア〉の群生秩序が土台にあり，そのうえに，単独では現実変容作用が貧弱なインターネットが延長された表現形として加わることで，ブースター効果が生じ，土台のメカニズムをさらに危険な仕方でエスカレートさせる可能性は，大いに考えられる。

　まず，ネットそれ自体の，貧弱ではあるがそれなりの，さまざまなリアリティ変容効果から考えてみよう。

　インターネットには，心理的な距離の調節を攪乱する「それなり」の効果がある。例えば，人は，ひとりで自己や他者の鏡像的イメージをいじくりながら，さまざまな憎悪や欲望や不安や妬みに淫する，「内面」と呼ばれるリアリティの編成領域を持っている。それは，日記や日記風に書いた小説などで，「ボクは醜い男だけど，彼女を密かに思い……」といった独白の形をとって表現されてきた。また，交友関係などでは，酒やお茶の長いつきあいを経てはじめて，「とても人には言えないような内面」を語る親密な間柄が形成されてきた。「内面」は通常，公的あるいは社交的なコミュニケーションの場から遠くはなされている。

　しかし，インターネットでは，しばしばこの「内面」が，公的あるいは社交的なコミュニケーション領域に，距離感ゼロでそのまま唐突に露出してしまう。こういったネットの世界では，自己感覚構成能も攪乱されやすく，不相応な

ナルシシズムを肥大させる人も現れる。例えば，社会的地位をめぐる卑小感と恥辱感に苛まれていた人が，インターネットによって突然ひとかどの「知識人」に変貌し，朝から晩まで意味不明な「思い上がり」「わざとらしさ」「ひねくれ」の書き込みを続けるようなことがある。

　オフラインでは他者から承認してもらえる性的魅力のランクにおいてみすぼらしい役しかまわってこない女性が，出会い系サイトではさもしい目的の男性が殺到してチヤホヤするので，今まで体験できなかったようなナルシシズムの肥大を体験することもある。

　そこまででなくとも，さまざまなアバターなどを使って，互いに自己イメージのバリエーションを楽しむことが，ちょっとした遊びとして流行ることもある。また，匿名の「ななしさん」であれば何でもできるという大きな気分になって，オフラインでは到底口にするのが許されない汚い罵詈雑言を，吐き散らかす人もいる。

　こういったことから，たしかにネットは，前述①の心的距離調節能の失調，自己感覚の混乱，鏡像的な粘着性といったことを若干昂進させるかもしれない。しかし，そういったことは，端から見れば恥ずかしいことかもしれないが，有害性はほとんどないといってもよい。しかも，ネットだけでは，前述②の全包囲的な政治的閉域を構成するのは不可能である。ネットだけの関係のつながりでは，不快に感じられれば，容易に遠く距離をはなされてしまう。

　つまりネットは，実際の人間関係にくらべれば，それだけでは，人を縛りつけ，おびやかし，迫害し，追い詰め，あるいは実害が著しい程度にまで自己感覚を攪乱・毀損する性能は低いのである。

　ところが，ネットのたわいもないメカニズムが，前節で述べた閉鎖空間のきわめて過酷な政治的〈パラノイア〉メカニズムに接続し，その延長された表現形となり，ブースター効果を引き起こすと，もともとの土台の危険なメカニズムを，さらに危険なものにしかねない。

　例えば，ネットが学校の政治的〈パラノイア〉の延長された表現形となることで，たとえ同じ「臭い」「うざい，死ね」といった書き込みであったとしても，それは，ネット単独のもともと微弱な有害作用ではなく，学校の政治的〈パラノイア〉の延長としてのエスカレートした有害作用を及ぼしうる。加害側の「狩る」刺激も，「狩られる」側の恥辱・屈辱・恐怖・不安なども，ネット単独

の場合とはくらべものにならない大きさになりうる。

　学校の全包囲的な政治的世界は，ネットを延長された表現形として，その危険な全包囲性を完成しかねない。学校の外にいるときですら，政治的〈パラノイア〉の拘束と過覚醒の状態（ビクビク生活しなければならない状態）が暗い影を落とし続けるかもしれない。

　もともと，「友だち」に調子を合わせるために，自宅で見たくもないテレビ番組を嫌々見るといったことは，不安な学校生活の「もちかえり残業」としては，よくある。インターネット以前の時代でも，いじめで自殺した中学生の記録などを読むと，電話や，恐怖体験の焼きつけなどで，学校外の生活も主観的には加害者グループの面影で塗り尽くされる事態が生じていることがわかる。インターネットによって全包囲性が生じるというよりも，従来からある全包囲性の媒体に，インターネットが新たに加わると考えたほうがよい。

　インターネットは電話と同様に，学校以外の関係を築く開放的な側面と，自宅や遠隔地にいるときにまで至る学校の全包囲性を増大させる側面，つまり包囲と解放の両側面において両義的である。

　また，学校のいじめには，靴隠し，もの壊し，椅子画鋲，にこやかな笑顔の裏で誰が言っているかわからない陰口やシカトの計画，誰がいつ付和雷同しながら計画に参加しているかわからないリンチの計画など，匿名性が不気味なものとして迫ってくる傾向がもともとあった。ネットだけがことさらに迫害的な匿名性をもたらすものではないが，学校の閉鎖空間の迫害的な匿名性がネットをその延長された表現形にすることで，学校のいじめの不気味な迫害性能をさらに大きなものにしかねない。

　ただし，幸運なことに，日本では少なくとも小中学生の段階では，学校の政治的〈パラノイア〉の群生秩序は，ネットをその延長された表現形にしきってはいないようである。小中学生はネットや携帯・スマートフォンを，良くも悪くも，まだそれほど使いこなしていないが，将来どうなるかは予断を許さない。インターネットは拡大と変化を続けている。例えば，本稿執筆時（2015年）にはLINEと呼ばれるサービスが拡大している。このサービスは，言語行為論的に考えれば，侮辱や名誉毀損や承認一般の問題にかかわる「…である」という宣言的知識の表明の側面に加えて，いじめや迫害にかかわる「…せよ」という手続き的な共同行動プランニングの側面を飛躍的に増大させるかもしれない。

またTwitterは，公開ツイート，「友だち」のみのツイート，ダイレクトメッセージといったさまざまなモードを組み合わせながら，さまざまなタイプの言語行為を展開することができる。

　このような新たな特質が，どのようなブースター効果をもたらすかは，しばらく観察を続けなければわからない。インターネットも含めて，付加物の特質によってブースター効果も変わってくる。新しい技術が加わるときには，メディアの煽りとは距離をとりつつも，ブースター効果の発現形態に注意しながら，経過観察を続ける必要があるだろう。

第6節　事例検討

　ここでは，第1章で紹介された典型的な事例を検討することを通じて，「私たち」の小さな社会に生じ，蔓延し，エスカレートし，歯止めが効かなくなる固有の秩序と現実感覚を考察する。

1．事例の要点

　まず第1章及び筆者が行った被害者とその保護者への聴き取りから事例の要点を抜き出す。詳細については第1章を参照されたい（名称等は統一してある）。
　白木学園高等部2年の鹿野ひかり（以下ひかり）は，中等部1年から新体操部に所属している。
　ひかりは中等部1年から高等部1年まで，部活の同学年特定メンバーからグループを組んでの集団無視，部内やクラスでの友人たちへの関係切断・孤立化の試み，教室の前での大声の侮辱などを断続的にされてきた。ある部活メンバーは，クラスが別であるにもかかわらず，ひかりのクラスまでやってきて，ひかりをみんなで無視するよう仕向けた。しかしひかりと個人的に親しいクラスメイトが無視をしなかったため失敗する。
　高等部1年の終わり2月5日に集団無視が再開する。その5日後の2月10日，誹謗中傷のTwitter（第1章図1-2），仲間内のLINEのやりとり（第1章図1-5），嫌がらせのダイレクトメッセージ（第1章図1-3, 4）が連続的あるいは並行的になされる。
　その経緯は次のようなものである。

2月10日19時半ごろTwitter上で「あるある@_WeHateThisGirl」というアカウントがつくられ，ひかりへの生々しい憎悪をこめた誹謗ツイートが開始される（第1章図1-2）。

　Twitterのアカウント「あるある@_WeHateThisGirl」には「自分大好き自分以外はみんなブス」とタイトルがついており，そこでは次の16の誹謗ツイート（つぶやき）が書き込まれている（後の分析に便利なように番号を振った）。

【「あるある@_WeHateThisGirl」の誹謗ツイート】
① 「○○年○○月○○日（筆者注：ひかりの生年月日）生まれの鹿野ひかりちゃん。またまた独りぼっちになっちゃった...??」
② 「何度目のぼっちですか」
③ 「基本的に自分以外の人を見下している」
④ 「自分以外はみんなブス」
⑤ 「足が死ぬほど臭い」
⑥ 「同級生にも嫌われ...先輩にも嫌われ...後輩にも慕われず...唯一のお友達だった"TWINS"も解散...」
⑦ 「あげくの果てに松田美紗と散々に馬鹿にしてディスってた柑奈ちゃんとの友情物語が突然の復活」
⑧ 「ぼっちになった途端に，今まで散々ディスってた奴とつるむ」
⑨ 「ぼっち回避のために柑奈ちゃんを利用しても，結局は友情なんてそこになしただのカモフラージュ」
⑩ 「口を開けば悪口」
⑪ 「口を開けば自慢話」
⑫ 「自分の性格の悪さと無神経さに自覚があるのか否かは分からないが，中1の時から嫌われ続けているのは紛れもなくお前に問題がある。そろそろ直らないものかねえ・・・」
⑬ 「4年間毎年定期的にぼっちになるのはある意味すごい」
⑭ 「女友達＜＜＜＜＜＜＜＜＜男」
⑮ 「自分で水原希子に似てるって言っちゃう」
⑯ 「ぼっちになった理由は『居たくもない人と無理やりいる必要がないから』」
これらのツイートには，＃鹿野ひかり語録，＃鹿野ひかりあるある，＃そし

ていつかまた使い捨て，といったハッシュタグ（ツイートにカテゴリをつけて検索しやすくするため，ツイートに「#xxx」と入れるタグのようなもの。Twitter, 2012）が付けられていた。

　ひかりは，「あるある@_WeHateThisGirl」によるヘイトスピーチを，19時58分ごろ松田美紗（以下美紗）からの報告（第1章図1-1）によって知る。
　これを読んでショックを受けたひかりは，自分用の公開Twitterで「学校やめていいですか」とツイートする。
　すると大宮良美（以下良美）が上記ひかりのツイート「学校やめていいですか」を，仲間うちのやりとりに使うLINEに貼って報告し，「ってとこまできた」と発言（20時49分）。森野和実（以下和実）が「やめたほうがいい」と発言する（20時50分）（第1章図1-5）。
　このことは，LINEの画像（第1章図1-5）を美紗がひかりに送付したことによって明らかになった。
　その後，「あるある@_WeHateThisGirl」は，ひかりに嫌がらせのダイレクトメッセージを送る。そのやりとりは以下のとおりである（第1章図1-3）。
　（以下あるあるをARと略記。括弧内は時刻）

【「あるある@_WeHateThisGirl」による嫌がらせのダイレクトメッセージ】
　　ＡＲ：何，見当ついてんだって？笑（21：19）
　ひかり：だれ（21：19）
　　ＡＲ：見当ついてんでしょ？（21：20）
　ひかり：違ったかもね（21：21）
　　ＡＲ：あっそ（21：21）
　ひかり：で，だれ
　　　　　言え（21：…）
　　ＡＲ：白木の底辺のくせに命令してんじゃねえよ（21：22）
　ひかり：底辺でも知る権利はある（21：22）
　　ＡＲ：教える義務は無い（21：22）
　ひかり：そうですねーはいはい
　　　　　なにがしたいの（21：23）

ＡＲ：一つ聞きたいんだけどさぁ，なんでそんなに毎年毎年ぼっちになっちゃうの？（21：23）

ひかり：なんでだろうね！笑 でも別にずっとひとりって訳じゃないし気にしてない（笑）（21：23）

ＡＲ：気にしても友達は返って来ないもんね・・・（21：24）

ひかり：そうだね！でも無理やりいたくもないひとといる必要はないから勝手でしょ？（21：25）

ＡＲ：自分から離れたみたいな言い方してんなよ（笑）（21：26）

ひかり：無理やり着いていかない。これで正解？
で，だれ
名前言え（21：26）

ＡＲ：分かんないなら見当ついてるとか適当なこと言ってんじゃねえよ（21：27）

ひかり：いつものメンバーかなって思ったけど，どうなんだろうって感じです いまー（21：27）

ＡＲ：誰だろうね どうでもいいっしょ 知ってどうなんの？って話（21：28）

ひかり：良くないかな
すっきりしない笑（21：30）

ＡＲ：お前のことが嫌いな奴なら山ほどいんだから絞れないよね・・哀れ（21：33）

ひかり：そうだね
嫌われ者だもん（21：33）

ＡＲ：お前が散々にけなして馬鹿にして愚痴愚痴言って，された側はお前のことを恨まない訳がない
どんな仕打ちを受けても当たり前じゃね？
全部自分のせい
自分がわるい（21：36）

ひかり：あなたになにがわかるの
どういう関係（21：36）

ＡＲ：その内の一人だから死ぬほど嫌な気持ちは分かんだよ

　　　　なに丘先輩つかってんの？きんも（21：…）
ひかり：は？え？
　　　　使ってるってどういうことだよ（21：37）
　ＡＲ：は？（21：38）
ひかり：丘先輩がどうにかしたの？（21：39）
　ＡＲ：何も（21：39）
ひかり：え，結局なにが言いたいの
　　　　笑（21：39）
　ＡＲ：面白いからやってるだけ
　　　　（笑）
　　　　早く学校やめちまえばいいのに（21：41）
ひかり：じゃなくてなんで突然丘先輩でてきたの（21：41）
　ＡＲ：丘先輩からフォロリク来ただけだけど？（21：42）
ひかり：あ，そういうことね
　　　　まったくそれは関係ないから誤解しないで
　　　　誰なの
　　　　名前言って（21：43）
　ＡＲ：名前言ってやるから死ねよ（21：44）
ひかり：死にません笑（21：44）
　ＡＲ：ん（21：45）
ひかり：え？（21：45）
　　　　死ねば名前言うわけ（21：48）
　ＡＲ：当たり前じゃん（21：48）
ひかり：すげーなそれ笑
　　　　ふつうに自分の名前言えないの？（21：48）
　ＡＲ：なんで散々お前に嫌なことされてきたのにお前に命令されなきゃい
　　　　けねーの？（21：49）
ひかり：なにしましたか私（21：43）
ひかり：教えてください（21：53）
ひかり：おい（21：55）
　ＡＲ：おいとか言ってんじゃねえよ

何されました〜って言ったってお前のしたことは消えないんだよ（21：56）
ひかり：消えなくても言えるでしょ
　　　　なにされたか言えばいいじゃん（21：56）
　ＡＲ：自分で考えれば
　　　　とりあえず早く白木学園から出てけ（22：00）
ひかり：わからないから
　　　　出れるなら出ますよ
　　　　笑（22：01）
　ＡＲ：何人も転校してった人いんじゃん（笑）
　　　　できるから（22：01）
ひかり：そうだね〜☆
　　　　じゃあ最後に名前教えてください〜（22：02）
　ＡＲ：言うつもりない
　　　　知ってどうすんのって話
　　　　独りでお弁当独りで帰宅独り生活楽しんで（22：07）
ひかり：ごめんお弁当ひとりじゃない笑（22：07）
　ＡＲ：誰と食べてんの？
　　　　あ〜利用してる友達ね（22：08）
ひかり：は，ちゃんと友達だけど
　　　　見に来れば？（22：08）
　ＡＲ：了解〜（22：…）
ひかり：じゃあ先に名前言っておけば？（22：09）
　ＡＲ：話繋がんねえ（笑）（22：11）
ひかり：はは
　　　　ばかですいません（22：11）
　ＡＲ：そうなってくるとだるいっす（22：22）
ひかり：了解です（22：23）
　ＡＲ：開き直る奴とかいない方がマシじゃね（22：23）
ひかり：面倒くさいからさ
　　　　ごめんなさい〜

あした部活に行ってもいいんですかねーわたしー（22：24）
AR：自分で考えれば
したいようにすれば
来ても歓迎されない，頼りにもされない，誰にも口聞いてもらえない，冷たい目で見られる，それが嫌なら行くのやめれば
逃げても逃げなくてもどうでもいい
来たら来たで邪魔だし，休んだら休んだで部活辞めれば？って話（22：28）
ひかり：はーい（22：32）

　以上が２月10日に起こったことである。
　翌２月11日，ひかりの保護者は午前中に新体操部の顧問に誹謗中傷の画像を添付したメールを送り，午後学校を訪問し，書き込み画像のプリントアウトを渡し，２人の顧問と面談した。顧問は書き込みの文章が大人びていて高校生の文章とは思えないので外部の者の仕業ではないかと発言する。２人の顧問は２月14日にも同じ関与否定説を話す。
　ひかりは木村顧問に部を休む相談をした。すると顧問は「休んでもよいけど，ネットいじめをやった人がもし本当に新体操部なら休まないほうがよいのではないか」と発言した。
　３月27日，ひかりの保護者と今回のネットいじめについて話しているとき，顧問と学年主任は，「生徒へのヒアリングの中でひかりの言動に相当な問題がある事実が浮かび上がっている。それゆえに多方面から嫌われたり憎まれたりする可能性が高く，それが今回のネットいじめの一因かもしれない」と発言した。
　ひかりの保護者はこの「相当な問題」の内実について教員に説明を求めた。教員は，具体的な内実がなかなか出てこないようであったが，次の２つのことを話した。
　①ひかりはダイエットが進んでいることを自慢した，そのことによって他のメンバーが傷ついた（ひかりの保護者の説明によれば，たまたま姿をチェックするためにひかりが鏡の前に行ったら，その鏡の前に同学年の他の生徒がいたので，２人の姿が同時に鏡に映ったとのことである）。

②ひかりがあちこちで悪口を言いまくっている（悪口の具体的な内容について，教員たちは何も言うことができなかった）。

　4月13日，顧問は同学年の生徒3人とひかりを集めて，「意見を言う」よう指示した。この集まりは，3人がひかりを攻撃する集団吊し上げの場になった。集団吊し上げによってひかりは泣いた。そのとき，3人が用いた理由づけは，「ひかりが部活動の愚痴を言っている」といったものであった。具体的には，2人がそのことに嫌悪を感じたと発言し，もう1人が「仲間から話を聞くたびにまるで自分事のように怒りがこみ上げてきた」と発言した。

　5月2日，ひかりの保護者は学校に呼ばれ，これ以上対応できないと言われた。

2．予備的考察——符合関係

　第1章の報告の中から1で要点を抜き出した。これを用いて本論に入る前に，報告事項同士の符合関係から，出来事の流れを補助的に輪郭づけておきたい。

　符合関係は，100パーセントこうであるという決定ではなく，ある社会で一般的になされる，確からしさの程度を輪郭づける手段として用いることができる。複数の符合関係を重ね合わせることで，もっともらしさはさらに大きくなりうる。

　以下の符合は誰が「犯人」か，誰に責任があるかを決めるためのものではなく（それは筆者の仕事ではない），次の3での考察のために意味連関を輪郭づける予備作業である。

　前述のようにひかりが公開Twitterで「学校やめていいですか」とツイートすると，仲間うちのLINEにそれが貼られて（20：49），「ってとこまできた」（良美：20：49），「やめたほうがいい」（和実：20：50）といった会話がなされた。

　ひかりが「学校やめていいですか」とツイートした正確な時間はわからない。しかし，美紗の報告が19時57分である（第1章図1-1）。その後，仮に①ひかりが美紗とのやりとりを終えてヘイトスピーチを読み始めるまでの時間，②ヘイトスピーチを読む時間，③ショックを受けて考え込む時間，④ツイートする時間の合計（①＋②＋③＋④）を20分とすれば（19時57分＋20分＝）20時17分，30分とすれば（19時57分＋30分＝）20時27分に，ひかりは「学校やめていいで

すか」とツイートしたことになる。とすると，ひかりが「学校やめていいですか」とツイートしてから良美がそれをLINEに貼り，「ってとこまできた」（20：49）と発言し，和実が「やめたほうがいい」（20：50）と応じるまでの時間は，ほぼ（20時50分－20時27分≒）20分から（20時50分－20時17分≒）30分ということになる。

　ただの偶然によって，これらの事項の連続が短時間で起こるとは考えにくい。

　文章の意味了解としては，ひかりの「学校やめていいですか」に対する，「ってとこまできた」（良美：20：49），「やめたほうがいい」（和実：20：50）という即座の反応は，「嫌がらせが功を奏してついに学校をやめさせるところまできたぞ」「そうだあいつは学校をやめたほうがいい」という意味にとることができる。

　さらにこの1時間50分後の，Twitterを用いたダイレクトメッセージによる嫌がらせで，「あるある@_WeHateThisGirl」は唐突に「早く学校やめちまえばいいのに」（21：41）「とりあえず早く白木学園から出てけ」（22：00）と吐き捨てている。ひかりに「学校やめていいですか」と言わせるところまできた事態を前提することなしに，「早く学校やめちまえばいいのに」（21：41）「とりあえず早く白木学園から出てけ」（22：00）という言葉が不意に出てくるとは考えにくい。この「出てけ」という一喝は，ひかりに「学校やめていいですか」と言わせるところまできたプロセスを背景にしたものであり，それは「何人も転校していった人いんじゃん（笑）できるから」（22：01）という悪意の励まし作業に続いていると解釈すると，スムーズに説明がつく。

　美紗はひかりに出来事を2回報告している。まず美紗は19時54分にひかりに誹謗ツイートについて報告をはじめている。美紗は19時半ごろに誹謗ツイート「あるある@_WeHateThisGirl」が立ちあげられる時点から，それを目撃していたと考えられる。だからすぐにひかりに報告することができた。美紗がこれを偶然発見したとは考えにくい。加害者たちが，最初から美紗に「あるある@_WeHateThisGirl」を見せていたとしか考えられない。

　この美紗が2回目にひかりに報告したものが，LINE「女子高生トーク」（第1章図1-5）での会話である。このLINE「女子高生トーク」でひかりの「学校やめていいですか」ツイートが報告され，それに畳みかけるように「ってとこまできた」「やめたほうがいい」という発言がなされた。これを美紗はひかり

第6節　事例検討　201

に報告した。ひかりと親しいとみなされていたおかげで「ここにいなさいね」（和実：20：34））と強引に「みんな」に巻き込まれた美紗を媒介にして，Twitterの「あるある@_WeHateThisGirl」とLINEの「女子高生トーク」が，関連性の線でつながる。

　上記のいくつもからみあった符合関係から考えると，LINE「女子高生トーク」（第1章図1-5）でやりとりをしている者たちが「あるある@_WeHateThisGirl」の誹謗ツイートやダイレクトメッセージに何らかの関与をしていない可能性（つまり事項間の符合が単なる偶然の一致である可能性）はきわめて小さいと考えられる。

　ダイレクトメッセージでのやりとり（第1章図1-3，4）は，ひかりと「あるある@_WeHateThisGirl」が瞬時に相互反応する即興会話(アドリブ)のやりとりである。「白木の底辺のくせに」（21：22），「丘先輩」（21：…），「白木学園から出てけ」（22：00），「(部活に)来ても歓迎されない」，「来たら来たで邪魔」（22：28），「独りでお弁当」（22：07）→「お弁当独りじゃない笑」（22：07）→「誰と食べてんの？」（22：08）→「見に来れば？」（22：08）→「了解〜」（22：…）といった特定集団固有の事情が当意即妙にちりばめられた即興会話が，外部の者によって行われたとは考えにくい。

　また，「あるある@_WeHateThisGirl」の誹謗中傷ツイート中，⑥「唯一のお友だちだった"TWINS"」の固有名詞，⑦松田美紗の固有名詞，⑫「中1の時から嫌われ続けている」，⑬「4年間毎年定期的にぼっちになるのはある意味すごい」，⑮「自分で水原希子に似ているって言っちゃう」という箇所は，学校生活での固有の出来事や人間関係と符合している。

　以上述べた多くの符合性から，白木学園内部の者が関与していない，あるいは新体操部の者が関与していないということは考えにくい。

　この事例では，学校内部の長期的で濃密な「みんな」の人間関係が土台にあり，この心理−社会的な土台の上にTwitterやLINEなどの付随物が延長された表現形として加わり，ブースター効果によって暴走してしまったものであると考えられる。

3．事例が示す小社会の固有の秩序と現実感覚

　第4節では，小さな閉鎖的な社会が生み出されると，その中で外部とは異な

る「自分たちなり」の独特の秩序感覚や現実感覚が生じやすいと指摘した。そして学校という閉鎖空間で集団生活をするうちに生じ，蔓延し，エスカレートし，歯止めが効かなくなる独特の群生秩序と政治的〈パラノイア〉について論じた（詳しくは，内藤，2001, 2009, 2011, 2012b, 2013を参照）。

そこで述べられた心理－社会的な秩序状態の中では，「みんな」の気持ちが響き合う勢い（ひびきあい）が規範の準拠点となる。「みんな」の勢いと気持ちが1つになっていることが，「ただしさ」の基準となる。「よい」「わるい」は，「みんな」の気持ちの動きが決めることであり，付和雷同する「みんな」の気持ちの流れによって「よい」とされる者は何をしていても「よく」，「わるい」とされる者は何をしていても「わるい」。

「みんな」は，①神のようなものであると同時に，②その場その場の感情の付和雷同（ひびきあい）であり，かつ，③あざとい計算づくの，そして次の瞬間にどうなるかわからないきわめて不安定な人間関係の政治でもある。

この「みんな」の中で「自分は何者であるか」が決められ，その何者を「わたし」として感情的に生きなければならない。人間とは「みんな」の勢いの側から生気を与えられて生じる関係の形である。

「みんな」がどんなに理不尽であっても，個は耐え忍ばなければならない。「みんな」から見放された人間は，もはや存在に値する人間ではない。何よりも惨めで，絶望し，萎縮していなければならない。あるいは，存在していること自体が「わるい」ものである。「みんな」から見捨てられることが，人間の最大の苦しみである。

「みんな」は，その都度その都度，周囲の顔色をうかがい，情で流し，気迫で押す人間関係の利害政治によって形づくられ，それがいったん形づくられると，関係の絶対性，あるいは運命となる。この運命によって，人は有利な者と不利な者，「よい」とされる者と「わるい＝嫌な人」とされる者とに分かれる。だから，みなは「みんな」の中で感情をすり減らし，必死で日常生活の政治にはげまなければならない。

付和雷同しない，自分の内側に原理原則を持つ自律的な個人は，「みんな」の中では圧倒的に不利である。

上記の理論を用いると，この事例における加害者の言動や，迫害の様式，加害者が生きている小社会での秩序感覚，現実感覚，人間観，きずな感覚，心の

仮説などが理解しやすくなる。

　いじめを行う場合，加害者は，多かれ少なかれ自分の身に重ねた被害者の心についての仮説を前提にして行動する。加害者は，その心の仮説に従って，何を行い，どのような事態が実現すると，被害者がどのように苦しみ，悲しみ，萎縮し，絶望し，恥辱に震えるかを思い描き，それに従って相手に有効なダメージを与えようと行動する。この行動様式から逆に，加害者の認識や情動の枠組みがわかる。

　まずネットによる攻撃がはじまる以前の段階から見てみよう。

　起こっていることは，主に部活内の数人の人間関係を舞台としたいじめである。加害者が行っていることはすべて，①こちら側で政治的に「みんな」を形成し，そのうえで，②被害者を仲良しの「みんな」対「みんな」を嫌な気持ちにさせる「ひとりぼっち」の嫌われ者という構図に落とし込み，③その「みじめさ」をあげつらって恥辱にまみれさせる，という単一パターンの迫害形式に属している。

　ネットによる嫌がらせでも，迫害の形式がこの1つのパターンに集中している。

　「あるある@_WeHateThisGirl」の誹謗ツイートは自由連想のようになされている。また「あるある@_WeHateThisGirl」のダイレクトメッセージは「バレない」という安心感のもとになされた，ひかりに対する感情的な本音の暴露である。これらは，ネットであるからこそ第三者が容易に入手することができる，加害者が有する秩序感覚，現実感覚，人間観，きずな感覚，心の仮説などを示す貴重なデータであると言える。

　「あるある@_WeHateThisGirl」の誹謗ツイート16個と，タイトル「自分大好き自分以外はみんなブス」の合計17個（p.194）の項目のうち，その内容中に「みんな」対個人という主題についての語や文が明示的に示されている項目は，タイトルと，①，②，③，④，⑥，⑧，⑨，⑫，⑬，⑯の11個，全体の約65パーセントを占める。

　さらに⑦は，「みんな」対個人の構図を逃れようと悪あがきをしているとのストーリー提示による貶め行為である。また⑪，⑭，⑮は，次のような「みんな」に対する冒瀆罪の告発，すなわち，「みんな」の気持ちを忖度しながら分相応に位置づけられるべき「自分は何者であるか」と「自分は何に価値を置い

て生きるべきか」が，あろうことか「みんな」の空気と独立した自律的な個の人格を中心として成立しているではないか——神とも言うべき「みんな」へのこの冒瀆的な態度は自分勝手，自己中心的で，このような人物はもはや「みんな」が共に生きる「みんな」の世界に存在しているべきではない——との告発による貶め行為である。言語行為論的に，すなわち，その発話によって発話者が何をやっているのかと考えれば，以上のように考えることができる。それゆえ結局，⑦，⑪，⑭，⑮もまた「みんな」対個人の主題のバリエーションと考えることができる。

　つまり，「あるある@_WeHateThisGirl」の誹謗項目のうち，⑤と⑩以外の15個，約88パーセントが「みんな」対個人という構図を用いた嫌がらせということになる。

　また，「あるある@_WeHateThisGirl」のダイレクトメッセージは，次のように考えることができる。

　開始からしばらく，加害者は「バレないだろうか」という不安を有しており，誰がやったか見当がついているかどうか探りを入れる作業を続けている。「分かんないなら見当ついてるとか適当なこと言ってんじゃねえよ」(21：27) というふうに，ひかりの側で見当がついていないことに自信を深めると，加害者は安心し，大きな気分になる。

　加害者がひかりを痛めつけるための攻撃の言語行為で，加害者が「これを言ったらひかりが大きく傷つくだろう」という見込みをもって，それまでのやりとりの文脈から新たに話題を転じ，ぶつけている発言は次のようなものである。

「なんでそんなに毎年毎年ぼっちになっちゃうの？」(21：23)

「独りでお弁当独りで帰宅独り生活楽しんで」(22：07)

　そのほか，加害者が新たに話題を転じてぶつける強い発言は次のようなものであり，これらのポイントが，加害者が有しているこだわり，目標，望み，憎悪，怒りなどの在処(ありか)を示している。

「なに丘先輩つかってんの？きんも」(21：…)

「とりあえず早く白木学園から出てけ」(22：00)

　加害者は，仲良しの「みんな」対「みんな」を嫌な気持ちにさせる「ひとりぼっち」の嫌われ者という構図をつくり出し，被害者をその構図にはめ込む人間関係の政治に熱心である。

加害者は，ひかりが誰かと親密な関係にあるに違いないと思うと，それを汚して使い物にならないようにする政治行動を執拗に行う。ひかりの親密な関係を探し出しては，これは純粋に親密な関係ではなく，別の目的のために『利用』しているだけで，用がなくなれば『使い捨て』である，といった意味付与(ふよ)をして虱潰しに汚損していく。加害者が行う嫌がらせのうち，この汚損作業に占める割合はかなり大きい。

　「あるある@_WeHateThisGirl」の誹謗ツイートでは，加害者は⑦，⑧，⑨でそれを宣伝するだけでなく，そこにわざわざ「#そしていつかまた使い捨て」というハッシュタグまでつけている。

　また，「あるある@_WeHateThisGirl」のダイレクトメッセージでは，加害者が「独りでお弁当」（22：07）と罵ったのに対し，ひかりに「お弁当ひとりじゃない」（22：07）と返されると，「誰と食べてんの？」（22：08）と探りを入れつつ，「あ～利用してる友達ね」（22：08）と即座に関係汚損(よごし)を試みる。

　加害者がつくりあげる「みんな」の世界では，ひかりはひとりぼっちでなければならず，加害者は，ひかりが誰と親しいかを追跡し，ことごとく汚損しようとする情熱に取り憑かれている。ひかりは加害者が政治的にまとめあげるのに成功したおそらく数人の「みんな」に対してひとりぼっちであるだけでなく，クラスの「みんな」の中でもひとりぼっちでなければならず，最終的には白木学園の「みんな」から追い出されなければならない。

　それは加害者にとってマキャベリ的知性による戦略計算であると同時に，クライン－ラカン的な情動反応(はらわたがねじれかえった)でもある。ひかりと「丘先輩」の親密な関係は，政治的に破壊汚損しなければならない封鎖網の破れ目であると同時に，たまらなく憎悪と悪意をかき立てるものでもある。

　加害者がやっていることは，ひかりを「神に呪われた(みんな)」者に仕立て上げると同時に，その「神に呪われた(みんな)」者を心底憎むことである。

　「ぼっちになった理由は『いたくもない人と無理やりいる必要がないから』」（「あるある@_WeHateThisGirl」⑯）という嘲罵は，加害者の秩序感覚を的確に示している。加害者にとって，「いたくもない人と無理やりいる必要がない」というひかりの言動，つまり何が信頼できる美しい友人関係であるか，何が美しくない政治的〈パラノイア〉のアンサンブルであるかを自律的な個の内的基準から決める生活態度は，「みんな」に対するとんでもない冒瀆であり，激し

い憎悪の対象になる。

　ひかりが「みんな」に屈服せず，「みんな」から独立して自尊心を保ち，自己を信頼する態度をとり続ける（ように感じられる）こと自体に，加害者は強い被害感と憎しみを抱いていると考えることができる（実質的に自由連想テストになっている「あるある@_WeHateThisGirl」誹謗ツイートでは，付和雷同しないひかりの人格自律性への憎悪の表明を含むものが，全17項目中，タイトル，③，④，⑪，⑫，⑮，⑯の7項目，およそ41パーセントを占めている）。これは，イスラム原理主義勢力が統治する地域で，他人の悪口を言ったり，他人を攻撃したりしていなくても，預言者ムハンマドや神アッラーが人生にとってそれほど重要でないかのような独立自尊の態度を示しただけで，「みんな」の世界をおまえが汚したという被害感と憎悪の対象になり，文字どおり八つ裂きのような殺され方をするのと同じである。

　「みんな」から嫌な人と決定されたいじめ被害者は嫌な人であり，嫌な人が何をしていても「みんな」は嫌な気持ちになる。だからいじめ被害者は，「みんな」を嫌な気持ちにさせる「わるい」加害者であり，「みんな」は嫌な気持ちにさせられた「ただしい」被害者となる。いじめられるのは自業自得であり，「いじめられる側にも原因がある」と言われることが多いのは，このためである。

　さらに「みんな」が優勢であるにもかかわらず，被害者が個人的な自尊心と自己信頼を持ち続け，「みんな」を跳ね返しているように感じられる場合，加害者はこの抵抗感を，「みんな」を馬鹿にして見下している，さらに「みんな」の悪口を言っているというふうに被害的に感じる。そして，この（きわめて手前勝手な！）恥辱に対して執拗な報復を試みる。いじめ加害者に限らず，DV加害者，児童虐待加害者，強姦加害者，ストーカー，ヘイトスピーチ民族主義者などは，まごうことなき加害者なのであるが，このような被害感情を訴えることが多い。

　部活の愚痴は誰でも言っているが，ひかりが言えば，ひかりが言ったから「みんな」は嫌な気持ちにさせられ，被害感でいっぱいになる。鏡の前に行って自分の姿を見ただけで，ひかりはダイエットがうまくいかない人の心を傷つけた意地悪な人になる。ひかりが何気なく自分のことを肯定的に話すと，自慢している，「みんな」を馬鹿にして見下している，「みんな」の悪口を言っているということになる。

もちろん，それらはこじつけなので，具体的に何をしたということを尋ねられても答えることはできない。ただ「みんな」が嫌な人だと感じて被害の気持ちを通じ合わせているから，それは「ほんとう」であり，ひかりが「わるい」のだ。

　ここで，加害者の「ほんとう」について考えてみよう。これは，「みんな」の外部に広く行き渡る真理とは別のタイプの「ほんとう」である。

　例えば，ひかりが誰それに「おまえはブス（デブ，バカ）だ」と言ったというような客観的事実がなくても，「みんな」が政治的に気持ちを分かち合うことから，「ひかりは悪口ばかり言っている」という「ほんとう」を「みんな」で共に生きることができる。すなわち，あいつは「みんな」を嫌な気持ちにする加害者だ，「みんな」の空気を無視して自尊心と自己信頼を持つような思い上がりは許しがたい，という「みんな」の気持ちを，あいつは「みんな」を見下していると感じる屈辱の共同体験へと造形し，ひかりの１つひとつの言動を「みんな」への「悪口」として「ほんとう」に体験する。この「ほんとう」に従って，「みんな」は「ひかりは悪口ばかり言っている」という「みんな」の現実(ほんとうのこと)をつくりあげる。

　このように考えれば，ひかりが問題になるような言動をしていなくても，「お前が散々にけなして馬鹿にして愚痴愚痴言って，された側はお前のことを恨まない訳がない」（21：36），あるいは「散々お前に嫌なことされてきた」（21：49）といった加害者の生々しい感情が理解可能になる。

　どこでも多かれ少なかれ上記タイプの「ほんとう」が，真理とは別に存在し，これら２つの秩序（真理の秩序と「ほんとう」の秩序）は社会生活上の生態学的な優位と劣位をめぐって競合している。学校や旧陸軍内務班のような集団生活では，ややもすれば真理が衰退し，「みんな」の空気の「ほんとう」が優位になりやすい。

　学校ではしばしば，この「みんな」の秩序を支持する者がいる。「みんな」の個人に対する暴虐を訴える者に対して，黙って見て見ぬふりをする，話題を変える，理屈を言うな現実的になれとすごむ，あるいは，それが真理であるかどうかではなく感情を分かちあう「みんな」として気持ちよく，かつ利益にかなうようにやっていくことが「ほんとう」であり，学校(がっこう)の集団生活であるというように，リアリティのチャンネルを真理による真偽の分割から，演劇的な

「ほんとう」の感情政治へと転換して競り勝つのを後押しするような者たちがいる。多くの場合，教員たちがこの役を担う。

この白木学園の事例の場合はどうであろうか。

4．教員たちの縦糸と横糸

部活顧問は事件発生早々，ひかりの保護者に対し「あるある@_WeHateThisGirl」の文章が大人びていて高校生の文章とは思えない，だから外部の犯行ではないかと言った。「あるある@_WeHateThisGirl」の文章を日本語ネイティブが読めば，「大人びていて高校生の文章とは思えない」ということはありえないのは明らかである（読者諸賢も自身の日本語能力で試していただきたい）。顧問のこの奇妙な言動は，「だから外部の犯行ではないか」とつなげることで内部のいじめを隠蔽しようと企てていると考えれば説明可能になる。

前述のように，部活顧問と学年主任は「ヒアリングの中でひかりの言動に相当な問題がある事実が浮かび上がっている。それゆえに多方面から嫌われたり憎まれたりする可能性が高く，それが今回のことの原因かもしれない」とひかりの保護者に発言した。ひかりの保護者はいったいひかりが何をしたのかと問いただした。それに対し部活顧問と学年主任は，きわめて曖昧に落ち度とも言えないようなことを，わずかしか示せなかった。教員たちがわずかに示したものは，前記ダイエットの件のようにこじつけとしか言えないもの，根拠のない悪口，誰でも言っている部活への愚痴といったものであり，教員たちはそれをもとに，ひかりがあちこちで悪口を言いまくっている，人の心を傷つけている，と保護者に語っている。

部活顧問と学年主任は，加害者同様，通常であれば無視してもよいような誰にでもあることを針小棒大に取り上げて，ひかりを悪者に仕立てあげるリアリティ構成作業の一員となっている。

もし，ひかりが第三者の目から見ても相当な問題がある言動を発していたとすれば，ひかりを憎む生徒たちは，教員たちに最大限ひかりの落ち度を語ったはずであり，教員たちは利害関係上「自業自得」説に説得力をもたせるために，最大限ひかりの落ち度をひかりの保護者に語ったはずである。例えば，ひかりが特定個人に対する悪口を実際に言っているのを，ひかりを憎む生徒たちが目

撃していたとすれば，彼女たちは嬉々としてその具体的内容を教員に訴え，教員はしめたとばかりにそれをひかりの両親に訴えたはずである。この条件のもとで，教員たちがひかりの具体的な落ち度を，上記のように到底落ち度とはいえない程度にしか話せないということから，ひかりは実際に問題となるほどの悪口は言っていないと考えられる。

利害関係がない第三者の目から見ると，ひかりに対する嫌がらせと侮辱はきわめて大きな程度の「嫌うべき憎むべき」「相当な問題」である言動だ。ところがひかりの保護者の報告によれば，部活顧問と学年主任は，ひかりが被った被害をほとんどゼロとみなしているとしか思えないような言動を示している。それとは正反対に，顧問と学年主任は，ひかりの何でもない振る舞いを「相当な問題」とみなし，ひかりがされたことが自業自得であるかのように語る。しかしひかりが具体的に何をしたのかという点においては，第三者にうまく説明することができない。

教員たちのこの奇妙な行動は，「いじめをなかったことにしたい」「自業自得ということにしてうるさい被害者を黙らせたい」利害と，前述の「みんながおまえを嫌っている（と感じられる周囲の空気がある）から，おまえが悪い」という「みんな」の「ただしさ」とが，縦糸と横糸のように織り合わさったものと考えれば説明可能となる。教員たちは，意識的共謀か無意識の共謀かはわからないが，利害損得と群生秩序を加害生徒たちと共にしている。教員たちの場合は利害がメインの縦糸で，それに「みんな」の秩序への同化がサブの横糸として織り合わさったものであろうと思われる。

5．ブースター効果

この事例では，学校内部の長期的で濃密な「みんな」の人間関係が土台にあり，この心理－社会的な土台の上にTwitterやLINEなどの付随物が延長された表現形として加わり，ブースター効果によって暴走してしまったものであると考えられる。

おそらく，TwitterとLINEを使って誹謗を試みるまでは，加害者たちの嫌がらせは，ひかりが意に介さないことによって，手詰まり状態になっていたはずである。とくに受験難易度がそこそこある首都圏の私立高校の場合，露骨なことをするのは保身上危険であり，また，「中学生のようなこと」は見苦しいと

いうムードも出てきて、気が合わない人は攻撃するよりも平和的に距離をとるだけにするという儀礼的無関心も成熟してくる。

　加害者は、残存した中学生的な、つまり中学生のときに優位の絶頂にあるような「みんな」の秩序の圧倒力を発揮する手立てが枯渇して行き詰まったところで、「バレない」と思い込んだ手段によって暴走してしまったと考えられる。

　TwitterとLINEを用いたこの暴走の軌跡の中に、中学生的な「みんな」の秩序の形がくっきりと描き出された。まさにTwitterとLINEは、土台としてあった「みんな」の秩序を増幅させ、暴走させ、記録の上にくっきりとその形態を描き出すブースター効果をもたらしたのだ。

　そして、教員たちは損得勘定によって「みんな」の秩序に同化し、群生秩序の土台としての学校らしさを示した。

第7節　おわりに

　重要なのは、学校の閉鎖空間を、自由で開かれた市民的な空間へと変えることである。学校制度を、児童生徒がより自由で開かれた市民的な生活を送ることができるように変更しなければならない。現行の学校制度の弊害として生ずる閉鎖空間の環境の効果が、いじめの構造的な蔓延・エスカレートの主要メカニズムであり、ネットはその延長された表現形として付随的なブースター効果を及ぼしうる。ブースター効果は、インターネットと社会の関係を説明する基本的な理論の1つになりうる。

　ネットという付随部分を土台から切断するという限定的なポイントに関しては、被害者が学校やそこでの人間関係を飛び越えて、警察を介して簡単に加害者を特定でき、簡単に告訴し、簡単に損害賠償と刑事罰を科すことができる法と制度と実務のしくみづくりが大切である。ネットを使うと行為がたやすく露見して処罰されるということが、社会的な常識になれば、少なくともいじめにネットを使うトレンドは消滅するだろう。

　ただし、この見解を世に発信するときには必ず、閉鎖空間に閉じ込めて強制的にベタベタさせる聖なる教育の共同体という土台を変えなければ、学校の陰惨さ自体は大して変わらないということを付け加える必要がある。

引用・参考文献

Hobbes, T. , 1651, LEVIATHAN
文部科学省国立教育政策研究所　2013　いじめ追跡調査　2010-2012　https：//www.nier.go.jp/shido/centerhp/2507sien/ijime_research-2010-2012.pdf
森田洋司（研究代表者）　1998　児童生徒のいじめの生成メカニズムとその対応に関する総合的調査研究　平成8～9年度科学研究費補助金（基盤研究（A）（1））研究成果報告書
内藤朝雄　2001　いじめの社会理論　柏書房
内藤朝雄　2006　『構造』──社会の憎悪のメカニズム　本田由紀・内藤朝雄・後藤和智「ニート」って言うな！　光文社新書
内藤朝雄　2009　いじめの構造──なぜ人が怪物になるのか　講談社現代新書
内藤朝雄　2011　いじめの心理社会学的生態学　精神科治療学　No.26 pp.561-567.
内藤朝雄　2012a　いじめ加害者を厳罰にせよ　KKベストセラーズ　p.98.
内藤朝雄　2012b　進化論的アプローチを援用した心理-社会-生態学的な政治的〈パラノイア〉論　第85回日本社会学会大会発表
内藤朝雄　2013　いじめと暴力──いじめ研究と進化理論の統合　『こころの科学』No.172 pp.48-53.
荻上チキ・加納寛子　2011　ネット上の書き込みだけでどれだけの嗜虐性を発揮できるのか　現代のエスプリ　No.526 pp.16-31.
Twitter　2012　#ハッシュタグってどうやって使うの？　Twitterヘルプセンター　https://support.twitter.com/articles/20170159

三刷り注（2021年11月）

（1）2016年に本書が刊行されて後，きちんとした統計的手法をとって行われた大規模調査の結果が2021年に刊行されたので紹介する。
　　原清治編著　2021　ネットいじめの現在──子どもたちの磁場でなにが起きているのか　ミネルヴァ書房

第9章

対談：ネットいじめから新しい時代を構想する

── 内藤朝雄（明治大学）×加納寛子（山形大学）

メディアと少年事件

加納：『＜いじめ学＞の時代』（柏書房，2007）の中に，部活で遅くなったことをとがめられた15歳の少女が家族の食事にヒ素を混入させたという1948年に起きた事件を例に，時代とともに，大きな事件として取り上げるか否かが変化してくるというくだりがあります。つまり，1948年当時は，家族の食事に子どもがヒ素を混入させるという事件は，小さな記事扱いでしかなかったものが，現代であれば，ビッグニュースになることに，私も同感です。となると，1948年にネットいじめ自殺事件が起きたら，どんな扱いをするだろうかと思いを馳せてみたところなのですが，どんな取り扱い方をされると思いますか？

内藤：基本的にネットも媒体の1つですから，ネットを手紙に置き換えて考えてみましょう。もし嫌がらせの手紙によるいじめが1948年に起きたとしても，誰も相手にしなかったでしょう。

加納：その嫌がらせの手紙によって自殺しても，事件にもされないということでしょうか？

内藤：はい。少年のいじめによる自殺が，新聞に大きく取り上げられるようになったのは80年代になってからです。それまでも同じことがあったはずですが，社会問題にはされなかったのだと思います。精神科医の中井久夫が，かつては事件が少年のものであるとわかると，新聞記者がきびすを返した時代があったとの記事を紹介しています（『日時

計の影』 みすず書房, 2008)。

加納：現代であれば, 少年が残忍な事件を起こしたとなれば, 大騒ぎをするが, 当時であれば, 見向きもされなかったというわけですね。

内藤：過去の新聞を見る限り, 少年事件の扱い方は, 社会が豊かになるにつれて変わってきます。『「ニート」って言うな！』(光文社新書, 2006) で紹介した, 新聞記事の扱いの大きさの比較が, それを典型的に表しています。『〈いじめ学〉の時代』だとp.21,『「ニート」って言うな！』だと写真付きでp.133です。

加納：不可解な少年事件が起きても, 不安や憎悪は「アカを殺せ」などの方向へ向かい, 少年の心の闇の真相を明らかにして解決していこうとか, そういった方向へは向かわなかったわけですね。

内藤：そうです。社会の心理学化にはかなり問題な部分もありますが, 貧乏な時代には心理学化すらされなかったようです。昔の時代の少年犯罪については, 少年犯罪データーベースという非常に便利なサイトがあります (http://kangaeru.s59.xrea.com/)。管賀江留郎さんという方がとても有意義な啓蒙活動を続けています。『戦前の少年犯罪』(築地書館, 2007) という本もお勧めです。

加納：少年による殺人事件は, 1950年代から1980年代にかけて大幅に減少し続けてきたと思いますが, その後は横ばいで, 警察庁による「平成22年の犯罪情勢 (平成23年5月)」(https://www.npa.go.jp/archive/toukei/seianki/h22/h22hanzaizyousei.pdf) のp.47を見ると, 14歳～19歳の少年による殺人は, 平成13年102件であったのが, 平成22年には46件まで減少しています。1950年代は真の意味での貧困が少年犯罪を招いたという側面もあるように思いますが, その後社会が豊かになると同時に, 少年による殺人は, 見事に減少しています。つまり, 1950年代にくらべたら随分残虐な少年犯罪は減少しているわけですが, 昨今のメディアを見ていると, 残虐な少年犯罪が増加しているような錯覚に陥ります。なぜ, 最近は少年による残虐な事件が, あたかも現代社会の病であるかのように, 扱われるようになったのでしょうか。

内藤：社会が変わると人々が飛びつくトピックが変わるというのが1つ。も

う1つは，マス・メディアがイメージ商品を売るやり方があるのですが，青少年の「闇」がいい売れ筋になってしまったというのがあります。『「ニート」って言うな！』第Ⅱ部でしっかり書きましたが，本書の第7章では，

　　マス・メディアは長年にわたって，『近ごろの○○は，おかしくなった』と発信し続けてきた。この『近ごろの○○は，おかしくなった』は，ただの言葉であると同時に，イメージ商品でもある。

　　マス・メディアがこの「おかしくなった」という言葉を流布し，人々がそれを受け入れて信じ込むことは，新聞・雑誌・書籍が売れ，広告料が入り，視聴率が上がり，スポンサー料が入ることでもある。

　　また，イメージ商品が売れれば売れるほど，人々はそれを信じ込み，流行の世論が形成される。そして，人々が信じれば信じるほど，イメージ商品は売れやすくなる。このようにして，「近ごろの青少年は凶悪化した」「戦後は，ものが豊かになって，こころが貧しくなった」「人間存在が，その本来の自然なあり方からはずれて（疎外されて）別の存在に変容してきた」といったイメージの数々が売られてきた。

と記述しました（詳しくは『「ニート」っていうな！』第Ⅱ部を参照）。

加納：そうですね。メディアは流行り廃りによって，視点の当て方や，掘り下げ方が随分違います。今は，比較的ネットいじめにも焦点が当てられているので，これをうまく使い，ネットいじめの解決につなげていくという方法もありそうですね。

警察と法律を使おう

内藤：ネットいじめに焦点が当てられるこの流れに合わせて，それを学校の頭越しに，警察沙汰，裁判沙汰にする動きが生じると，いろいろな方面で改善効果が生じると思います。

加納：そのとおりだと思います。これまで，いくつかのネットいじめの事例

で，被害者が弁護士に相談したにもかかわらず，うまく警察の捜査権を行使できていない事例に出合ったことがあります。被害者が「学校の部活動の誰かがネットいじめの加害者です。加害者を特定してください」と訴えたとしても，学校には捜査権がありませんから，ネットいじめに関する授業を行い，自白を待つほかありません。ネットいじめに限らず，教育の効果というのは，直後に現れるものではなく，長い年月をかけて熟成されて，効果が生じるものですので，即効性は期待できません。ところが，ネットいじめは，発覚した直後にログを確保しない限り，加害者側が削除した後では，証拠を辿り，加害者まで辿るすべを失いがちです。そのためには，発覚した直後に，警察の捜査権を利用し，証拠を押さえることが重要です。裁判沙汰にするか否かは，その後の加害者側の出方次第で決めればよいでしょう。それをやらなかったばかりに，自殺したネットいじめの被害者が嘘つき呼ばわりをされたというひどい事例もあります。証拠の確保は，住民票の写しをもらうのと同じぐらい非常に実務的な作業です。侮辱罪や名誉毀損罪などで，警察の捜査権を行使してもらうためには，告訴状の作成が必要です（第4章参照）。弁護士に頼んで作成しても，自分で書いても構いません。これを持って警察に行けば，警察に捜査する義務が生じます。警察が調べた証拠を基に，加害者側と交渉すれば，加害者側も，学校の出方も大きく変わってくるでしょう。

内藤：本当に重要なご指摘です。実務的な警察沙汰，裁判沙汰の対処法は，教育よりもはるかに重要です。まず，効果があることが挙げられます。今まで動かず，なかったことにしたがっていた学校がこじ開けられることになります。加害者の犯罪に対して，被害者の権利が守られます。泣き寝入りをしなくてすむようになります。さらによいことに，学校の独善的な閉鎖空間が，外部の警察や裁判所の力によってこじ開けられて，その閉鎖する力を弱めることができます。そのために，外部の社会と異なる独特の残酷な「自分たちなりの」秩序が弱められ，外部の市民の社会と地続きの生活空間に，学校を変えていくことができます。

さらに，被害者の現実感覚が「生きるか死ぬか」とか「こころの持

ち方」とかの内側をいじくりまわす図式から，警察や裁判による実務的な対処へと向きを変えられるので，自殺や自傷やメンタルヘルスの悪化も防ぐことができます。数百時間のカウンセリングよりも，数回の裁判で加害者を処罰させたり，損害賠償金を払わせたりするほうが，はるかに被害者の救いになります。

　加害者にとっても，学校は「こころとこころ」の集団的な響き合い次第では何をしてもよい無法地帯ではなく，外のまともな社会と同じ法が行き渡った場所であるという状況定義を与えてあげることで，「怪物」にならずにすみます。ごくふつうの家庭に生まれて，ごくふつうの育ち方をした少年が，外の社会から閉鎖された学校で集団生活を送ることで，いつのまにか「怪物」になってしまうことがあります。しかし学校を無法状態にしないことで，加害者にならずにすむことができます。散文的な法の実務は利益にかなうだけでなく，さらにポエム的な教育の歌よりも，魂の健康によいのです。

加納：加害者の将来を考えても，悪いことをしたらきちんと処罰をされるという経験をしておけば，大人になってうまくいかなかったり躓いたりしたときに，相手を傷つけることで憂さを晴らそうという考えには至らず，自分で努力し壁を乗り越えることで，解決していく人格形成につながるでしょう。もし，子ども時代に，自分のひがみやねたみから，相手を陥れる書き込みをしたり，ブロックいじめなどのネットいじめをしても，大人が加害者を見つけてあげることをせず，その行為が放置されてしまったならば，加害者は，永久に更正する機会を失い，大人になってもネットいじめをし続け，それが原因で，大人になってから警察に逮捕されたり，仕事を失ったり，大きな負債を背負うことになるでしょう。ネットいじめは，人の人権を著しく傷つける行為であり，絶対してはならない行為であることは，子どものうちに身をもって学ばせる必要があります。そのためであれば，警察沙汰にするほうが教育的である場合も考えられます。

内藤：みんなで1つに融け合って集団の流れと一体化することを習性づける学校の集団教育の有害作用に対して，学校の外部の市民の領域が入り込むことによる法の体験学習は，市民としてのリハビリになるでしょ

う。ある意味で，市民を集合的身体にする学校教育に対して，集合的身体をもう一度市民に戻す，市民教育になるのかもしれません。

市民社会の捉え方

加納：ところで，市民に戻すというと聞こえはいいのですが，その市民にどこまで浄化作用があるのだろうかと思うことがあります。第4章，第5章（p.97やp.124）で触れましたが，大学生も，大人も，いじめは被害者にも原因があると考えている人が半数以上います。非常に限定的な調査なので，大規模調査で同様なことが言えるのか定かではありませんが，少なくとも，世の中に，いじめは被害者にも原因があると考えている人が少なからずいることは推察されます。第1章のひかりさんの事例にもあるように，加害者側にいじめた理由を聞けば，必ず被害者側のここが悪い，あそこが悪いとあら探しをして，理由づけをし，いじめた行為を正当化しようとします。これは，ある意味，大人社会の縮図ではないかと見ています。実際，大人社会であっても，マンションいじめ，ママ友いじめ，社内いじめなどさまざまないじめが起きています。そうした大人の背を見ながら，子ども社会でも同様に，いじめていい理由をでっち上げていじめを行っているとみています。そのため，市民教育はとても重要な視点です。しかしながら，市民向けのネットいじめなどの講演会に時々出かけると，そこへ来られる方々は非常に意識の高い方ばかりで，私の講演など不要かと思われるほどよく勉強されています。例えば，70歳代の方は，LINEいじめの講演で既読無視の話をしましたら，既読無視スタンプを見せてくださいました。つまり，意識の高い人は，市民教育の場にも参加しますが，社会の中でいじめを行っているような大人は，市民教育の場に参加することはまずないでしょう。市民教育の場があっても参加はしない，本当は受ける必要のある大人のネットいじめ加害者らへの教育はどう実施していくとよいでしょうか？

内藤：まず原理的な問題からお答えしましょう。学校は全体主義的であるといっても，外の社会だって全体主義的ではないか，日本はムラ社会で

あるといっても実はヨーロッパだってアメリカだってムラ社会じゃないか、といった議論は、何十年も前からくり返されてきました。

　それに対して、次のように考えることができます。市民状態と全体主義状態（学校の場合は、そのうちの中間集団全体主義の集合的身体状態）は、どんな社会状態にも多かれ少なかれ混在しています。市民状態100パーセントの右端真っ白から、全体主義状態100パーセントの左端真っ黒まで、水にインクを落としたときのように、連続的につらなっています。それに対して、構造的にかなり真っ黒に近い状態になりやすいのが日本の学校です。少なくとも第二次世界大戦で戦争に負けた後の大人の社会は、現代先進国モデルで建前がデザインされているので、その建前の力によって、学校の真っ黒寄りにくらべると白寄りの灰色に位置しています。この灰色も、ヨーロッパ先進諸国の灰色にくらべると、黒く見えるかもしれません。それでも現実の、比較的ひどい黒寄り状態をくっきり認識するために、それよりもマシな白寄りの灰色状態と比較することによって、方向性を示す概念として「市民的」とか「全体主義（集合的身体）的」とか名づけて論じることができます。これを理念型としての市民社会といいます。実際には世界中どこを探しても100パーセントの市民状態は存在しませんが、かなり白寄りのものとかなり黒寄りのものを対比させて、その落差を認識の道具にするのです。

　その意味で、人間は多かれ少なかれいじめ的で全体主義的な部分を持っていて、チャンスと生活習慣に応じてその「怪物」の部分が吹き出すのですが、学校は、学校の外の不完全な市民社会にくらべて、格段に「怪物」になるチャンスと生活習慣という点において、全体主義的と言っていいでしょう。そのうえで、学校の外の不完全な社会も改善する必要があります。

　ここで教育というか、学習の問題ですが、市民教育、社会教育、生涯教育というように予算を組み講師を呼んで意識の高い人が参加するといったものにはそれほど大きな影響力は期待できないかもしれません。そうではなく、市民社会の作動そのものが大きな教育的効果を有するのです。町内会でみんなが悪口を言っている人に対しても、学校

の教室と違って、嫌がらせをどこまでもできない。銀行の窓口の人の対応は、普遍的なルールによって決まったものになっているので、日々の仲良し関係や、酒を飲みに行く関係といった人間関係に左右されないルールを信頼することによって、資産の運用ができる。こういった、日々の市民としての生活の積み重ねによる「当たり前」の形成こそが、市民教育なのです。

　つまり、仲間内のみんなで「一緒に生きる」が一辺倒になってしまった少年グループが、その「一緒に生きる」を身で示す「道徳行為」として万引きという窃盗犯罪を犯した場合、日々の仲間関係の人情や感動の分かち合いなど何の意味もない法的な処罰を受ける——これが、市民生活の中で市民をつくる市民教育なのです。私は教育という言葉を使わないで、教育される集団的身体から市民へのリハビリという言葉を使うことのほうが多いですが、それは言葉の問題です。

自由な環境が試行錯誤を可能とする

加納：確かに、町内会で悪口をみんなで言っているといった風景を子どもたちが見ていることもあるでしょう。しかし、町内会では、相手をとことん傷つけるまでひどいいじめに発展するケースは少ない。多くの場合は、悪口を言っていても、適当なところで折り合いをつけたり、悪口を言う反面尊敬をしていたり、それぞれが適度な距離を置きつつ助け合っている。そんな姿を、ネット上でも見せていけば、「引き際」を知ることができる。そういったプロセスを知るチャンスが、インターンシップとか体験学習などといわれるようになってから、ますます減ってしまったことが残念に思います。本来、インターンシップは、お膳立てされたプログラムをこなすことにあまり価値はなく、むしろ欧州の中世のギルドのような徒弟制度のよさが継承される内容であれば、技能やスキルだけでなく、人と人の関係性の構築の仕方なども、大人社会から学ぶチャンスだっただろうなと思います。ただ、最近のLINEなどのソーシャルメディア中心のネットの社会では、関係性の構築において、関係性の修復モデルが十分に育ってきていない、これ

までの常識が通用しなくなっています。かつてのパソコン通信やメーリングリストでは，管理者がある種の権力を握ると同時に，全体の方向性への責任も担ってきました。しかし，LINEのグループでは，管理者ですらグループからはずされる危険に直面した状態で，常にグループ内の同調を強いられている。学校での同調圧力，学校外でもネット上でのグループ内での同調圧力，今の子どもたちは，ある意味逃げ場を失ってしまっている状態かと思います。ですので，学校内・学校外問わず大人が，ネット上で同調圧力からの逃れ方，多様性の許容の仕方を示していく必要があるように思います。

　ところで，学校外でもネット上でのグループ内での同調圧力は続くわけですが，これについてはどう思われますか？

内藤：適度な距離を置きつつ，とことんいってしまう前に，いい具合に調整することを可能にするためには，自律的な個人の人格が尊重されている必要があります。実際には，金や腕力や扇動力や声の大きさや度胸などが違うにもかかわらず，1人ひとりの人格が尊重され，個人として尊重されるという建前がまがりなりにも社会秩序として行き渡っていると，誰もが相手が嫌だと思う程度に応じて距離を遠ざけられ，相手が好ましく思う程度に応じて距離を縮められる傾向が強くなります。この距離の調整の積み重ねが，暴走しないで，適度な折り合いにいたる市民的交際を可能にします。独立した個人が前提にならない場合には，全体の勢いがどこまでも個人に押しつけられて，強い者や集団の力が暴走します。

　いい具合のところに落ち着くコミュニケーションの習慣は，誰かが誰かにお手本を示して教えるというような教える側中心で形成されるものではありません。むしろ，1人ひとりの幸福追求者がじたばたあがく中で，いい線を発見して，またいい線に合わせるコツをつかんでいく，十人十色の成長過程ではないでしょうか。それを可能にするのは，試行錯誤がくり返しやすい環境の設定です。この1人ひとりが十人十色の試行錯誤をくり返しやすい環境で，たまたまいいお手本を見つけるときは見つかるのです。教えることよりも，1人ひとりが自分のペースで試行錯誤をくり返しやすい環境を用意してあげることが重

要です。

　先ほど、全体主義的状態と市民的状態は程度の問題であるが、その多かれ少なかれが重要であるという話をしましたが、学校の外の社会でも学校よりは多少の差はあっても全体主義的状態が混在していて、その程度に応じて自律的な個人として振る舞いにくくなります。ただ、囲い込まれロックされるメカニズムが緩くなればなるほど、一般的傾向としては、集団の勢いに嫌々同調させられて奴隷化させられる程度は少なくなります。

　例えば、義務教育で強制されず、内申書も関係なく、人間関係を営むチャンスがそこだけに独占されているわけでもなく、縁を切ったとしても痛くも痒くもない趣味の集まりや、ネットだけのつきあいの場合、ただれたコミュニケーションを続けていても不幸なだけであることを自覚しやすく、縁が切りやすいと思われます。

　ただ、学校の集団生活で身についた同調の癖が、学校の外にまで押し広げられる傾向はあります。これも程度の問題です。むしろ、ネットのつきあいは、学校で身についた同調一辺倒をやってみたら幸福でなかった、それをやめてみる試行錯誤で幸福だった、だから同調一辺倒を修正してみた……といった試行錯誤にも開かれていると思われます。

子どもたちを守るための枠組み

加納：子どもたちは、日々の失敗や悩みと葛藤しながら、さまざまな手段を用い試行錯誤し、それを克服するための方法を見出そうとしています。その試行錯誤をする手段の１つにネットもあると思うのです。現在のネット上には、子どもが書いたものより圧倒的に大人の書き込みが見られます。ネット上のシステムを、自分の目的を果たすために都合よく利用しているのです。2011年２月に発覚した入試投稿事件もその１つでしょう。質問サイトを都合よく利用し、入試の最中に入試問題の答えを試験場以外の人に教えてもらう方法で、京都大学など複数の難関大学に合格した受験生がいました。後に業務妨害で逮捕されるに至りますが、入試問題に解答していたのは、賄賂をもらった知人

などではなく，質問サイトのわずかなポイントの報酬のみで見ず知らずの他人が入試のカンニングに手を貸していたのです。ネット上では，どこの誰かも知らぬまま，助け合ったり，共感し合ったりすることがある反面，学校文化で身についてしまった同調圧力をネット文化にも移行させてしまっているというわけです。ただ，その渦中にいる子どもたちは，自分たちが同調圧力を形成してしまっていることにすら気づかずにいる可能性もあります。同調圧力から解放された体験というのを，どこかで経験できる場が必要なのかもしれませんね。

内藤：基本的には，最初は閉鎖空間であるかのように振る舞っていても，時間の経過と共に，目の前に檻がないことに気づくという環境の効果に期待するしかないように思われます。檻がないのだということを教育するための檻というのは，自律的な態度を評価する内申点を気にして教員が思い浮かぶ自律性のとおりに振る舞う内申点奴隷の中学生のような手の込んだ従属性を生みかねません。むしろ，最初はギコチナイのがだんだんスムーズに自律的になっていくのが，試行錯誤のよいところです。

　その試行錯誤の環境は，ただ放っておけばよいというものではなく，犯罪から保護するという大枠はきっちりと守り，限界設定をする必要があります。ネットでいえば，不正入試のようなものにかかわってしまう人の数は非常に少ないと思われますが，怖いのがネットを用いた小中学生に対するペドフィル（小児性愛者）の接近です。これは強烈な法規制によって阻止しないと危険です。

　ネットいじめの場合，独特の閉鎖空間という土台となるメカニズムに付随メカニズムが加わってブースター効果を及ぼすという基本枠組みで大体のものは考えることができますが，営利目的の犯罪や，ペドフィルの犯罪は，金と性という閉鎖空間とは別種のベースがあります。これはまったく別枠で考えたほうがよいと思われます。近年，子どもの貧困がひどくなってきていますが，貧困状態にある小中学生がネットを使った買春目的の大人の被害に遭うケースがどんどん増えるのではないかと危惧しています。

加納：確かに，出会い系サイトがらみの子どもの被害は減ったといわれてい

るものの，出会い系サイト以外のSNSなどを介した被害は増加してきています。2015年に入ってからも，高齢者が出会い系サイトで金銭目的の被害に遭うという事例も多数指摘されていますので，これからは，年齢よりも情弱（情報弱者）がターゲットになりやすいでしょう。実際，2014年に山形県天童市で起きたいじめ自殺事件の被害者は，自分の携帯電話を持っていませんでした。ネットへのアクセスができる環境にないことは，加害者になる要素は少なくなりますが，被害者になるリスクは決して減りませんし，むしろすぐに反応できないことが，いじめの理由にもなりかねません。実際，いじめられないために携帯電話やスマートフォンを買ってほしいと子どもにせがまれ，仕方なく買い与えたという保護者もいました。情弱であるからといって，ネットいじめのターゲットにしてよいという理由にはなりませんが，ある程度情報を管理する能力と的確に使い分ける技能を，すべての子どもたちに等しく身につけさせることも，ネットいじめの予防という点では必要な手立てではないかと思っています。

内藤：いじめに関して言えば，閉鎖空間で独自の仲間内の小社会の秩序が生じるという土台のメカニズムのうえに，多種多様でケースバイケースの付随メカニズムがブースター効果を及ぼしながらさまざまな展開をしています。

　例えば，携帯やスマートフォンを持っていないために自分が知らないあいだに包囲されていることもあれば，持っていても持っていなくても見えないように包囲されることもあります。また，携帯やスマートフォンを持っているグループでいじめがエスカレートした場合，持っているおかげでいじめ被害に遭うこともあり……さまざまなケースが想定されます。

　ただ，自分が一緒にいてビクビクしなければならない，不幸になる人々とは縁を薄くして，一緒にいてリラックスして，互いに尊重し合い，思ったことを話し合えて幸せな人々とは距離を近づける自律的な距離の調節ができる自由な空間であれば，どの場合でもいじめは激減します。

　ベースとなる基本メカニズムに付随してさらにブースター効果で有

害作用をエスカレートさせないために，ネットでやりすぎると仲間内の狭い世界の膜を跳び越えた外部の法によって個人で責任をとらなければならなくなるようにする必要があります。そのことを通じて自分たちが集団生活を送る狭い世界の外部にもっと大きな世界があり，自分たちはその大きな世界と太いパイプでつながっていて，いつでもそれを呼び出すことができるのだ，ということを知らせる必要があるでしょう。また，ネットは，狭い世界の延長で使うよりも，自分たちが日々接している狭い人間関係を超えてコミュニケーションをする，そのとき危険を回避するために法が私たちを守っている——という市民社会の学習につなげる戦略がベターだと思います。

　なるべく，みんな仲良く，気持ちよく，といった集団同調の習慣の延長としての「マナー」ではなく，侮辱罪，名誉毀損罪，裁判所によるプロバイダー開示，不快であれば距離をとる自由，といった法的，実務的な認識枠組みで働きかけるのがよいと思います。この認識枠組みは，私たちはどのような社会的現実を生きているのかという状況定義を，集合的身体の状態から市民状態へとスイッチをチェンジする，解除キーとして働きます。

加納：同感です。ネットいじめは，どの子どもも被害に遭う危険性があるわけですから，国民の基礎教養として，自分の身を守る法律と，その行使の仕方を知っておく必要があると思います。今は，インターネットで簡単に法律の条文は検索できますので，条文を覚える必要はまったくありません。むしろ，どういったケースの場合に，どの法律が使用でき，そのためには何が必要なのかを知っていれば，弁護士に頼ることなく第1のステップに踏み出すことができます。インターネット上では，1時間，2時間でどんどん情報は拡散されますし，対応が1晩遅れるか2晩遅れるかで，拡散の情勢はかなり悪化します。そのため，ネットいじめが発覚したら，すぐに動く必要があります。弁護士によっては，1回目の相談ではまず聞き取りを行うだけ，2回目にスケジュールを決めて学校への聞き取り調査を行ってなどと慎重であるがゆえに，即効力のある対応を望めない場合もあります。法律は，弁護士に開かれているのではなく，すべての国民のために門戸が開かれ

ています。国民1人ひとりが，自分にとって必要な法律の行使の仕方を知ることが重要でしょう。この先10年もすれば，コンピュータによる音声相談で，状況を話したり入力したりすることによって，とるべき行動や使用すべき法律，その手続きなどが，自動的に提示されるような時代になるかもしれません。しかし，まだそのようなシステムは考案されていないので，各個人が身につけるべき教養の1つとしてあげておきます。

新しい時代に必要な教育

内藤：国は，義務教育は目一杯拡大せずに必要最小限でと言っているのですが，その必要最小限に入るべき法を楯に自分を守るすべを国民に教えるのを嫌がっているように思われます。不当なことです。古文や漢文をはずして，そのぶん，法によって自分を守る方法を，義務教育のカリキュラムに含めるべきです。

　まず健康生活に気をつけて，そのうえで医者に行くように，自分でも法的防衛力を身につけて，そのうえで必要なら弁護士を雇う，というほうが賢明ですね。

加納：古文や漢文を完全になくす必要はないと思いますが，時代がこれだけ変化してきているわけですから，英語をつけ足したり，道徳を教科化したりといった小手先の修正ではなく，新しい時代においてどんな力が必要なのか，大論争を起こしてでも，抜本的な教科の立て直しが必要でしょう。古代ローマ帝国の時代には，学問といえば，文法学・修辞学・論理学や音楽，天文，数学などが重んじられたわけですが，今では論理学など大学の片隅に追いやられ，一部の人の学問になっていますし，音楽なども受験にないため，履修漏れこそないにせよ重要視されていません。時代とともに変わっていくのが，義務教育のあり方だと思いますが，戦後GHQの指揮下につくられた義務教育の教科大系が，70年もの間大きな改革をなされてこなかったことは非常に問題だと思っています。そろそろ抜本的な大きな学校改革と教科体系の立て直しが必要な時期といえるのではないでしょうか。時代の流れと

教科の枠組みの不一致が，さまざまな歪みを引き起こし，その犠牲になっているのが弱い立場にいる多くの子どもたちなのです。

内藤：ネットいじめの話題からは飛びますが，根本的な改革は，どの教科を採用しどの教科を採用しないかといった問題とは別の水準で，1つの閉じた空間に閉じ込めて同調圧力を強烈にかけるという大枠そのものの変更でなければならないと思います。それは，いかなる社会が望ましいかという社会構想に基づくものです。さまざまなムラに支配され，付和雷同し，ひどいことになるとわかっていてもアメリカと戦争をしてしまったり，危険な原子力発電を続けたり，世界で孤立しそうな言動を仲間内の人気のために続けたり，といった社会ではなく，個人が同調圧力をはねのけて正しいと信ずる道を歩み，自分の人生を自分で切り開く社会のほうが望ましいのであれば，教育制度を，閉鎖空間に閉じ込めない，人間をミンチにして塊にするような同調圧力をかけすぎないタイプのものに変更すべきです。これについては，拙著『いじめの構造』（講談社，2009）で詳しく原理的に述べました。

加納：1つ質問ですが，同調圧力をかけることに何らかの影響がある教科はあるのでしょうか？

内藤：教科ではなく閉鎖空間で強制的にベタベタさせる生活環境のデザインが，強烈な同調圧力を蔓延させ，エスカレートさせていると考えます。教科それ自体には，大した影響力はないと思います。大日本帝国陸軍の朝礼で将校が私的制裁は許さないと熱心に訓話し，その同じ日に内務班では二年兵，三年兵が，一年兵を殴っている。同じことが学校でも起きています。授業は，この将校の訓話のようなものです。訓話は，内務班の閉鎖環境の効果の前には無力です。

加納：教科体系にはとくに同調圧力をかけるものはなく，その環境を変える必要があるということですね。「教科体系の立て直し」の問題と「学校のしくみ」の問題は切り離して考える必要があると思います。前者は，新しい時代に照らして，必要な素養は何かに基づき義務教育で学ぶべき内容を規定することになります。それをどこでどう教えるかという「学校のしくみ」に関しては，また別の機会に論じることにしたいと思います。

部活と同調圧力

加納：さて，ここで，第1章のひかりさんの事例に話を戻しますが，協調性を育むとされるような部活動の関係性が同調圧力を生み，部活の中でのネットいじめが多数起きています。2013年山形県酒田市ではサッカー部の生徒がLINEでのトラブルにより，鼻の骨を折るけがをしましたし，鶴岡市でも，野球部の部員らが，1人の部員の服を脱がせて携帯電話のカメラで撮影し，LINEのグループトークでシェアしたというネットいじめが起きています。部活というのは，原則としては義務ではありません。閉鎖的な空間ですが，逃げたいと思えば逃げることが可能なはずの空間ですが，部活動の関係が発端になって起きたネットいじめをよく耳にします。数学の時間の関係でネットいじめが起きたというニュースは，これまで一度も耳にしたことがありません。学校によっては，半ば部活への参加が義務となっている場合もあるようですが，部活をやめたからといって卒業が危うくなることはありません。しかし，数学の授業をすべてボイコットしたならば，高校の場合であれば進級できなくなるでしょう。最近は，多様な入試方式がとられるようになり，昔ほど部活への加入度が内申点に影響することもなくなってきています。逃げようと思えば逃げられる関係性の中で，ひかりさんのような事件が起きてしまうのはなぜでしょうか？

内藤：いじめは自分たちの小さな社会の中での「協調性」によって生まれることが多いです。部活はこの有害な「協調性」の温床になっています。ひかりさんが被害に遭った集団いじめは，この典型例だと思われます。

　地域によりますが，地方ほど部活加入が強制されます。学校の中に部活があります。部活は，ここはどのような生きる場所であるのかという状況定義が「学校である」と感じられる空間であり，先輩・後輩という有害な身分関係があります。そこで多くの生徒たちが，自分の都合でやめることが許されない，あるいはよくないことであると感じさせられていることは確かだと思われます。また，内申に響くと思わされている人も多いのではないでしょうか。数年前に，私が意見書を

書いたいじめ自殺のケースでも，部活をやめることは許されないと思っていたというのがありました。そう思わなければ死なずにすんだのにと実に残念でした。教員が部活をやめてはいけないと圧力をかける例もよく耳にします。

　ありとあらゆることが強制で行われることが当たり前で，人間関係のしがらみが強制と感じられやすく，先輩・後輩の身分関係があり，教員が続けなさいといい，内申書に響くのではないかという未確認情報に不安になる状況では，やめたいからやめるというのは難しいでしょう。

　さらに，私は廃止すべきだと思っているのですが，スポーツ推薦入試というのがあります。勉強ができなくても学校間対抗の見世物スポーツの成績によって，大学に入れてしまう制度です。すると，今度は別の意味で，部活をやめられなくなります。またレギュラーをめぐって非常に汚い落とし合いが展開することもあるでしょう。

　やはり学校から部活はなくして，外部の市民スポーツに委ねるべきです。

加納：同感です。ただでさえ忙しい学校なのですから，学校の卒業要件にかかわらない部活を，外部の市民スポーツに委ねるといいでしょうね。今から30年ほど前の部活は，先輩の発言は絶対で，先輩への挨拶の仕方云々でリンチ事件が起きることもしばしばありました。私の場合は，学校で最も問題がないとされる部活に入りましたが，興味があって入った部活ではなく，部活に拘束されるという状態そのものが自分の意思に反しているため，部員20人ぐらいでまとめて帰宅部になりました。それまでは，部活は絶対であり，部活をやめると高校へ行けなくなるなどという友人もいましたが，当時，私の学年では部活をやめることが流行りはじめ，1学年で100人以上が帰宅部になったと思います。1人でやめるのは不安かもしれませんが，みんなでまとまって退部し，もし本当にスポーツを続けたいならば，外部の市民スポーツクラブに入るという行動をとる生徒が増えてもいいのではないでしょうか。実際，各スポーツ界のアスリートたちは，部活などやっていません。専門のトレーナーの元で各個人にあったトレーニングメニュ

ーをこなしています。本来，人の体は，１人ずつ必要な運動が異なるわけですから，きちんと個に応じたトレーニングプランが必要です。そもそも部活は，はじめから義務ではないわけですから，各生徒が明確な意思を持ち，行動に移し，それが流行りとなれば，自ずと学校部活が廃れて，個に応じたトレーニングプランを立ててくれる地域のスポーツクラブへ生徒が流れてしかるべきかと思うのですが，現実にはなぜそうならないのでしょうか。

内藤：学校で共に生きるべし，スポーツはその中に埋め込まれてあるのが「当たり前」，あるいは「自然」という洗脳が強固であることが１つ。もう１つは，お金がかかることもあるかもしれませんね。税金を強制的に徴収しておいて，その使い道を受益者が選ぶことができず，学校以外ならさらに金を払えという理不尽がまかりとおっています。経済的余裕がない人はタダを選ぶしかありません。

　極端に囲い込むと，囲い込まれた側は，それを「当たり前」「自然」と実感するまでになります。まるでストックホルム症候群です。

加納：学校の部活は，どの時点でストックホルム症候群になるのでしょうか？

内藤：学校という枠の中で外の世界と異なる「当たり前」「自然」を生きるようになる時点で，その膜の内部の部活も，同じ「当たり前」「自然」になります。この時点でしょうね。そうすると外の世界ではありえない先輩・後輩の身分上下も「当たり前」「自然」にあります。すると，３月終わりと４月はじめでたった数日しか生まれた日が違わない人に，対等の人間としてふるまわれると，被害感でいっぱいになって，自分の立場を壊されたような憎しみで，ヤキを入れようとしたりします。ところが学校を一歩出ると，市民として数日の生存時間の違いは誤差の範囲になってしまいます。

ネットの２つの顔：法的措置の利点

加納：ネットいじめを未然に防止するために必要なこととして，先ほども述べたように，私は教育の抜本的な改革として，次の２点が必要だと思

っています。1つは、新しい時代に必要な情報に関する知識や新しい法律に対する運用の仕方など、生きるために必要な教育内容にすること。そして、新しいテクノロジーを活用すれば、さまざまな学習をする機会は開かれるわけですので、機械の部品のように一室に閉じ込めて、同じ方向を向かせる教育方法ではなく、多様性のある教育環境が必要だと思っています。教育内容と教育方法を変えることにより、自ずとネットいじめも軽減されると考えますが、いかがでしょうか？

内藤：これはネットいじめに限らず、現行の教育制度全般の矛盾に対する改革につながる観点だと思います。枝葉だけでなく、土台を変える必要があるということですね。大いに議論すべきことです。

　閉鎖的な空間に閉じ込めて強制的にベタベタさせることから、独特の小社会の秩序が生じることが、いじめの土台となるメカニズムであり、インターネットはその土台に対して2つの顔を有しています。一方では、閉鎖空間の環境の効果の延長された表現形としてブースター効果を及ぼし、さらにそのメカニズムを増大させてしまう側面を有しています。他方では、閉鎖的な空間に対して外部の力を入れる解放の作用を有しています。

　つまり、インターネットは包囲と解放の2つの顔、つまり学校以外の関係を築く開放的な側面と、学校の全包囲性を増大させる側面の両方を有しているのです。

　そのことを踏まえたうえで、インターネットの包囲の面をそぎ落とし、解放の面をバックアップするようなデザインが望まれます。

　ネットを用いたいじめや迫害に対して、法的措置を講ずることには、2つの利点があります。1つは言うまでもないことですが、いじめや迫害からの解放です。それにさらに、次の効果が一石二鳥で付随します。つまり、法的措置には、特殊社会としての学校の「ここは社会の中の別の社会である」という閉鎖をこじ開けて、外の市民社会の力を中に入れる効果があります。つまり、法的措置を講じるということは、今私たちがいるのは、「自分たちの気持ちの響き合いがすべて」である膜の中の特殊世界ではなく、当たり前の市民の社会なのだという状況定義の変化を、生徒や教職員にもたらすのです。法的措置

は，催眠術から醒めるときに手を打つ合図のように働きます。

加納：2つの顔のうち，後者の顔に期待したいですね。おそらくイングレス（Googleが提供するアプリで，現実の町を歩くことでプレイできるもの）というゲームが室内に引きこもらせるという従来のゲームのパターンを破り，外へ出て行かないと遊べないしくみになり新たな面白さを提示したように，これからの新しい学びは，教室の中に引きこもる学びから，タブレットを片手に広い世界へ飛び出していく学びの形態へ変化していくでしょう。そのとき，インターネットは学校を開放していく鍵になると思います。

　法的措置にも，大いに期待したいと思っていますが，現状の法律は，後追い状態になっているため，新しい犯罪に適応させるためには困難が伴い，本来は厳しく裁くべきところが裁ききれていない側面もあります。

　例えば，2014年には3Dプリンターで拳銃を作成した大学の事務職員が逮捕された事件もありましたし，この先近い将来には，さまざまな場面でヒューマノイドロボットが活躍する時代となれば，これまで想定されなかった犯罪も想定されます。

　今は，メディアが紹介する記事はどれも，そのメリットにしか焦点が当てられていませんが，必ず物事には負の側面も付随します。顔認識の技術も上がってきており，花子さんの顔を見つけると「花子さん，こんにちは」と挨拶をさせたり，ウェイターのようにものを運ぶこともできたりします。このことから，ヒューマノイドロボットに，殺したい相手の顔を判別できるようにプログラムしておき，遠隔操作することなく，特定の人物を見つけたらロボットに拳銃の引き金を引かせることも可能となることが予測されます。類似したロボットが大量に町中を出歩くようになった時代に，持ち主が特定できないロボットによる殺人事件が起きた場合，どう現行法は裁くのでしょうか。新しい時代に見合った教育とともに，新しい技術を見据えた法律の策定にも期待したいところです。

おわりに

　これまでの多くのいじめやネットいじめに関する書籍は，とかく，被害者に焦点を当てたものが多い中，本書は加害者教育の重要性に焦点を当てています。いじめ防止の標語活動や，ポスターをつくる活動は，いじめに無関心だった周囲の子どもたちにも目配り気配りを促し，いじめやネットいじめの発見や子ども同士の仲裁に一定の効果があるでしょう。ロールプレイングは，加害者や被害者，傍観者の気持ちを考える契機となりますが，シナリオ次第では，表面的な演技に終わってしまうかも知れません。

　傍観者の仲裁行為こそがいじめの撲滅につながるという主張もありますが，勇気を持っていじめの仲裁に入ったところ，仲裁に入った子どもがいじめのターゲットにされたという話もまたよく聞きます。2014年に愛知県の小学校3年の教室で，先生の見ている前で，いじめられている同級生をかばった女子児童が跳び蹴りに遭い，その後不登校になってしまった事件がありましたが，それに類する話は珍しくありません。仲裁に入るといじめのターゲットにされてしまうことが多いから，なかなか仲裁に入ることができず，いじめを遠巻きにしてみている傍観者が増えるのです。

　このことからも，いじめの加害者にとって，ターゲットは誰でもよいわけです。何か理由づけのできるターゲットを見つけていじめ行為を行うわけです。いじめ行為を繰り返させなければ，被害者の心のケアは，周囲の子どもたちが十分担ってくれます。加害者さえいなければ，友だちの心のケアをしたからといって，何らかの報復が待っているわけではありませんから安心して心のケアができます。被害者の心のケアは，周囲の友だちに任せれば十分です。

　教師を含めた大人が介入すべきなのは加害者の心のケアです。加害者に嗜虐性を目覚めさせた要因がどこかにあります。家庭でのDVやネグレクトであったり，学業不振であったり，過度の期待，厳しすぎるしつけ，失意や憎悪をかき立てる出来事などが，いじめの加害行為の背景にはあるのです。それは，言葉には出しませんし，通常は，周囲の友だちにも悟られないように隠しているのが普通です。「皆の力」で，加害者の加害行為の原因究明にあたり，いじめの再発を100％阻止できるようになることを願っています。

「皆の力」の中には，当然被害者自身や被害者のご両親も含まれます。自分がいじめられている状況を「何とかしてください」と学校にいくら訴えたところで，いじめの根本的な解決策を知らない学校では，いつまで経っても手をこまねいているばかりでしょう。学校に悪意があるわけではないのです。本書をご覧になった方には，周囲で起きているいじめを解決すべきための一手が，おわかりいただけたことと思います。短期決戦で解決を希望しているが，具体的な一手がわからない場合は，わかる範囲で時系列に事の経緯を記載いただきご連絡ください（tanki.ijime.kanoh@gmail.com）。打つべき一手を連絡いたします。こちらの指示内容を実施した結果を1週間以内に返していただいた場合は，3か月以内での解決をお約束いたします。

　ただし，「はじめに」で書いたように，適切な対処がなされずいじめが長引いてしまった場合は，精神状態が不安定になってしまっていると予測されますので，私の領域を越えており，お断りしております。

　最後に，プライバシー保護の観点から名称はすべて仮名となっていますが，本書の目的にご賛同いただき，実際の被害体験を事例として提供してくださった鹿野ひかりさんとそのご両親に感謝申し上げます。今後，鹿野ひかりさんが健やかで明朗闊達にご成長されますことをお祈りしております。

加納寛子

索引

【欧文】

Facebook ………… 31, 37, 68, 110, 112, 114, 134, 144, 148, 162, 166
KH Coder ………………………… 56
LINE ……… 4, 8, 13, 31, 37, 45, 51, 68, 76, 88, 92, 102, 108, 112, 134, 156, 162, 192, 195, 200, 210, 218, 228
LINE はずし ……………………… 164
SNS ……… 30, 34, 37, 49, 64, 110, 161, 165, 224

【あ行】

アイコラ ……………………… 70, 71, 80
アンプラグド・コンピューティング
 ……………………………… 117, 118
いじめ ……………… 4, 7, 10, 23, 26, 30, 33, 44, 50, 80, 88, 98, 109, 114, 123, 130, 139, 152, 163, 174, 180, 192, 204, 213
いじめ相談窓口 ………………… 169
いじめ防止基本方針 …… 26, 84, 98, 153, 170
いじめ防止対策推進法 …… 26, 29, 86, 153, 168
イノキュレーション ……… 115, 116, 122
イメージ商品 ………………… 174, 177
インフラ ……………………………… 49
疑わしきは罰せず ………………… 82
内輪型 ……………………………… 67
炎上 ………………… 34, 115, 158, 161, 173
エンターテインメント性 ……… 33, 34
お通夜 NOW ……………………… 108

【か行】

加害者教育 ………… 36, 89, 98, 103, 108
加害者論理のつき崩し … 89, 98, 105, 107, 123

加害行為を行うハードル ……………… 58
拡散 ………… 44, 67, 72, 74, 83, 90, 103, 122, 171, 225
学校制度 ……………… 174, 182, 190, 211
神 ………………………… 186, 203, 205, 206
環境教育 ………………………………… 130
観衆 ………………………………… 34, 60
感情論理の同語反復 ……………… 187
管理者 ………… 68, 159, 161, 162, 167, 221
キティ・ジェノヴィーズ事件 ……… 66
既読無視 … 30, 46, 51, 122, 152, 156, 164, 218
規範 ………………… 130, 138, 185, 188, 203
規範の形成 ……………………… 130, 138
教科学習 ………………………………… 138
共起ネットワークモデル ……………… 56
脅迫罪 …………………………………… 72, 93
強要罪 …………………………………… 20, 93
キョロ充 ………………………………… 122
国のいじめ防止基本方針 ……………… 170
クライン – ラカン領域 …………… 188, 189
クラス …… 6, 14, 60, 70, 83, 90, 100, 105, 126, 136, 140, 143, 145, 147, 163, 182, 193, 206
グループ ……… 13, 30, 32, 35, 37, 39, 52, 67, 68, 69, 90, 92, 114, 122, 124, 126, 141, 158, 162, 171, 179, 185, 193, 220, 228
グループはずし ………… 48, 67, 68, 69, 93
群生秩序 …… 182, 185, 190, 192, 203, 210, 211
刑事罰 …………………… 167, 169, 170, 211
ケータイ甲子園 ………………………… 165
喧伝型 ……………………………………… 67, 70
交響するサルの群れのただしさ ……… 187
告訴状 ……… 17, 20, 91, 92, 93, 95, 168, 216
コミュ障 ………………………………… 122, 123

索引 235

【さ行】

サイバーストーカー ………………………… 70
嗜虐性 …………… 30, 46, 51, 75, 76, 122, 164
自殺 ………………… 30, 36, 37, 45, 46, 49, 71,
　81, 88, 96, 99, 102, 107, 112, 123, 152, 163,
　166, 170, 192, 213, 224, 229
自殺率 ……………………………………… 46, 166
社会的地位 ………………………………… 141, 191
ジャニス（Janis, I. L.）…………………… 59
傷害罪 ……………………………………… 92, 93
承認 ………………………… 38, 76, 77, 191, 192
少年審判 …………………………………………… 169
情報モラル教育 ………… 153, 154, 155, 156
情報リテラシー ………… 51, 60, 77, 116, 117
ジョセフ（Joseph, L.）………………… 126, 128
ジョハリの窓 ……………………… 126, 127, 128
親告罪 …… 17, 70, 91, 92, 93, 95, 168, 169, 171
真理の秩序と「ほんとう」の秩序 ……… 208
心理−社会的な秩序 ……………… 183, 189, 203
ストーカー規制法 ………………………… 70, 92
スリーパー効果 ……………………… 61, 62, 63
スルー文化 ………………… 51, 52, 54, 55, 56
政治的〈パラノイア〉……… 182, 189, 190,
　191, 192, 203, 206
政治的〈パラノイア〉の延長された表現形
　……………………………………………………… 191
成熟 ……………………… 50, 172, 173, 211
責任分散 …………………………………………… 66
潜在的加害者 ……………………………………… 58
全包囲性 …………………………………… 192, 231
早期発見・早期解決 ……………………… 44, 80
ソーシャルメディア ……… 30, 31, 34, 37, 38, 41,
　48, 54, 67, 76, 82, 106, 111, 112, 122, 220
ソーシャルメディア疲れ ………………… 38, 39
ソーシャルメディア文化 ………………………… 37
俗流ヴァーチャル論 …………………… 174, 175

即レス症候群 ……………… 52, 113, 114, 152
即レス症候群チェックリスト ……… 113, 114
ソロ充 ……………………………… 36, 122, 123

【た行】

ダーリー（Darley, J. M.）……………………… 66
タイムライン ……………………………………… 144
多元的無知 ………………………………………… 66
地域コミュニティ …………………… 145, 147
秩序の生態学 …………………………………… 182
調査委員会 ……………………… 89, 108, 170
ツリーモデル ………………………………… 31, 32
出口のない悪循環モデル …………………… 72, 73
デマ ……………… 61, 62, 64, 67, 72, 73, 74, 75
デマの拡散モデル ……………………………… 74, 75
同調圧力 …… 131, 152, 167, 221, 223, 227, 228
特別活動 ………………………………………… 139
匿名性 ………………………………………… 31, 192
土台 …………… 174, 178, 179, 180, 181, 182,
　190, 191, 202, 210, 211, 223, 231
トラウマ …………………………………… 35, 36

【な行】

内在化 ……………………………………………… 132
なりすまし …………… 7, 31, 69, 70, 104, 164
日本の学校制度 ……………………………… 182
ネットを用いたいじめ ……… 174, 178, 180, 231
ネト充 ……………………………… 36, 122, 123

【は行】

迫害可能性密度 ………………………………… 183
パソコン通信 ………… 37, 115, 157, 158, 159,
　160, 161, 221
ハリー（Harry, I.）……………………………… 126
班 ………………………… 140, 141, 142, 143, 183
ヒエラルキー構造 ……………………………… 32
非親告罪 ……………………………………… 91, 92, 93

誹謗中傷 ……… 7, 8, 10, 15, 20, 45, 60, 65, 67, 70, 72, 73, 83, 171, 177, 193, 199, 202
評価懸念 …………………………… 66
便乗型 …………………………… 67, 71
ブースター効果 ……… 174, 178, 181, 190, 202, 210, 223, 231
侮辱罪 ………… 17, 20, 92, 168, 171, 216, 225
ブロックいじめ ……… 48, 57, 67, 68, 69, 93, 122, 217
閉鎖空間 ……… 174, 182, 189, 191, 203, 211, 216, 223, 227, 231
閉鎖性 …………………… 31, 67, 113
便所飯 …………………………… 122, 123
傍観者 ……… 34, 57, 58, 60, 66, 102, 107
傍観者効果 …………………… 65, 66
法教育 …………………………… 171
保護者集団 ………………… 145, 147
保護者ネットワーク ……… 145, 146
ぼっち ……… 16, 36, 122, 123, 142, 194
ホブランド（Hovland, C. L.）……… 61, 63
「ほんとう」の感情政治 ……………… 209

【ま行】

マキャベリ領域 ………………… 189
マクガイア（McGuire, W. J.）………… 116
マス・メディア …………… 174, 176, 215
『学び合い』 ……… 129, 130, 135, 136, 138, 142, 145, 147
無罪の推定 ……………………… 82
村八分 …………………………… 93, 167
名誉毀損罪 ……… 17, 92, 168, 171, 216, 225
迷惑防止条例 ……………………… 92
メディア ……… 33, 39, 159, 162, 175, 176, 190, 213, 232

【や行】

「よい」と「わるい」 ………………… 185

【ら行】

ラズラン（Razran, G. H. S.）………… 59
ラタネ（Latané, B.）………………… 66
ランチョン・テクニック ……… 58, 59, 60
リア充 ……………………… 122, 123
リーダーシップ …………… 162, 163
リゾーム的増殖性 ………………… 31, 32
リゾームモデル ……………… 31, 32
リベンジポルノ ……… 70, 71, 80, 171

著者紹介 (執筆順)

加納 寛子(かのう・ひろこ)

はじめに，第1部 第1章（対談）・第2章・第3章，第2部 第4章・第5章，第3部 第7章（対談）・第9章（対談），おわりに
編者

西川 純(にしかわ・じゅん)

第2部 第6章
1959年，東京生まれ．筑波大学大学院修士課程教育研究科修了（教育学修士）．博士（学校教育学）（兵庫教育大学）．都立高校教諭を経て研究の道へ進む．現在，上越教育大学教職大学院教授．教育工学，科学教育，特別支援教育，教科教育学，ジェンダーを研究．『学び合い』を全国に広めるため，講演，執筆に活躍中．臨床教科教育学会学会長．著書は，『週イチでデキる！ アクティブ・ラーニングの始め方』（東洋館出版社），『アクティブ・ラーニング時代の教室ルールづくり入門──子どもが主体となる理想のクラスづくり』（明治図書出版），『『学び合い』で「気になる子」のいるクラスがうまくいく！』（学陽書房）ほか．

藤川 大祐(ふじかわ・だいすけ)

第3部 第7章（対談）
1965年，東京生まれ．東京大学大学院教育学研究科博士課程単位取得満期退学．千葉大学教育学部教授（教育方法学・授業実践開発）．教育学部附属中学校長及び副学部長を併任．メディアリテラシー，キャリア教育，数学などの授業づくりや，いじめ・学級経営を研究．千葉市教育委員，NPO法人企業教育研究会理事長，NPO法人全国教室ディベート連盟理事長等をつとめる．著書は，『「いじめに対応できる学校」づくり』（ぎょうせい），『教師が知らない「子どものスマホ・SNS」新常識』（教育開発研究所），『道徳授業の迷宮〜ゲーミフィケーションで脱出せよ〜』（学事出版），『道徳教育は「いじめ」をなくせるのか』（NHK出版）ほか．

内藤 朝雄(ないとう・あさお)

第3部 第8章・第9章（対談）
1962年，東京生まれ．東京大学大学院総合文化研究科博士課程単位取得退学．明治大学文学部准教授．専門は社会学．単著『いじめの社会理論──その生態学的秩序の生成と解体』（柏書房），『いじめの構造──なぜ人が怪物になるのか』（講談社現代新書），『〈いじめ学〉の時代』（柏書房），『いじめと現代社会──「暴力と憎悪」から「自由ときずな」へ』（双風舎），『いじめ加害者を厳罰にせよ』（KKベストセラーズ），共著『学校が自由になる日』（雲母書房），『「ニート」って言うな！』（光文社新書），『いじめの直し方』（朝日新聞出版）ほか．主要論文，「学校の秩序分析から社会の原理論へ──暴力の進化理論・いじめというモデル現象・理論的ブレークスルー」佐藤卓己編『岩波講座 現代 第8巻 学習する社会の明日』（岩波書店）．電子メール naitoa@meiji.ac.jp

編者紹介

加納 寛子（かのう・ひろこ）

1971年，岐阜県生まれ。東京学芸大学教育学部卒業，同大学院教育学研究科修士課程修了，早稲田大学大学院国際情報通信研究科博士後期課程単位取得退学。現在，山形大学学術研究院准教授。心理検査士。インターネットやスマートフォン，ヒューマノイドロボットなど新しいIoT（Internet of Things）と人の関係，情報の信憑性を判断する力やインターネット上での心理・行動分析について研究。Mixi上で10年ほどネットいじめ相談窓口を開いていたほか，個人や学校からのいじめや誹謗中傷などに関する個別の相談に応じている。講演件数は100件を超した。主著に『AI時代の情報教育』（大学教育出版），『いじめサインの見抜き方』（金剛出版），『ネットいじめ（現代のエスプリ No. 526）』（編集）（ぎょうせい），『チャートで組み立てるレポート作成法』（丸善），『即レス症候群の子どもたち——ケータイ・ネット指導の進め方』（日本標準），『「誰でも良かった殺人」が起こる理由——秋葉原無差別殺人事件は何を問いかけたか』（日本標準ブックレット），『ケータイ不安——子どもをリスクから守る15の知恵』（共著）（NHK出版）など多数。

ネットいじめの構造と対処・予防

2016年 8 月 2 日　初版第 1 刷発行　　　　　　　　　　〔検印省略〕
2021年11月30日　初版第 3 刷発行

編　者　加納　寛子

発行者　金子　紀子

発行所　株式会社　金子書房

〒112-0012　東京都文京区大塚3-3-7
TEL 03 (3941) 0111 (代表)／FAX 03 (3941) 0163
ホームページ　https://www.kanekoshobo.co.jp
振替　00180-9-103376

印刷　藤原印刷株式会社　　製本　一色製本株式会社

© Hiroko Kanoh et al. 2016　Printed in Japan
ISBN978-4-7608-3036-7　C3037

●● 金子書房の関連図書 ●●

学校・家庭でできるメディアリテラシー教育
ネット・ケータイ時代に必要な力

藤川大祐 著
定価　本体 1,600 円＋税

いじめの国際比較研究
日本・イギリス・オランダ・ノルウェーの調査分析

森田洋司 監修
定価　本体 3,200 円＋税

学校で活かす　いじめへの解決志向プログラム
個と集団の力を引き出す実践方法

スー・ヤング 著　黒沢幸子 監訳
定価　本体 2,900 円＋税

「いじめ」と「体罰」　その現状と対応
道徳教育・心の健康教育・スポーツ指導のあり方への提言

冨永良喜・森田啓之 編著
兵庫教育大学企画課社会連携事務室 企画編集
定価　本体 2,500 円＋税

いじめ予防スキルアップガイド
エビデンスに基づく安心・安全な学校づくりの実践

飯田順子・杉本希映・青山郁子・遠藤寛子 編著
山田賢治・松山康成・川崎知已・山崎沙織 著
定価　本体 2,700 円＋税

いじめ問題解決ハンドブック
教師とカウンセラーの実践を支える学校臨床心理学の発想

山本 獎・大谷哲弘・小関俊祐 著
定価　本体 2,200 円＋税

いじめに対する　援助要請のカウンセリング
「助けて」が言える子ども，「助けて」に気づける援助者になるために

本田真大 著
定価　本体 1,800 円＋税

いじめからいのちを守る
逃げろ，生きるため

近藤 卓 著
定価　本体 1,300 円＋税